U0854675

电子商务专业新形态系列教材

网店美工实战教程

黄丽玲 周 江 主 编

钟 林 王 菱 刘 俊 文 燕 副主编

電子工業出版社
Publishing House of Electronics Industry
北京 · BEIJING

内容简介

全书分为网店美工之软件基础、网店美工之设计基础、网店美工之应用实战三部分，共 9 个单元，具体内容包括 Photoshop 认知，Photoshop 应用，其他常用软件的认知与应用，色彩基础与应用，版式设计基础与应用，电商 VI 体系，网店的定位、开设与管理，网店装修视觉设计，网店美工威客任务实践。本书配有电子教案、PPT 课件、学习视频、同步训练素材与海报源文件，学习者可以边学边做，提高学习效率。

本书可作为职业院校电子商务等专业的教材，也是电子商务从业者的有益读本。

图书在版编目（CIP）数据

网店美工实战教程 / 黄丽玲，周江主编 . —北京：电子工业出版社，2020.8
ISBN 978-7-121-39430-0

Ⅰ . ①网…　Ⅱ . ①黄…　②周…　Ⅲ . ①网店—设计—教材　Ⅳ . ① F713.361.2

中国版本图书馆 CIP 数据核字（2020）第 154948 号

责任编辑：朱怀永
印　　刷：北京富诚彩色印刷有限公司
装　　订：北京富诚彩色印刷有限公司
出版发行：电子工业出版社
　　　　　北京市海淀区万寿路 173 信箱　邮编 100036
开　　本：787 × 1092　1/16　印张：16　字数：409 千字
版　　次：2020 年 8 月第 1 版
印　　次：2021 年 3 月第 2 次印刷
定　　价：59.80 元

凡所购买电子工业出版社图书有缺损问题，请向购买书店调换。若书店售缺，请与本社发行部联系，联系及邮购电话：（010）88254888，88258888。

质量投诉请发邮件至 zlts@phei.com.cn，盗版侵权举报请发邮件至 dbqq@phei.com.cn。

本书咨询联系方式：（010）88254608 或 zhy@phei.com.cn。

前　言

编写特色

《网店美工实战教程》是在总结“城中校”（由成都职业技术学院与伊厦成都国际商贸城共建的一所电商大学）电子商务实践教学基地多年开展电子商务专业教学与培训经验的基础上开发的特色教材。本书结合“城中校”实践教学和双创案例，整体侧重实操技能的培养，辅助以必要的基础理论知识，形成科学的、符合现代职业岗位需求的人才培养内容。

本书语言通俗易懂，内容全面实用，分为网店美工之软件基础、网店美工之设计基础、网店美工之应用实战三部分。通过本书的学习，使读者具备和掌握完整的、符合企业需求的网店美工专业知识和相关技能；同时，借助“城中校”实践教学基地的特色人才培养模式，优化学习效果。

此外，本书以层层递进的逻辑关系为主线，采用情境引入、案例穿插、单元扩展、同步实训相结合的方式，将理论、技巧、案例、实战巧妙地结合在一起，给读者呈现实用性与趣味性共存的内容。

内容结构

本书共包括三部分 9 个单元的内容，各单元以“理论知识 + 真实案例 + 单元扩展 + 同步实训”为内容框架，依次介绍了 Photoshop、Dreamweaver、Coreldraw 等图像处理软件的基础知识，色彩基础、版式设计、电商 VI 设计等的基础知识，网店定位、开设、管理、装修、威客任务等应用技能。

本书架构		知识要点	作用
软件基础	Photoshop 认知	Photoshop 工作界面与基础操作，选区、修饰、绘制、路径四大工具	通过该部分的学习，帮助读者提升常用图像软件的应用技能，满足用人单位对软件操作岗位的要求
	Photoshop 应用	滤镜、蒙版、通道的应用，图片色彩与光影的调整技巧	
	其他常用软件的认知与应用	Dreamweaver、Coreldraw 等软件的认识与常见应用	
设计基础	色彩基础与应用	色彩的基本构成、色彩的采集方法与心理视觉、色彩的对比与调和技巧、色彩的搭配方案等	通过该部分的学习，帮助读者理顺设计思路，提升美术功底、审美能力、创新创意思维、视觉效果把控力，建立独立的设计风格，为网店的首页、详情页、活动海报等的制作打下基础
	版式设计基础与应用	版式设计的基本原则与元素、网络系统的应用、版式中文字与图片的应用技巧等	
	电商 VI 体系	电商品牌企业 VI 的概念、基本构成，电商企业 VI 体系在网店装修视觉设计中的应用方法	

<table>
<tr><th colspan="2">本书架构</th><th>知识要点</th><th>作用</th></tr>
<tr><td rowspan="3">应用实战</td><td>网店的定位、开设与管理</td><td>网店定位、开设流程和管理的相关知识及基本方法</td><td rowspan="3">通过该部分的学习，帮助读者具备独立完成淘宝网店活动页和各模块的装修设计与制作能力，善于将电商品牌思维融入实际工作中</td></tr>
<tr><td>网店装修视觉设计</td><td>网店 PC 端、移动端的首页与详情页的视觉设计方法</td></tr>
<tr><td>网店美工威客任务实践</td><td>各类威客服务平台及美工服务任务的领取流程</td></tr>
</table>

编写团队

本书由成都职业技术学院黄丽玲、周江担任主编，钟林、王菱、刘俊、文燕担任副主编。其中，单元 1 至单元 3 由钟林、王菱、刘俊负责编写，单元 4 至单元 8 由黄丽玲负责编写，单元 9 由周江负责编写，黄丽玲负责全书的策划、统稿。除此之外，成都职业技术学院教师张卫林、黄子友参与了本书编写的研讨工作。

最后，感谢伊厦成都国际商贸城电子商务公司、北京博导前程信息技术有限公司、电子工业出版社、成都同时科技有限公司、电子科技大学、四川商务职业学院、成都市蜀兴职业中学、成都市礼仪职业中学、新津县职业高级中学、蒲江县职业中专学校、成都市洞子口职业高级中学、都江堰职业中学、金堂县职业高级中学、成都市华阳职业中学等参与教材开发工作的合作企业、院校的大力支持。同时，因时间仓促，编者水平有限，书中难免存在疏漏，欢迎广大读者批评指正。

本书配套训练素材库和源文件库，请登录华信教育资源网（https://www.hxedu.com.cn/）下载。

编者

2019 年 11 月

目　录

导 论

0-1 初识网店美工

美工一般是指对平面、色彩、基调、创意等进行设计与制作的技术人才，通常需要精通 Photoshop 等设计软件，具有一定的美术功底和创新创意能力。

网店美工是因电子商务兴起而出现的岗位，它是电商平台网店页面编辑工作者的统称，一般需要熟悉 Photoshop、Dreamweaver、CorelDraw、Illustrator、Flash 等软件的使用，并具备较为扎实的美术功底和文字功底，拥有创新创意能力、较高的审美能力、丰富的想象力。

对于初级的网店美工而言，以上软件并非都需要全部熟练掌握，只要保证在实际任务中能够使用即可。比如，Photoshop 软件常用的功能有裁图、修图、调色与图像合成，能熟练使用该软件就可以轻松搞定网店的装修任务；对于 Dreamweaver 软件，只要掌握表格嵌套排版和熟记一些常用代码就可以了。

0-2 网店美工的重要作用和设计要求

一个网店的单击量、转化率通常体现在店铺装修、活动搭配、商品展示、客服服务、买家评论等方面，而其中的店铺装修、活动搭配、商品展示都是可以通过设计来实现的。网店美工对网店每个模块及商品进行精致的设计与美化，结合大量的文字、图片，不断放大网店中的视觉信息，吸引消费人群的眼球，从而提升网店流量、商品的销量。例如，店铺的首页装修，因网购无法真实地看到和触摸到商品，所以店铺带给顾客的第一印象将直接影响顾客的购买欲望，把用户体验放在第一位是设计网店的首要考虑因素之一。在宝贝详情页中，很多顾客（特别是新顾客）通常会采用淘宝搜索引擎来搜索店铺里的热款，此时，热款的宝贝详情页就应该制作得非常详细且有特色。一般网店的展示方式有图片、视频、文字，对网店中信息的优化也是引流和转化率的关键因素。所以，网店美工的装修行为是时刻以促进交易进行为目的的，是网店经营成功与否的重要决定因素之一。

• 新颖独特，突出重点。一个有趣又结合买家的搜索习惯的店名，过目难忘的店招，心动又赏心悦目的促销方案，首页的布局合情合理，商品详情页展示信息的必要性、有效性、直观性等，都可增加网店的单击率和转化率。装修时，让店铺脱颖而出就要做到彰显个性，避免千篇一律。

• 布局合理，美观简洁。装修精美又专业的网店不仅能合理展示店铺信息和提升商品品质，还能塑造品牌形象和加深品牌印象，给买家留下良好的购物体验。在装修过程中，首页的模块设计包括店招、导航栏、店铺收藏区、首页欢迎模块、促销方案、客服区、首页海报、商品轮播图、商品展示区、侧边栏、店铺背景、店铺尾页等，作为美工一定要根据实际情况合情合理地选择和布置，做到简单大方，避免烦琐复杂。

• 搭配协调，风格统一。店铺的色彩与风格常相互关联，不同的色系具有不同的风格，不同商品的行业属性有特定的匹配色系，色彩的合理搭配可体现商品的品质感和特色。在店铺装修时，要从店铺商品的特点、营销特色、人群定位等因素分析，选择一个合适店铺整体的色调，一般页面的搭配颜色不宜超过 3 种。

0-3 网店美工的成长之路

当我们在智联招聘等招聘平台上寻找网店美工的招聘信息时，通常会看到具有相关网店美工工作经验者、美术专业背景优先等字样。如果你是一名在校学生，或是一名网店美工新手，想要专门从事网店美工的工作，就应该快速、系统地学习相关知识，提高自身业务水平。成为一名专业的网店美工人员，一般需要经过以下几个成长过程。

成长第一步：认识网店美工的工作内容。比如，网店的消费人群定位、市场的选择定位、商品定位、平台活动规则等都会影响网店美工的工作成效。

成长第二步：学习一款或几款网店美工必备的软件。淘宝与天猫同属阿里巴巴旗下平台，很多规则、活动是相通的。淘宝、天猫对网店美工的能力要求是，必须要熟练掌握 Photoshop、Dreamweaver，最好能同时掌握 Coreldraw 和 Illustrator。

成长第三步：学习配色、构图等相关设计技巧。网店美工若只会软件操作，也不一定能制作出让人满意的作品，毕竟网店装修还需要美的展现。学习相关设计基础知识，可以帮助网店美工提高审美能力、创新创意能力、丰富的想象力。

成长第四步：善于向优秀的网店或设计作品学习，学会鉴赏与模仿，在练习中加强软件操作与设计基础的双向提升。具备了软件操作技能、设计能力后，鉴赏和模仿是每个网店美工都需要经历的阶段，通过在对优秀作品的分析、对比、总结的过程中，慢慢地积累设计灵感，独立完成相关设计任务。

成长第五步：不断学习行业的新知识，提升自身的审美水平，善于观察与思考，逐渐形成具有个人气质的设计风格。消费受众的审美并非一成不变，不断地学习与把握审美风向标，结合已有的成熟艺术修养，完全脱离模仿，设计出具有个人独立风格的作品。

0-4 网店美工的岗位职责

网店美工负责企业店铺店面整体形象设计、网店风格及商品展示设计、店铺首页设计、整体布局、活动广告和相关图片的制作。具体职责如下：

职责一，店铺商品图拍摄与商品文案的整合。根据不同商品选择不同的布局、环境，对商品实物进行拍摄；根据不同商品结合营销部门编写的文案，把商品实物图与针对性的文案结合，制作出具有较强竞争力的商品描述；根据需要对商品图片进行一定的美化，或者进行特效处理（如添加“促销”“清仓特卖”“新品上架”等字样）。

职责二，店铺各种页面的构建、设计与装修。综合参考营销部门的调研数据与自身设计理念，对店铺的各种页面的构建和要表达的效果进行对比分析；根据对比分析出来的结果，利用淘宝软件或者聘请专业的网页设计师进行网页制作并安装调试，最后对效果进行检查。

职责三，店铺各类活动的气氛营造和布置等工作，协助商品推广团队（营销部门）进行店铺的设计与装修。

职责四，店铺的编辑。包括商品的上下架、标题的建立及修改、商品发布、商品的描述等。

第一部分

网店美工之软件基础

知识要点

- Photoshop 操作界面的认知
- Photoshop 四个工具的认知与应用
- Photoshop 中滤镜、蒙版、通道的应用
- Dreamweaver 软件的认知与应用
- Coreldraw 软件的认知与应用

单元 1

Photoshop认知

单元教案　单元课件

Adobe Photoshop 是由美国 Adobe Systems 公司开发的图像处理软件，简称 Photoshop。PhotoShop 主要处理由像素构成的数字图像，具有编辑图像特效及文字特效的功能，是专业设计人员的首选软件之一，也是目前很多网店美工常用的图像编辑软件。在网店装修的过程中，经常会使用 Photoshop 对拍摄的商品照片进行处理。本单元将对 Photoshop 的基础功能进行简略的讲解。

学习目标

知识目标

- 熟悉 Photoshop 的工作界面和视图。
- 了解 Photoshop 的四大工具。

技能目标

- 掌握在 Photoshop 中新建、打开、保存、关闭文件的方法。
- 掌握选区工具、修饰工具、绘制工具及路径工具的操作方法。

注：在本单元中，对使用频率相对较低的 Photoshop 工具未做详细说明，读者可通过扫描二维码进行详细学习。

1-1 认识Photoshop

1-1.1 Photoshop 的工作界面

打开 PhotoShop 应用程序，展现在屏幕上的就是 Photoshop 的工作界面，该界面主要由菜单栏、工具箱、图像窗口、状态栏、工具选项栏、面板等组成，如图 1-1 所示。

图 1-1 Photoshop 的工作界面①

1-1.2 Photoshop 的基础操作

1. 文件的新建、打开、保存及关闭

新建文件：在菜单栏选择“文件”→“新建”命令，或用快捷键 Ctrl+N。

打开文件：在菜单栏选择“文件”→“打开”命令，或用快捷键 Ctrl+O。

保存文件：在菜单栏选择“文件”→“另存为”命令，或用快捷键 Ctrl+Shift+S。

关闭文件：在菜单栏选择“文件”→“关闭”命令，或用快捷键 Ctrl+W。

2. 文件编辑的拷贝、剪切及粘贴

拷贝：在菜单栏选择“编辑”→“拷贝”命令，或用快捷键 Ctrl+C。

剪切：在菜单栏选择“编辑”→“剪切”命令，或用快捷键 Ctrl+X。

粘贴：在菜单栏选择“编辑”→“粘贴”命令，或用快捷键 Ctrl+V。

① 图片来源：四川省成都市礼仪职业中学

3. 文件编辑中的撤销、自由变换

撤销：在菜单栏选择“编辑”→“撤销 / 后退一步”命令，或用快捷键 Ctrl+Shift+Z。

自由变换：在菜单栏选择“编辑”→“自由变换”命令，或用快捷键 Ctrl+T。

1–2　选区工具的应用

受前期拍摄取景的影响，商品图片往往不能直接使用，这时可根据实际所需选用不同的选区工具进行抠取。将图片素材中需要修改的部分创建为选区，在对图片进行编辑时仅选区内的对象会发生变化，而选区外的对象不会受到影响。选区工具共 9 个，如图 1–2 所示，分别是矩形选框工具、椭圆选框工具、单行选框工具、单列选框工具、套索工具、多边形套索工具、磁性套索工具、快速选择工具和魔棒工具。

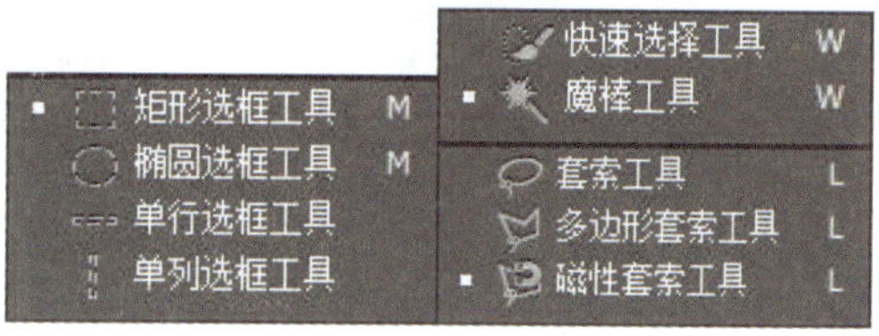

图 1–2　选区工具

1–2.1　选框工具的应用

扫描二维码对“选框工具的应用”进行学习

选框工具包括矩形选框工具、椭圆选框工具、单行选框工具和单列选框工具，主要用于抠取外形较为规则的商品图片，例如矩形或圆形商品图片。在使用矩形选框工具时，直接按住鼠标左键并拖动，可创建选区。若拖动鼠标时按住 Shift 键，可以创建正方形选区；若按住 Shift+Alt 组合键，可以以起始点为中心向外拖出正方形选区；在选框工具处单击“新选区”，可以在原选区上对选区进行添加、减除或交叉。选框工具的应用示例如图 1–3 所示。

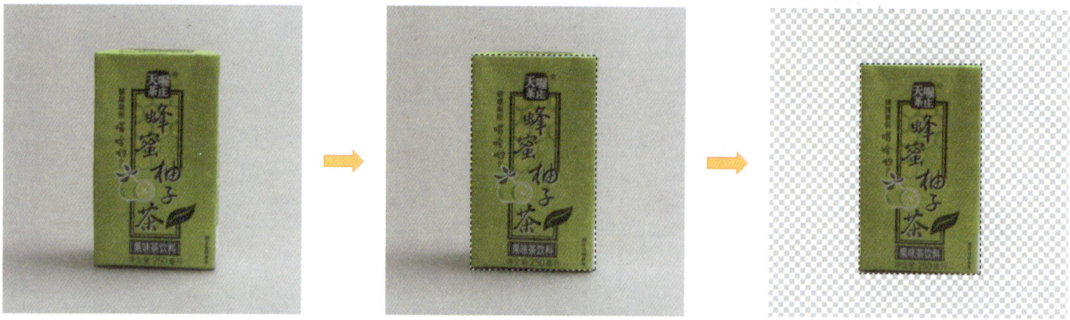

图 1–3　选框工具的应用示例[①]

① 图片来源：四川省成都市礼仪职业中学

1-2.2 磁性套索工具的应用

当图片中商品与背景反差较大且边缘清晰时，就可以使用多边形套索工具进行扣取。在工具箱中选择多边形套索工具，在图像窗口中单击左键，创建选区的起始点，沿着需要的轨迹移动鼠标，系统会自动创建锚点来定位选区的边界。磁性套索工具的应用示例如图 1-4 所示。

扫描二维码对“磁性套索工具的应用”进行学习

图 1-4 磁性套索工具的应用示例①

1-2.3 魔棒工具的应用

当图片背景色相对单一时，就可以使用魔棒工具进行快速扣取。

魔棒工具是根据图片的饱和度、色度和亮度等信息来选择选区的范围，通过调整容差值来控制选区的精确度。选择魔棒工具，在图片中单击左键，则与单击点颜色相近的区域都会被选中。魔棒工具的应用示例如图 1-5 所示。

扫描二维码对“魔棒工具的应用”进行学习

图 1-5 魔棒工具的应用示例②

1-3 修饰工具的应用

在 Photoshop 的工具箱中提供了很多对图片的污点和瑕疵进行修饰和修复的工具，使用

① 图片来源：成都市华阳职业中学

② 图片来源：四川省蒲江县职业中专学校

这些工具处理图片，可以使图片的展示效果更佳。Photoshop 修复工具的基本原理是将要修复位置的像素信息，用周围或其他位置的像素信息来代替，从而达到修改现在的或恢复原来的像素信息的效果。如图 1-6 所示，修饰工具包括加深减淡工具组、图章工具组、模糊锐化工具组和修复工具组，共 13 个工具。

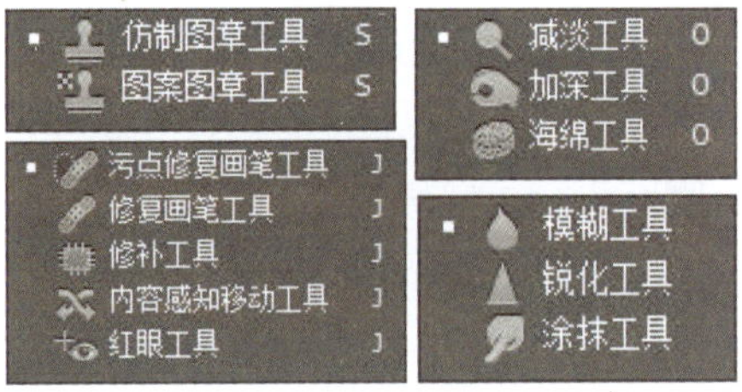

图 1-6　修饰工具

1-3.1　仿制图章工具的应用

扫描二维码对“仿制图章工具的应用”进行学习

当图片中出现了与商品无关的干扰物体时，可以使用仿制图章工具来去除不需要的部分。使用仿制图章工具时，按住 Alt 键取样，取样后在干扰物上涂抹。仿制图章工具的应用示例如图 1-7 所示。

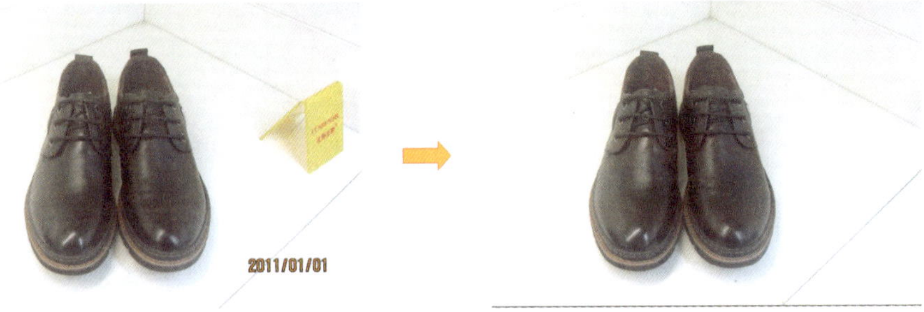

图 1-7　仿制图章工具的应用示例①

1-3.2　修补工具的应用

扫描二维码对“修补工具的应用”进行学习

在图片出现严重瑕疵的情况下，可以使用修补工具对其进行修复。使用修补工具时，在需要修补的地方创建选区，再单击区域并保持左键不松开，拖动到选区周围效果较好的区域，最后松开鼠标左键即可。修补工具的应用示例如图 1-8 所示。

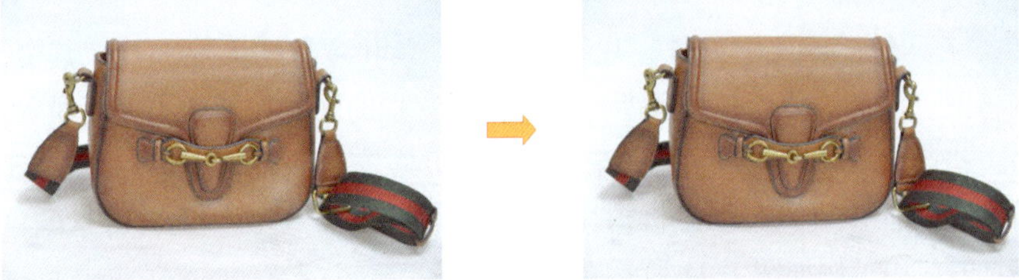

图 1-8　修补工具的应用示例①

① 图片来源：四川省蒲江县职业中专学校

1-3.3　模糊工具的应用

扫描二维码对“模糊工具的应用”进行学习

当图片背景或其他物体“抢了”商品本身的风头时，可以使用模糊工具对其进行调节。使用模糊工具时，对需要模糊的地方进行涂抹，涂抹过的区域会被柔化处理。模糊工具的应用示例如图 1-9 所示。

图 1-9　模糊工具的应用示例[①]

1-4　绘制工具的应用

扫描二维码对“绘制工具的应用”进行学习

绘制工具的功能是绘画和编辑图片，使用绘制工具可以绘制出丰富多彩的图片效果，也可以制作出多种的填充效果。绘制工具是 Photoshop 中功能强大的基础工具，除了制作创意图片外，在制作广告图、设计海报等过程中也会用到绘制工具来进行图片处理。如图 1-10 所示，一般的绘制工具包括橡皮擦工具、背景橡皮擦工具和魔术橡皮擦工具等。

图 1-10　绘制工具

1-4.1　橡皮擦类工具的应用

橡皮擦类工具包括橡皮擦工具、背景橡皮擦工具和魔术橡皮擦工具。其中，背景橡皮擦工具可以将图片中的像素涂抹成透明，并在涂抹背景的同时在前景中保留对象的边缘，比较适合清除一些背景较为复杂的图片。魔术橡皮擦工具是魔棒工具和背景橡皮擦工具的结合，具有自动分析的功能，可以自动分析图片的边缘，将一定容差范围内的背景颜色全部清除。橡皮擦类工具的应用示例如图 1-11 所示。

① 图片来源：成都市华阳职业中学

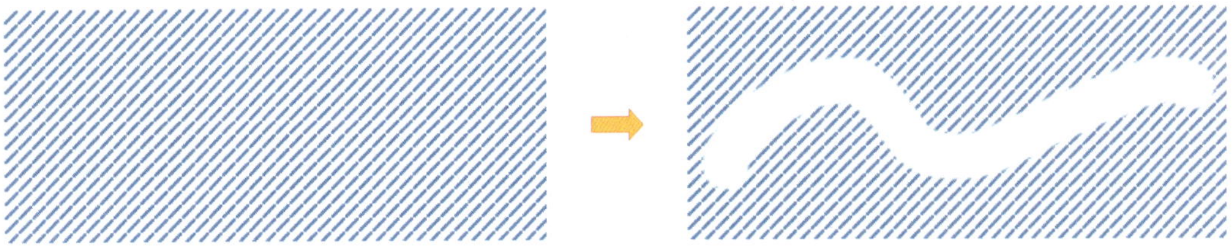

图 1-11　橡皮擦类工具的应用示例

1-4.2　填充类工具的应用

填充类工具的功能是对选区或图层进行颜色或图案的填充。在 Photoshop 中，填充类工具包括使用油漆桶工具填充颜色或图案，以及使用“填充”工具填充颜色或图案。填充类工具的一项重要功能是可以有效地保护图片中的透明区域，有针对性地填充图片。填充类工具的应用示例如图 1-12 所示。

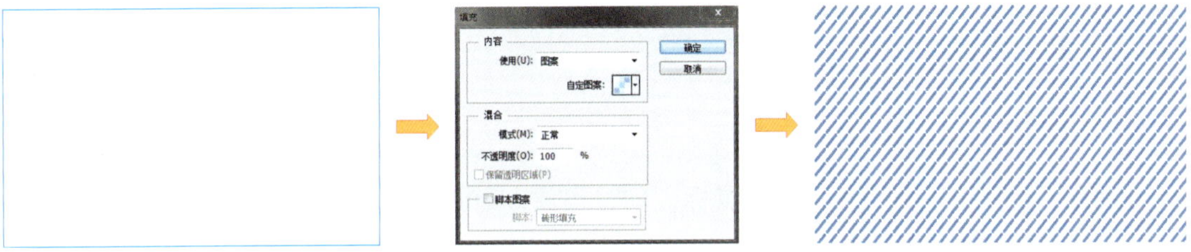

图 1-12　填充类工具的应用示例

1-5　路径的创建与应用

利用路径工具能够绘制各种形状的矢量图形。在网店装修中制作店铺招牌、制作搭配套餐模版、制作优惠券等，都离不开 Photoshop 路径工具的应用。

扫描二维码对“路径的创建与应用”进行学习

1-5.1　路径面板

路径面板是用于保存和管理路径的工具，在其中显示了当前工作路径、存储路径和当前矢量蒙版的名称及缩览图，路径的基本操作和编辑都能通过该面板来完成。单击“窗口”→“路径”命令，即可打开路径面板。

路径指的是当前文件中包含的路径，工作路径为当前文件中包含的临时路径，如果没有存储工作路径，在绘制新的路径时原工作路径会被新的工作路径替代。可以新建选区，从选区生成工作路径，也可以将路径作为选区载入。通过选择填充路径或描边路径，可对当前选择的路径进行填充或描边绘制。

在 Photoshop 中只有特定的几个工具能够针对路径进行操作，如图 1-13 所示，分别是钢笔工具、自由钢笔工具、添加锚点工具、删除锚点工具和转换点工具，用来绘制及修改路径，路径选择工具和直接选择工具用来直接选取路径。

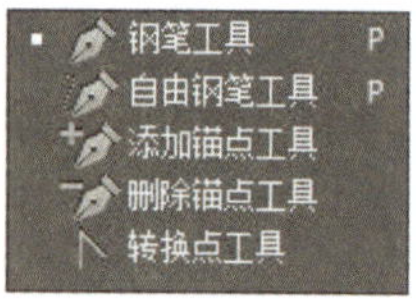

图 1-13　路径面板

1-5.2　路径和选区之间的转换

在 Photoshop 中，路径与选区是可以相互转换的。要将当前的路径转换为选区，可单击路径面板底部的“将路径作为选区载入”按钮，或直接按 Ctrl+Enter 组合键。

选区同样也可以转换为路径，单击路径面板底部的“从选区生成工作路径”按钮，即可将选区转换为路径，或通过在创建选区后，在路径面板菜单中选择“建立工作路径”命令，在弹出的“容差”对话框中设置路径的平滑度，然后单击“确定”按钮即可得到路径。

单元扩展

1. 巧用椭圆选框工具

在图片上按住左键不放并拖动鼠标，同时按住 Shift 键，即可绘制圆。

2. 巧用仿制图章工具

使用仿制图章工具复制图样时，图样都会带有一定的羽化效果，因此在复制过程中，可以适当调整仿制图章工具的大小，这样复制出来的图样更完整。

3. 巧用魔棒工具

使用魔棒工具选择不连续的选区，需要在选择第二个选区前按住 Shift 键，再选择其他选区。另外，魔棒工具对应的选项栏中的容差值表示颜色的相近度，容差越大，相似的颜色范围越大；容差值越小，相似的颜色范围越小。

4. 巧用液化工具

对人物进行液化瘦身或丰满时，一定要先放大图片细节，这样调整曲线时，肌肤边缘不会变得凹凸不平。

5. 常见类型图片的常用修饰工具

模特图片常用的修饰工具有污点修复画笔工具、修复画笔工具、修补工具、液化工具、红眼工具。商品图片常用的修饰工具有钢笔工具、涂抹工具、内容感知移动工具、仿制图章工具、图案图章工具、模糊工具、锐化工具、减淡工具、加深工具、海绵工具、画笔工具、橡皮擦工具、背景橡皮擦工具、魔术橡皮擦工具、内容识别工具。图片常见类型常用的修饰工具组有模糊锐化工具组、文本工具组、形状工具组。

同步实训

经老师的安排，从本书提供的 3 类商品素材库（同步训练素材库）中自行选择 1 种商品素材，运用单元 1 所学知识，随机选择其中 3 个商品的图片进行处理，并将 3 个商品的图片组合成为一个新图，最终制作成网店首页的开学季活动主题海报图。海报参数为：宽度为 1920 像素、高度在 400 ～ 800 像素间自选（全屏轮播图尺寸）。海报命名为“姓名 + 开学季活动主题海报”。任务安排及要求见表 1–1。

表1–1　Photoshop认知同步实训的任务安排及要求

任务列表	任务要求	任务进度
1. 认识店铺海报	明确海报要传达的信息	20%
2. 店铺海报制作	能充分体现海报主题“开学季”	80%
3. 任务总结	分析并总结实训过程中的问题	100%

单元 2

Photoshop应用

单元教案　单元课件

商品图片太亮或者太暗都不利于顾客查看和了解商品的信息及其主要特征。因此，在修复商品图片瑕疵的同时还要对画面的光影进行调整，通过使用滤镜、调整色彩与光影的工具、蒙版与通道来提高图片质量。本单元将对 Photoshop 中滤镜、蒙版与通道的应用及调整色彩与光影等内容进行介绍。

学习目标

知识目标

- 熟悉滤镜和滤镜库的功能。
- 熟悉蒙版与通道的功能与作用。
- 熟悉调整色彩与光影的工具。

技能目标

- 掌握常用滤镜的使用方法。
- 掌握蒙版与通道的使用方法。
- 掌握调整商品图片色彩与光影的方法和技巧。

注：在本单元中，对使用使用频率相对较低的工具未做详细说明，读者可通过扫描二维码进行详细学习。

2-1 滤镜的应用

2-1.1　认识滤镜

滤镜是 Photoshop 中重要的图像表现工具，也是特色工具。就像摄影师在相机上安装各种特殊镜头一样，在图像处理中要实现千变万化的特殊效果，都可以使用滤镜功能。所有的滤镜在 Photoshop 中都按分类放置在相应菜单中，使用时只需要从该菜单中执行相关命令即可。滤镜的操作是非常简单的，但是真正用起来却很难实现恰到好处。如果想在最适当的时候应用滤镜，除了平常的美术功底之外，还需要用户对滤镜的熟悉和操控能力，甚至需要具有很丰富的想象力。只有这样才能有的放矢地应用滤镜，真正发挥出滤镜的艺术功效。

2-1.2　滤镜的应用

扫描二维码对“风格化滤镜”进行学习

1. 风格化滤镜

风格化滤镜主要作用于图像的像素，可以强化图像的色彩边界，所以图像的对比度对此类滤镜的影响较大。风格化滤镜最终营造出的是一种印象派的图像效果。风格化滤镜共有 8 种类型，具体介绍如下。

1）查找边缘滤镜

查找边缘滤镜用深色线条来勾画图像的边缘，得到图像的大致轮廓。查找边缘滤镜的应用案例如图 2-1 所示。

图 2-1　查找边缘滤镜的应用案例[①]

2）等高线滤镜

类似于查找边缘滤镜的效果，但允许指定过渡区域的色调水平。等高线滤镜的应用案例如图 2-2 所示。

① 图片来源：四川省金堂县职业高级中学

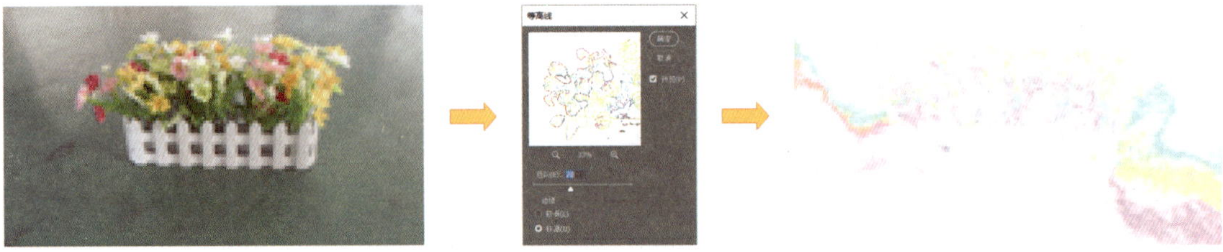

图 2-2 等高线滤镜的应用案例①

3）风滤镜

风滤镜的功能是在图像中色彩相差较大的边界上增加细小的水平短线来模拟风的效果。风滤镜的应用案例如图 2-3 所示。

图 2-3 风滤镜的应用案例②

4）浮雕效果滤镜

使用浮雕效果滤镜可生成凸出和浮雕的效果，对比度越大的图像浮雕效果越明显。浮雕效果滤镜的应用案例如图 2-4 所示。

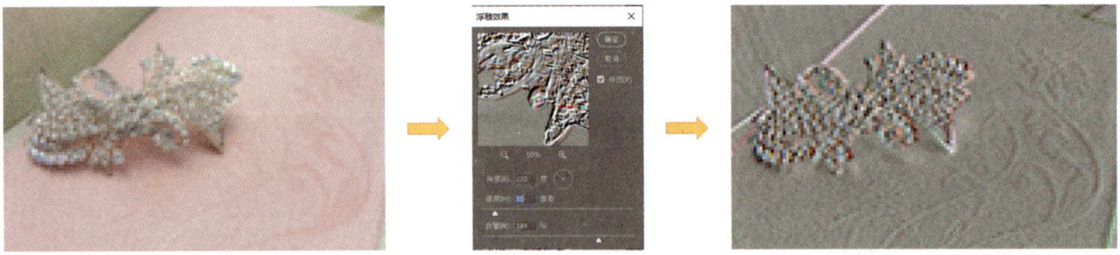

图 2-4 浮雕效果滤镜的应用案例③

5）扩散滤镜

扩散滤镜可搅动图像的像素，产生类似透过磨砂玻璃观看的效果。扩散滤镜的应用案例如图 2-5 所示。

①② 图片来源：四川省金堂县职业高级中学

③ 图片来源：都江堰职业中学

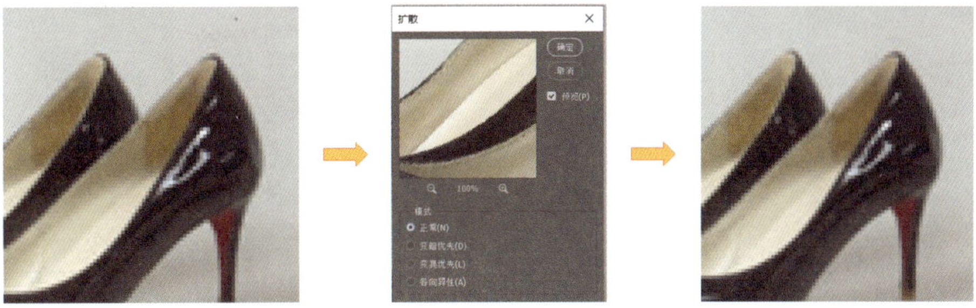

图 2-5　扩散滤镜的应用案例 ①

6）拼贴滤镜

使用拼贴滤镜可将图片按指定的值分割为若干个正方形的拼贴图块，并按设置的位移百分比进行偏移。拼贴滤镜的应用案例如图 2-6 所示。

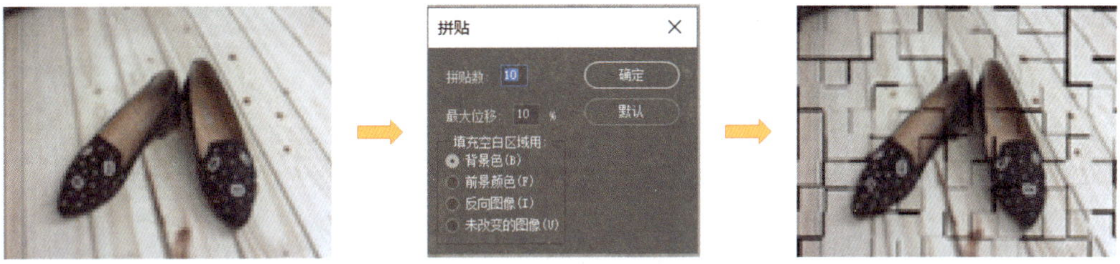

图 2-6　拼贴滤镜的应用案例 ②

7）曝光过度滤镜

使用曝光过度滤镜可使图像产生原图像与原图像的反相进行混合后的效果。曝光过度滤镜的应用案例如图 2-7 所示。

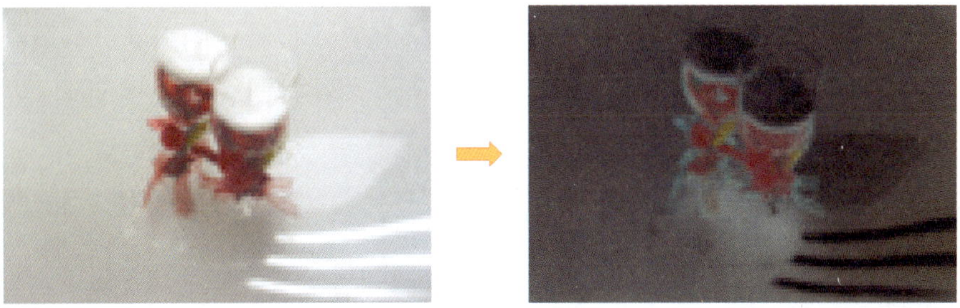

图 2-7　曝光过度滤镜的应用案例 ③

8）凸出滤镜

使用凸出滤镜可将图像分割为指定的三维立方块活棱锥体。凸出滤镜的应用案例如图 2-8 所示。

---

①② 图片来源：成都市华阳职业中学

③ 图片来源：四川省新津县职业高级中学

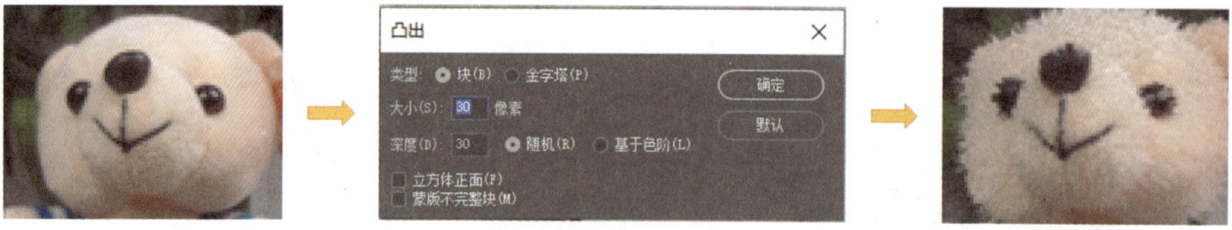

图 2-8　凸出滤镜的应用案例[①]

2. 模糊滤镜

模糊滤镜的主要功能是使选区或图像柔和，淡化图像中不同色彩的边界，以达到掩盖图像的缺陷或创造出特殊效果。模糊滤镜共有 8 种类型，具体介绍如下。

扫描二维码对“模糊滤镜”进行学习

1）高斯模糊滤镜

高斯模糊滤镜的功能是使用可调整的半径量快速模糊选区，添加低频细节，并产生一种朦胧的效果。高斯模糊滤镜的应用案例如图 2-9 所示。

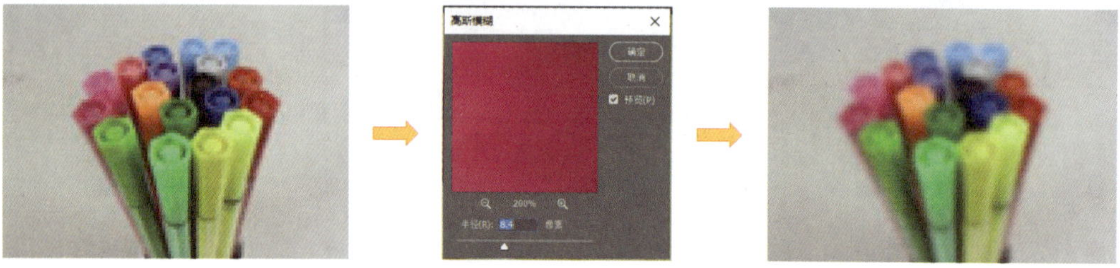

图 2-9　高斯模糊滤镜的应用案例[②]

2）动感模糊滤镜

动感模糊滤镜的功能是沿特定方向（-360° ～ +360° ）以特定的强度进行模糊处理，其效果类似于以固定的曝光时间给移动物体拍照。在需要有动感模糊效果的时候可以使用这个滤镜。动感模糊滤镜的应用案例如图 2-10 所示。

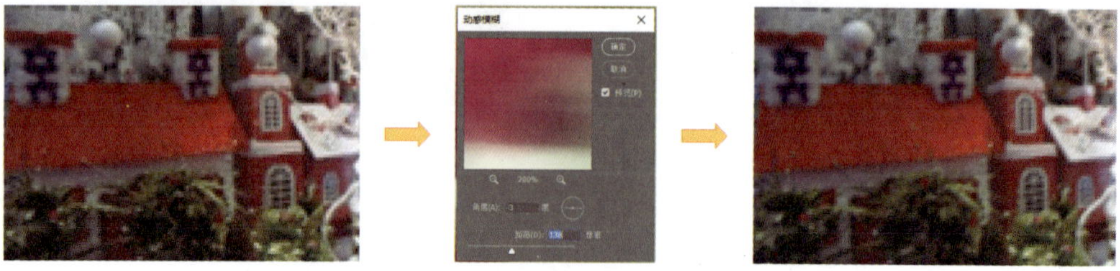

图 2-10　动感模糊滤镜的应用案例[③]

① 图片来源：四川省金堂县职业高级中学
② 图片来源：四川省新津县职业高级中学
③ 图片来源：成都市洞子口职业高级中学校

3）方框模糊滤镜

方框模糊滤镜的功能是以一定大小的矩形为单位，对矩形内包含的像素点进行整体模糊运算并生成相关预览。相比高斯模糊滤镜，方框模糊滤镜的阈值调节精度更小。在需要阈值调节精度小的模糊效果的时候可以使用这个滤镜。方框模糊滤镜的应用案例如图 2-11 所示。

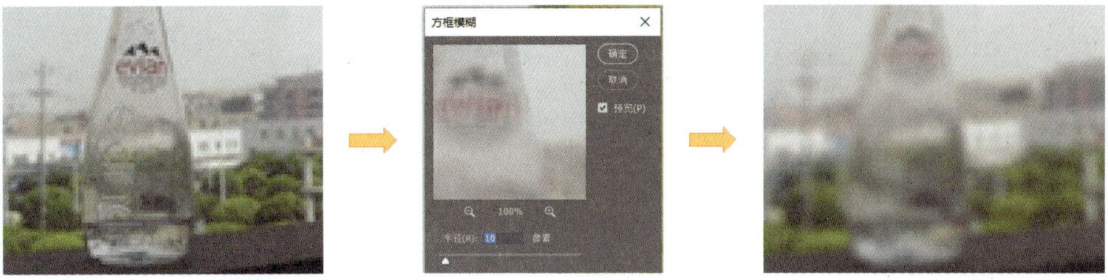

图 2-11　方框模糊滤镜的应用案例①

4）模糊滤镜

模糊滤镜的功能是产生轻微模糊效果，同时可消除图片中的杂色，如果只应用一次效果不明显，可以重复应用。在需要消除图片中的杂色并且产生轻微模糊效果的时候可以使用这个滤镜。模糊滤镜的应用案例如图 2-12 所示。

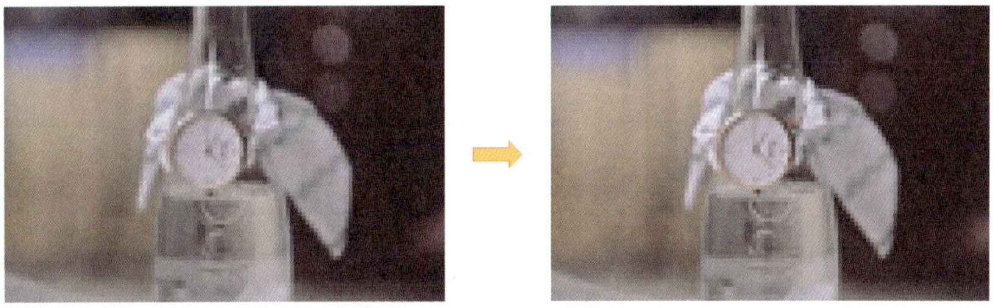

图 2-12　模糊滤镜的应用案例②

5）进一步模糊滤镜

使用进一步模糊滤镜产生的模糊效果为模糊滤镜的 3 ～ 4 倍，模糊效果更强。在需要对图片进行更进一步的模糊效果处理的时候可以使用这个滤镜。进一步模糊滤镜的应用案例如图 2-13 所示。

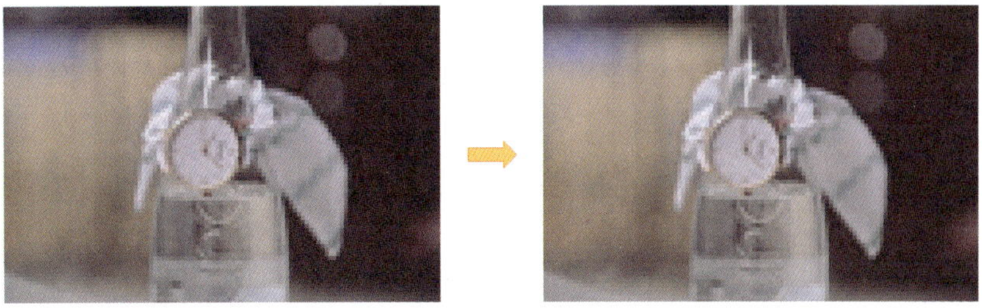

图 2-13　进一步模糊滤镜的应用案例③

①②③　图片来源：四川省成都市礼仪职业中学

6）径向模糊滤镜

径向模糊滤镜的功能是模拟移动或旋转相机时产生的模糊。在图片需要有移动或旋转模糊效果的时候可以使用这个滤镜。径向模糊滤镜的应用案例如图 2–14 所示。

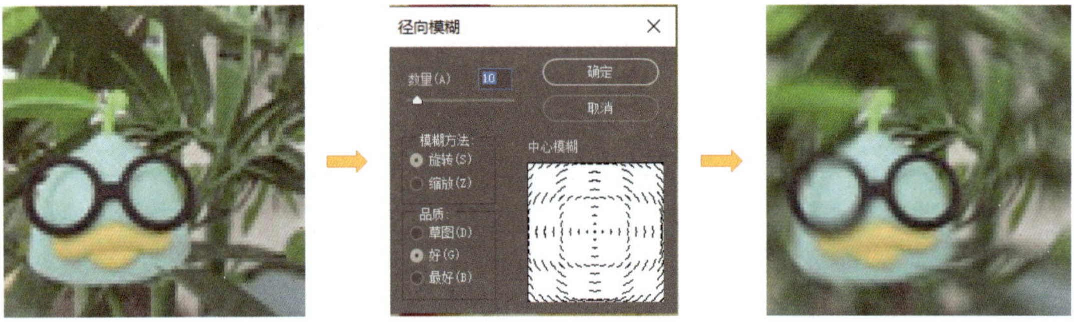

图 2–14　径向模糊滤镜的应用案例 ①

7）特殊模糊滤镜

特殊模糊滤镜的功能是自动区别对象的边界并锁定该边界，对边界内符合指定阈值的像素点进行模糊运算并生成相关预览，色彩不溢出边界。设置合适的阈值，可以使对象呈现出逼真的水粉画风格。特殊模糊滤镜的应用案例如图 2–15 所示。

图 2–15　特殊模糊滤镜的应用案例 ②

8）形状模糊滤镜

形状模糊滤镜的功能是使用指定的内核来创建模糊。从自定义形状预设列表中选取一种内核，并使用“半径”滑块来调整其大小。半径决定了内核的大小，内核越大模糊效果越好。在图片需要使用指定的内核来创建模糊效果时可以使用这个滤镜。形状模糊滤镜的应用案例如图 2–16 所示。

①② 图片来源：四川省蒲江县职业中专学校

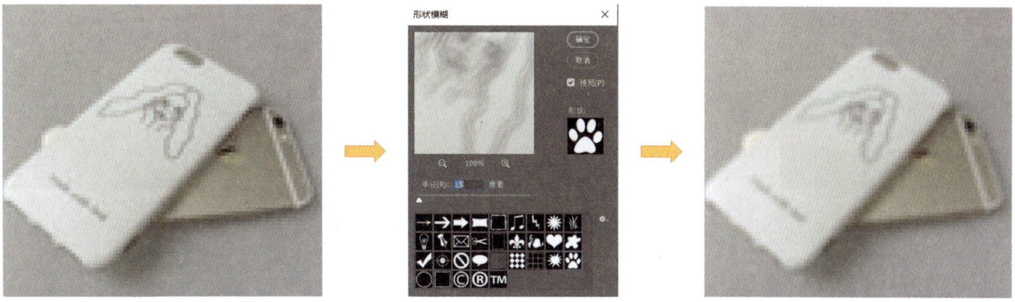

图 2-16　形状模糊滤镜的应用案例①

3. 锐化滤镜

应用锐化滤镜可以快速聚焦模糊边缘，提高图片中某一部位的清晰度或聚焦程度，使图片特定区域的色彩更加鲜明。在应用锐化滤镜时，若勾选选项栏中的“对所有图层取样”复选框，则可对所有可见图层中的图像进行锐化。锐化不是万能的，很容易使图片产生不真实感，所以一定要适度。

扫描二维码对“锐化滤镜”进行学习

1）USM 锐化滤镜

查找图片中颜色发生显著变化的区域，然后将其锐化，对于专业色彩校正，可使用 USM 锐化滤镜调整边缘细节的对比度，并在边缘的侧面生成一条亮线和一条暗线，此过程是将边缘突出，造成图片更加锐化的错觉。在使用 USM 锐化滤镜时，一般数量可设置为 50%，半径可设置为 5 个像素。在需要对图片中颜色发生显著变化的区域进行锐化，并在边缘的侧面生成一条亮线和一条暗线时可以使用这个工具。USM 锐化滤镜的应用案例如图 2-17 所示。

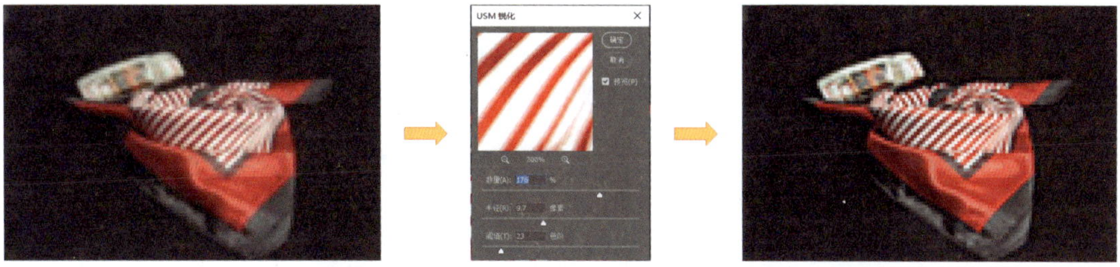

图 2-17　USM 锐化滤镜的应用案例②

2）智能锐化滤镜

查找图片中颜色发生显著变化的区域，然后将其锐化，有基本和高级两种方式，参数有“数量”、“半径”和“移去模糊”，调整后图片更加智能化。在需要快速对图片中颜色发生显著变化的区域进行锐化时可以使用这个工具。智能锐化滤镜的应用案例如图 2-18 所示。

① 图片来源：四川省蒲江县职业中专学校

② 图片来源：成都市华阳职业中学

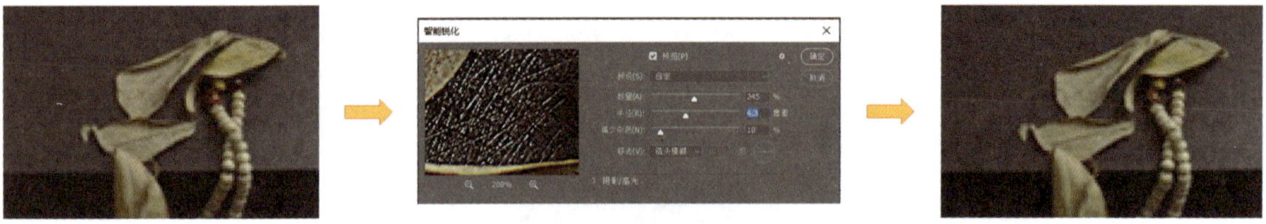

图 2-18　智能锐化滤镜的应用案例 ①

3）锐化边缘滤镜

锐化边缘滤镜只锐化图像的边缘，同时保留总体的平滑度。使用此滤镜在不指定数量的情况下锐化边缘，作用与智能锐化滤镜相同，但它只是锐化图像的边缘。在只需要锐化图片边缘的时候可以使用这个滤镜。锐化边缘滤镜的应用案例如图 2–19 所示。

图 2-19　锐化边缘滤镜的应用案例 ②

4）进一步锐化滤镜

进一步锐化滤镜可以产生强烈的锐化效果，用于提高对比度和清晰度。

进一步锐化滤镜比智能锐化滤镜具有更强的锐化效果。在需要对图片进行更进一步的锐化时可以使用这个滤镜。进一步锐化滤镜的应用案例如图 2–20 所示。

图 2-20　进一步锐化滤镜的应用案例 ③

① 图片来源：都江堰职业中学

② 图片来源：四川省新津县职业高级中学

③ 图片来源：成都市华阳职业中学

5）防抖滤镜

由于没有拿稳相机，拍摄出的图片因抖动变得模糊，通过防抖滤镜，可以有效地降低由于抖动产生的模糊。在图片需要降低由于抖动而产生的模糊时可以使用这个滤镜。防抖滤镜的应用案例如图 2–21 所示。

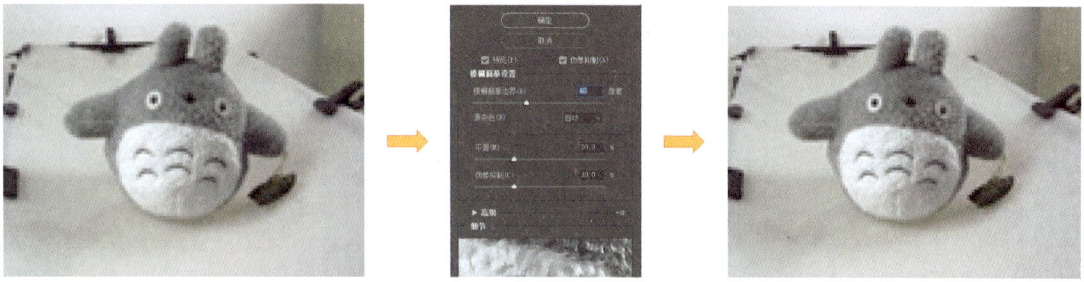

图 2–21　防抖滤镜的应用案例①

4. 像素化滤镜

像素化滤镜是将图片分成一定的区域，再将这些区域转变为相应的色块，最后由色块构成图像，类似于色彩构图的效果。

扫描二维码对“像素化滤镜”进行学习

1）彩块化滤镜滤镜

彩块化滤镜的功能是使用纯色或相近颜色的像素结块来重新绘制图像，类似手绘的效果。在图片需要产生手绘效果的时候可以使用这个滤镜。彩块化滤镜的应用案例如图 2–22 所示。

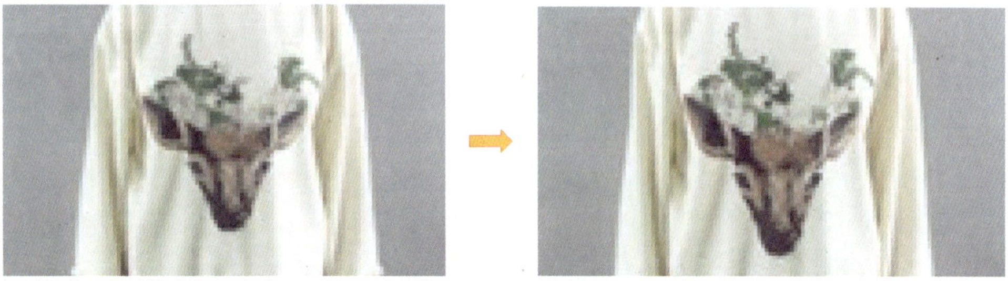

图 2–22　彩块化滤镜的应用案例②

2）彩色半调滤镜

彩色半调滤镜的功能是模拟在图像的每个通道上使用半调网屏的效果，将一个通道分解为若干个矩形，然后用圆形替换矩形，圆形的大小与矩形的亮度成正比。在需要让图片产生圆点效果时可以使用这个滤镜。彩色半调滤镜的应用案例如图 2–23 所示。

① 图片来源：四川省新津县职业高级中学

② 图片来源：四川省蒲江县职业中专学校

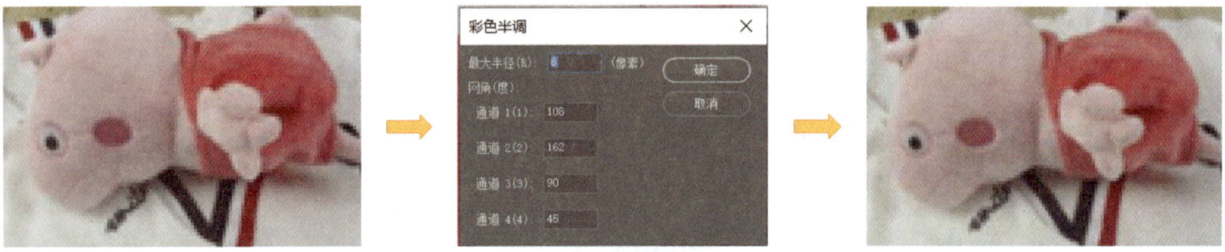

图 2-23　彩色半调滤镜的应用案例 ①

3）点状化滤镜

点状化滤镜的功能是将图像分解为随机分布的网点，使用背景色填充网点之间的空白区域，模拟点状绘画的效果。在需要将图片分解为随机分布的网点时可以使用这个滤镜。点状化滤镜的应用案例如图 2-24 所示。

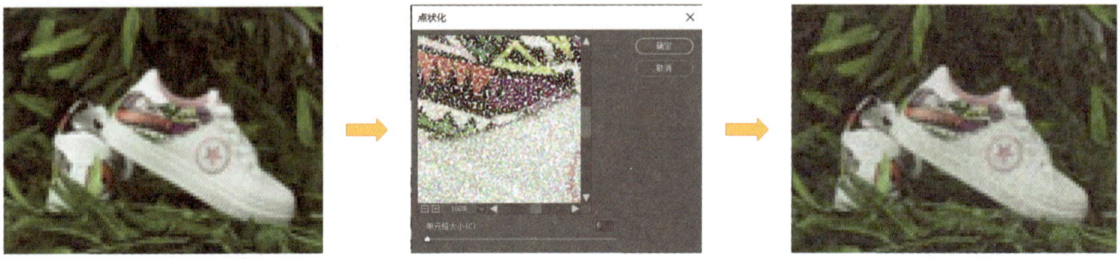

图 2-24　点状化滤镜的应用案例 ②

4）晶格化滤镜

晶格化滤镜的功能是使用多边形纯色结块重新绘制图像。在需要让图片产生多边形纯色结块效果时可以使用这个滤镜。晶格化滤镜的应用案例如图 2-25 所示。

图 2-25　晶格化滤镜的应用案例 ③

5）碎片滤镜

碎片滤镜的功能是为图像创建四个相互偏移的副本，产生类似重影的效果。在需要让图片产生重影效果时可以使用这个滤镜。碎片滤镜的应用案例如图 2-26 所示。

①②③　图片来源：四川省蒲江县职业中专学校

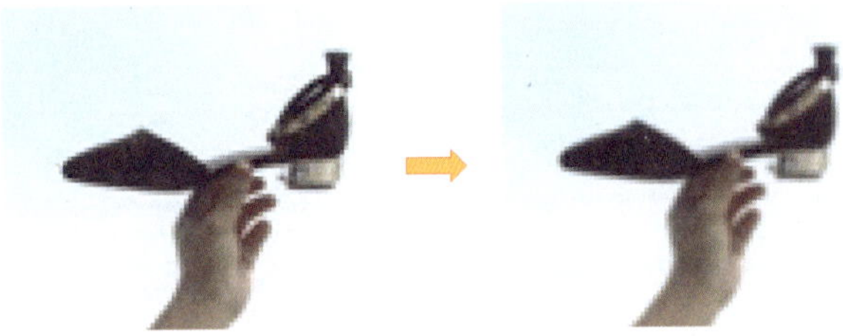

图 2-26　碎片滤镜的应用案例[①]

6）铜版雕刻滤镜

铜版雕刻滤镜的功能是使用黑白或颜色饱和的网点图案重新绘制图像。铜版雕刻滤镜的应用案例如图 2-27 所示。

图 2-27　铜版雕刻滤镜的应用案例[②]

7）马赛克滤镜

马赛克滤镜的功能是将像素结为方形块。马赛克滤镜的应用案例如图 2-28 所示。

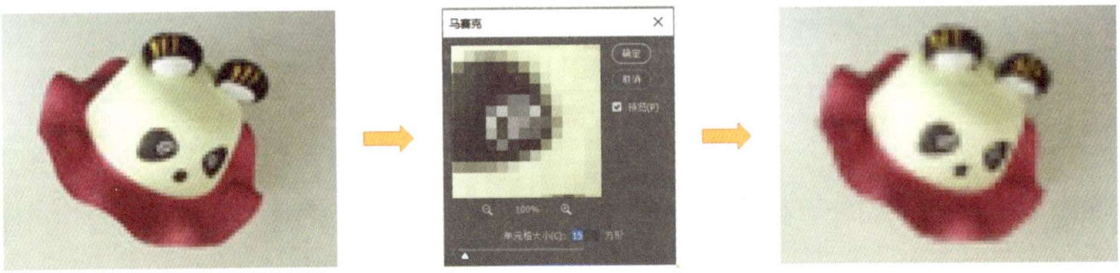

图 2-28　马赛克滤镜的应用案例[③]

5. 杂色滤镜

杂色滤镜用来创建特色的纹理或将有灰尘和划痕的区域去除。在基于影响整个图像或各个道通的用户设置保留边缘的同时，移去图像或选区的不自然感。图像的杂色显示为随机的无关像素，这些像素不是图像细节的一部分。

扫描二维码对“杂色滤镜”进行学习

①②　图片来源：四川省蒲江县职业中专学校

③　图片来源：成都市华阳职业中学

1）蒙尘与划痕滤镜

蒙尘与划痕滤镜的功能是去除图像中的蒙尘与划痕。蒙尘与划痕滤镜的应用案例如图 2–29 所示。

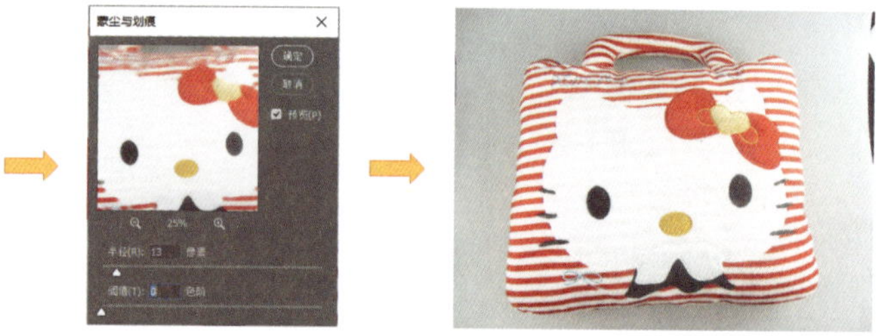

图 2–29 蒙尘与划痕滤镜的应用案例[①]

2）去斑滤镜

去斑滤镜的功能是检测图像边缘颜色变化较大的区域，通过模糊除边缘以外的其他部分以起到消除杂色，但不损失图像的细节。在需要不损失图像细节的前提下消除杂色的时候，可以使用这个滤镜。去斑滤镜的应用案例如图 2–30 所示。

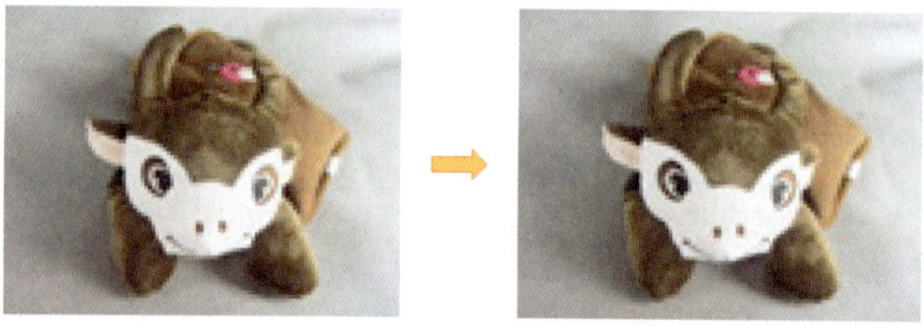

图 2–30 去斑滤镜的应用案例[②]

3）添加杂色滤镜

添加杂色滤镜的功能是将添加的杂色与图像相混合。添加杂色滤镜的应用案例如图 2–31 所示。

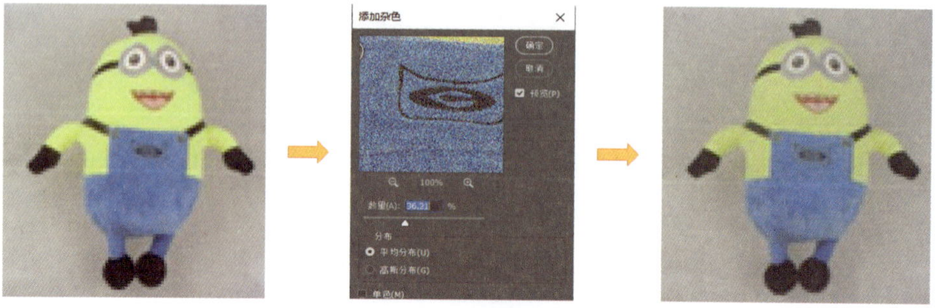

图 2–31 添加杂色滤镜的应用案例[③]

①② 图片来源：四川省新津县职业高级中学

③ 图片来源：四川省蒲江县职业中专学校

4）中间值滤镜

中间值滤镜的功能是通过混合像素的亮度来减少杂色。中间值滤镜的应用案例如图 2-32 所示。

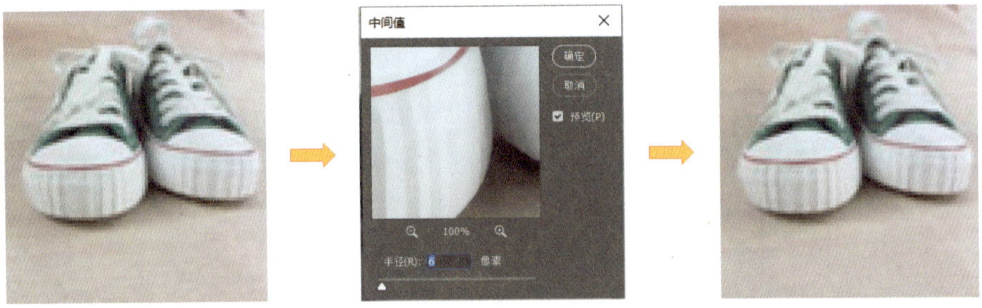

图 2-32　中间值滤镜的应用案例[①]

2-2　蒙版与通道的应用

2-2.1　Photoshop 蒙版的概念及应用方法

扫描二维码对“蒙版与通道的应用”进行学习

蒙版（其窗口见图 2-24）在融合图片、添加特殊效果和建立复杂的选择区域等方面的应用极为重要，使用蒙版能进行各种图像的合成，让图层上的图像产生相应的透明效果。使用蒙版编辑图像时，可迅速还原图像，避免在处理过程中丢失图像。美工设计中常用的蒙版有图层蒙版、剪贴蒙版。

蒙版的原理：蒙版是一种灰色图像，并且具有透明的特性。蒙版是将不同的灰度值转化成不同的透明度，并作用到该蒙版所在的图层，使图层不同部位的透明度产生相应的变化。当蒙版的灰度加深时，被遮盖的区域会变得更加透明，通过这种方式不但对图像没有一点破坏，而且还会起到保护原图的作用。

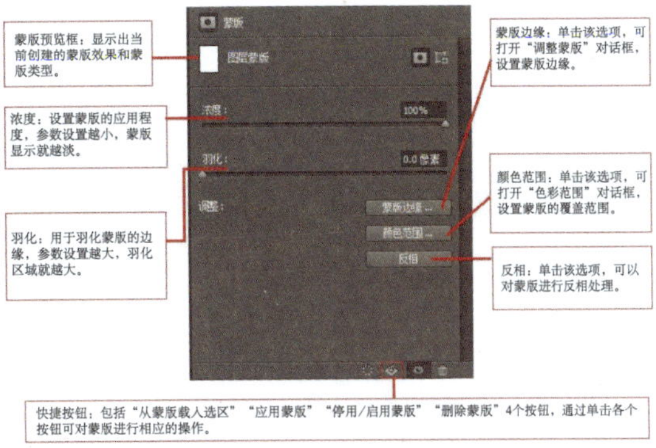

图 2-33　Photoshop 蒙版窗口

（1）剪贴蒙版：主要由基层和内容图层组成，在下方的图层为基层，从效果上来说，就是将图稿裁剪为蒙版的形状，可

① 图片来源：四川省蒲江县职业中专学校

以使用图层的内容来蒙盖它上面的图层。剪切蒙版就是将图稿裁剪为蒙版的形状再用其形状遮盖图稿上的其他对象。

（2）图层蒙版：是所有蒙版中最常用的，常用来扣取一些难度较高的图片。图层蒙版是在当前图层上面覆盖一层玻璃片，这种玻璃片有透明的、半透明的和不透明的。用各种绘图工具在蒙版上（玻璃片上）涂色（只能涂黑、白或灰色），涂黑色的区域蒙版变为完全不透明的，看不见当前图层的图像；涂白色则使涂色部分变为透明的，可看到当前图层上的图像；涂灰色使蒙版变为半透明，透明的程度由涂色的灰度深浅决定。图层蒙版的主要作用是：

①它是一种特殊的选区。

②蒙版虽然是个选区，但是它跟常规的选区颇为不同。常规的选区表现了一种操作趋向，即将对所选区域进行处理；而蒙版却相反，它是对所选区域进行保护，让其免于被操作，而对非掩盖的区域进行操作。

（3）快速蒙版：可以将任何选区作为蒙版进行编辑，而无须使用“通道”调板，在查看图像时也可如此。将选区作为蒙版来编辑的优点是几乎可以使用任何 Photoshop 工具或滤镜修改蒙版。例如，如果用选框工具创建了一个矩形选区，可以进入快速蒙版模式并使用画笔扩展或收缩选区，也可以使用滤镜扭曲选区边缘。另外，也可在快速蒙版模式中创建蒙版，受保护区域和未受保护区域以不同颜色进行区分。当离开快速蒙版模式时，未受保护区域成为选区。

当在快速蒙版模式中工作时，“通道”调板中出现一个临时快速蒙版通道。但是，所有的蒙版编辑是在图像窗口中完成的，因为这样方便查看原图。

（4）矢量蒙版：是不会因放大或缩小操作而影响图片清晰度的蒙版，是可以对图像实现部分遮罩的一种图片，遮罩效果可以通过具体的软件设定，就相当于用一张扣出形状的图板蒙在被遮罩的图片上面。矢量蒙版可以保证原图不受损，并且可以随时用钢笔工具修改形状，并且形状无论被放大多少都不会失真。

2-2.2 Photoshop 通道的概念及应用

通道是保存蒙版的容器，通道和蒙版密不可分。蒙版无法脱离通道而存在；通道的功能就是保存蒙版，离开了蒙版，通道也将不复存在。

蒙版的不同应用造就了不同类型的通道，美工设计中常用的 Photoshop 通道有复合通道和颜色通道。

（1）复合通道：不包含任何信息，实际上它只是同时预览并编辑所有颜色通道的一种快捷方式。它通常被用来在单独编辑一个或多个颜色通道后使通道面板返回到它的默认状态。在 Photoshop 中，通道涉及三 个模式。对于一个 RGB 模式的图像，有 RGB、R、G、

B 四个通道；对于一个 CMYK 模式的图像，有 CMYK、C、M、Y、K 五个通道；对于一个 Lab 模式的图像，有 Lab、L、a、b 四个通道。

（2）颜色通道：在 Photoshop 中编辑图像时，实际上就是在编辑颜色通道。这些通道把图像分解成一个或多个色彩成分，图像的模式决定了颜色通道的数量，RGB 模式的图像有 3 个颜色通道，CMYK 模式的图像有 4 个颜色通道，Lab 模式的图像只有 1 个颜色通道，它们包含了所有将被打印或显示的颜色。

通道的主要作用：

①表示选区。利用通道，可以建立像头发丝一样的精确选区。

②表示墨水强度。不同的通道都可以用 256 级灰度来表示不同的亮度。

③表示不透明度。这是较常用的一个功能。

④表示颜色信息。

2-3 调整图片的色彩与光影

扫描二维码对“调整商品的色彩与光影”进行学习

2-3.1　图片调色的方法

1. 色彩平衡

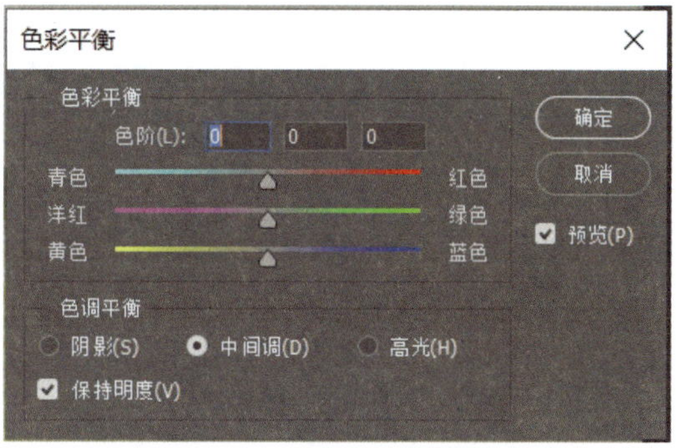

图 2-34 “色彩平衡”对话框

拍摄出来的图片经常存在色彩不平衡的问题，使用 Photoshop 中的“色彩平衡”命令（对应的“色彩平衡”对话框见图 2-34）可对图片进行调色，使色彩通过调和达到平衡，还原图片真实的色彩。

2. 自动色调

在处理已拍摄好的图片的过程中，常常会遇到图片偏色的问题。针对此类问题，可以使用 Photoshop 中的“自动色调”命令来解决。“自动色调”命令会根据图像的色调来自动进行明度、纯度及色相的调整，均匀化图像的色调。

3. 照片滤镜

在处理图片的过程中，想要通过改变图像的冷暖色调，制作出特殊的视觉效果，就需要应用Photoshop中的“照片滤镜”命令。“照片滤镜”是通过模拟摄像机拍摄时在镜头上添加彩色滤镜的效果。

2-3.2 调整图片光影的方法

1. 光线明暗修正——曝光度

在拍摄商品图片时，经常会出现曝光不足或曝光过度的情况，此类问题可以通过Photoshop中的“曝光度”命令（其对应的“曝光度”对话框见图2-35）来调整。通过调节“曝光度”、“位移”和“灰度系数校正”的参数来调节照片的明暗。

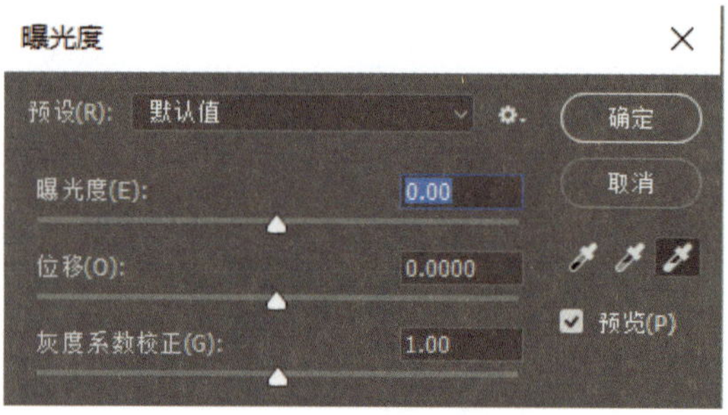

图2-35 “曝光度”对话框

2. 图像明暗层次——亮度/对比度

对于商品图片，当由于拍摄导致光线不足时，可使用Photoshop中的“亮度/对比度”命令（对应的“亮度/对比度”对话框见图2-36）进行调整，使图片亮部和暗部之间的对比度更加明显。使用“亮度/对比度”命令对图片进行调整时，设置的参数不宜过大，参数过大，易导致图片细节损失，所以参数设置应适当。

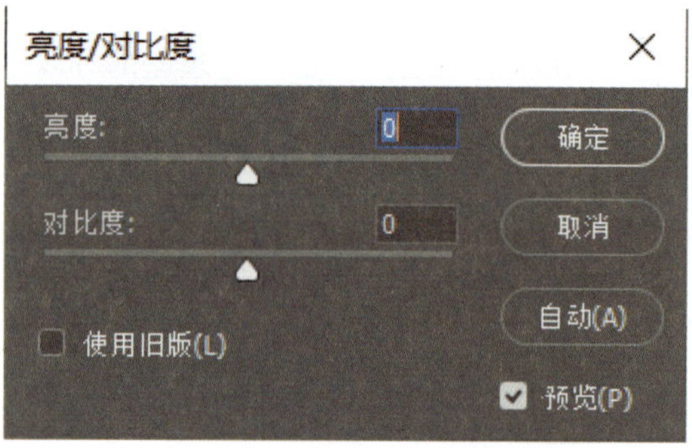

图2-36 “亮度/对比度”对话框

3. 自由处理区域明暗——曲线

在调整商品图片局部明暗时，可使用Photoshop中的“曲线”命令（对应的“曲线”对话框见图2-37）进行任意局部的明暗层次调整，或使用单独通道的对比度和颜色进行调整，还可以调整任意局部的亮度。

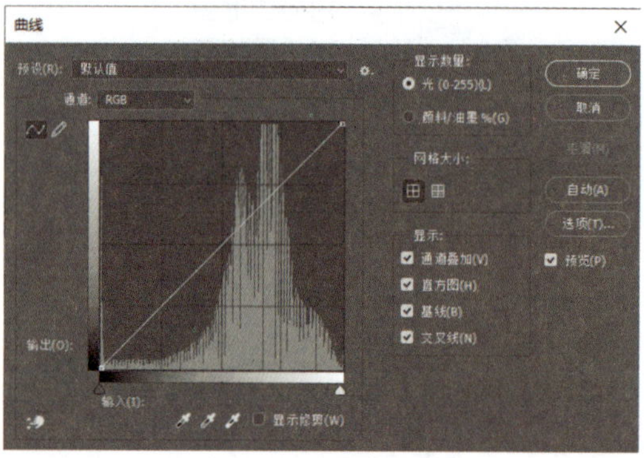

图2-37 “曲线”对话框

单元扩展

1. 巧用曲线

“曲线”对话框中的输出值大于输入值时（曲线位于直线上方），调整后的亮度会增强；反之，调整后的亮度会减弱。与“色阶”命令不同的是，利用“曲线”命令可以添加和调整图像色调内的14个不同点。

2. 保留背景图层

在编辑商品照片时，建议先复制原图层，尽量不要在原图上进行编辑，以免对原图造成不可挽回的损坏。

3. 快速批量处理图片

如果要分别对几十张图片进行颜色、明暗调整或是尺寸大小的操作，为节省时间和精力，可以利用 Photoshop 中的动作面板快速完成这些简单的重复性操作。

4. 修图内容分析

图片一般由光影、材质、色彩、色温、透视 5 要素组成。其中，光影包括高光（白）、中间调（灰）、暗部（黑）；材质包括金、木、水、火、土等；色彩包括色相、饱和度、明亮度；色温有冷暖之分；透视包括空间、水平、纵深、近大远小、近清远模糊等。不同图片的调整内容一般除了以上 5 类，还包括光影修复，插件磨皮，添加文本、素材或创意元素等。

5. 淘宝、天猫店的图片处理技巧

淘宝、天猫店的图片处理技巧涉及选择恰当的背景与装饰元素、添加精彩的文案、为图片添加水印、图片细节处理等。

同步实训

经老师安排，在单元 1 选择的商品类型的基础上，在同练素材库中选择不重复的商品图片为原则，结合单元 2 所学知识，随机选择其中 3 个商品图片进行处理，将 3 个商品图片组合成为一个新图，最终制作成网店首页的国庆节活动主题海报。海报参数为：宽度为 1920 像素、高度在 400 ～ 800 像素间自选（全屏轮播图尺寸）。海报命名为“姓名 + 国庆节活动主题海报”。任务安排及要求见表 2-1。

表2-1　Photoshop应用同步实训

任务列表	任务要求	任务进度
1. 认识店铺海报	明确海报要传达的信息	20%
2. 店铺海报制作	能充分体现海报主题“国庆节”	80%
3. 任务总结	分析并总结实训过程中的问题	100%

单元 3

其他常用软件的认知与应用

单元教案　单元课件

作为一名网店美工，除了要学会使用 Photoshop，还应学习和掌握 Dreamweaver、Coreldraw 等软件，学会多种图像处理软件更有利于网店美工职业生涯的良好发展。对于对图像美化效果要求相对较低的使用者来说，可以选择使用美图秀秀等简单易学的非专业图像处理软件来代替专业的图像处理软件。

学习目标

知识目标

▶ Dreamweaver 的认知。

▶ Coreldraw 的认知。

技能目标

▶ Dreamweaver 的应用。

▶ Coreldraw 的应用。

3-1 Dreamweaver软件的认知与应用

为了提高网店的美观水平，越来越多的网页制作技术被应用到网店装修中。Dreamweaver 是网页制作的常用软件之一，大部分网店装修工作都可以通过 Dreamweaver 来完成。Dreamweaver 涉及大量编码、层、框架，可以制作静态、动态网页，能够为网店装修提供多样化的服务。

3-1.1　认识 Dreamweaver

Dreamweaver（其主界面见图 3-1），中文名称为“梦想编织者”，是集网页制作和网站管理于一身的所见即所得网页编辑器。Dreamweaver 是第一款针对专业网页设计师而特别开发的视觉化网页开发工具，利用它可以轻而易举地制作出跨越平台和浏览器限制的网页。

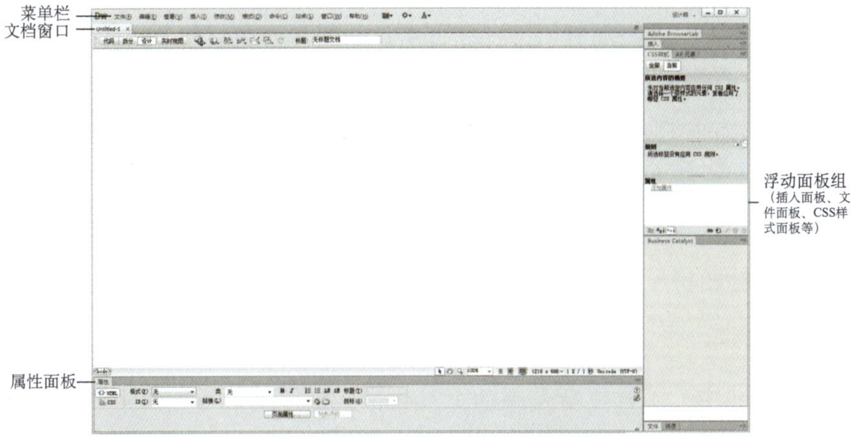

图 3-1　Dreamweaver 主界面

3-1.2　Dreamweaver 的应用

一、菜单栏

用户通过执行菜单栏中的命令，几乎可以完成所有操作。在操作过程中，菜单栏包括多个菜单，分别是“文件”“编辑”“查看”“插入”“工具”“查比”“站点”“窗口”“帮助”。单击任意一个菜单将弹出下拉菜单，从中选择不同的命令可以完成不同的操作。

二、文档窗口

代码视图　单击“代码”按钮，可以在文档窗口中显示代码视图。

代码视图和设计视图　可以在文档窗口的一部分显示代码视图，而在另一部分显示设计视图。当选择这种组合视图时，“窗口”菜单中的“在顶部查看设计视图”选项变为可用。

设计视图切换到实时视图　为了能够快节奏地制作网页，Dreamweaver 提供了实时视图功能。实时视图与设计视图的不同之处在于，它提供了页面在某一浏览器中不可编辑且更逼真的效果。在设计视图的过程中随时可以打开实时视图功能。打开实时视图功能后，设计视图为不可编辑状态，代码视图为可编辑状态，用户可以继续更改代码，然后刷新实时视图以查看更改是否生效。

多屏幕　Dreamweaver 的多屏预览功能支持当前编辑页面在不同分辨率设备上的显示效果预览。若要打开“多屏预览”面板，执行菜单栏中的“文件”→“多屏预览”命令即可。

在浏览器中预览 / 调试　单击此按钮或按快捷键 F12，可在浏览器中预览或调试文档。

文件管理　主要用来查看文件和文件夹（无论这些文件和文件夹是否与站点相关联），以及执行标准文件维护操作（如打开和移动文件）。

W3C 验证　使用 W3C 联机验证服务，以确保标准网页设计的精确性。

检查浏览器兼容性　可以检查所设计的页面在不同类型浏览器上的兼容性。

可视化助理　用户可以使用不同的可视化助理来设计页面。

刷新　在代码视图更改后，须刷新文档的设计视图，因为在执行某些操作之前，用户在代码视图中所做的更改不会自动显示在设计视图中。

文档标题　可以为文档设定一个标题，并显示在浏览器的标题栏中。如果文档已经有了一个标题，则该标题将显示在本区域中。

三、浮动面板组

在 Dreamweaver 中，工具栏全是浮动工具栏，又称浮动面板，可以将工具栏缩小，也可以关闭。利用浮动面板来控制对页面的编写，而不是利用烦琐的对话框。通过在浮动面板中进行属性设置，就可以在文档中直接看到结果，避免了中间过程，提高了工作效率。

1.“插入”菜单

1）“常用”子菜单

“常用”子菜单如图 3-2 所示，其下的命令项如下：

“超级链接”　此项命令主要用来制作文本链接。

“电子邮件链接”　在文本框中输入 E-mail 地址或其他文字信息，然后在 E-mail 文本框中输入准确的邮件地址，就可以向邮件地址发送链接。

“命名锚记”　可以为网页文档的特定部位设置链接。

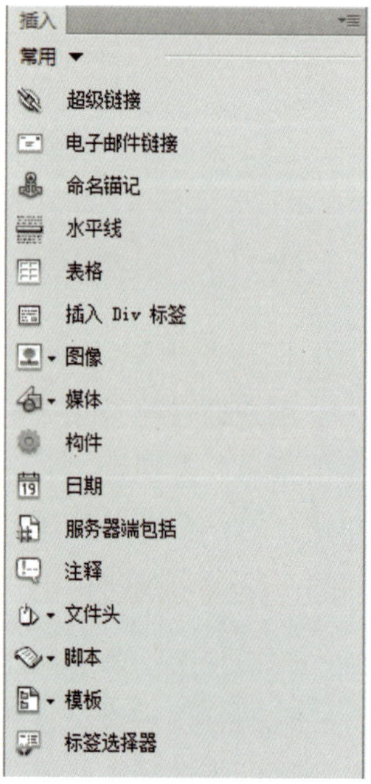

图 3-2　“常用”子菜单

"水平线"　可以在网页中插入水平线。

"表格"　可以在主页上插入表格或进行布局操作。

"插入 Div 标签"　可以使用 Div 标签创建 CSS 布局块，并进行相应的定位。

"图像：图像"　可以在文档中插入图像。

"媒体：插件"　可以插入相关的媒体文件。

"构件"　可以将构件添加到 Dreamweaver 中。

"日期"　可以插入当前的时间和日期。

"服务器端包括"　可以指示 Web 服务器在向浏览器提供页面时，在 Web 页面中包含指定的文件。

"注释"　可以插入注释。

"文件头"　可以按照指定的时间间隔进行刷新。

"脚本"　包含几个与脚本有关联的按钮。

"模板"　在弹出的下拉列表中可以选择与模板相关的命令项。

"标签选择器"　可用于查看、指定和编辑标签的属性。

2）"布局"　子菜单

"布局"子菜单如图 3-3（a）所示，其下命令项（部分）如下：

"插入 Div 标签"　可以插入 Div 标签。

"绘制 AP Div"　在文档窗口中单击并拖动鼠标，可以绘制层。

"Spry 菜单栏"　可以创建横向或纵向的网页下拉菜单。

"Spry 折叠式"　可以添加折叠式菜单。

"Spry 可折叠面板"　可以添加折叠式面板。

"表格"　可以在当前光标的位置插入表格。

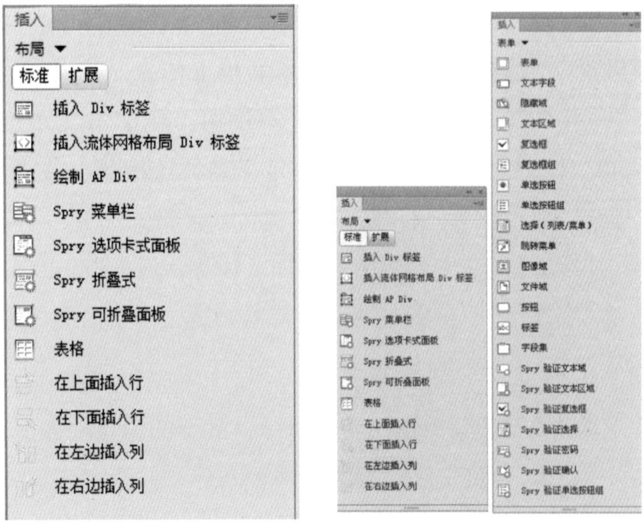

（a）　　　　（b）

图 3-3　"布局"和"表单"子菜单

"在上面插入行"　在当前行的上方插入一个新的行。

"在下面插入行"　在当前行的下方插入一个新的行。

"在左边插入列"　在当前列的左侧插入一个新的列。

"在右边插入列"　在当前列的右侧插入一个新的列。

3）“表单” 子菜单

“表单”子菜单如图 3–3（b）所示，其下的命令项（部分）如下：

“表单” 在文档中插入表单。只有将全部表单对象，如文本域、按钮等，都插入表单中，才能使所有浏览器正确处理这些对象。

“文本区域” 在表单中插入文本区域。文本区域可接受任何类型的字母和数字，输入的文本可以显示为单行、多行或者项目符号、星号（用于保护密码）。

“复选框” 在表单中插入复选框，使浏览者可以选择任意多个选项。

“单选按钮” 代表互相排斥的选择。如果浏览者选择了一组中的某个单选按钮，该单选按钮就会取消选择该组中的其他单选按钮。例如，“是”和“否”之间只能选择一个。

“单选按钮组” 插入共享同一名称的单选按钮的集合。

“选择（列表 / 菜单）” 可以在列表中创建用户选项。

“跳转菜单” 插入可导航的列表或弹出式菜单。跳转菜单允许用户插入一种菜单，在这种菜单中，每个选项都需链接到文档或文件。

“图像域” 可以在表单中插入图像，或使用图像域替换“提交”按钮和已生成的图形化按钮。

“文件域” 用于在文档中插入空白文本域和浏览按钮。通过浏览按钮可以浏览硬盘上的文件，并将这些文件作为表单数据上传。

“按钮” 在表单中插入文本按钮，在单击文本按钮时可以执行任务，如提交或重置表单。用户可以为按钮添加自定义名称或标签，或者使用预定义的“提交”或“重置”标签。

“标签” 在文档中给表单加上标签，以 Label 形式开头和结尾。

“字段集” 在文本中设置文本标签。

4）“文本” 子菜单

“文本”子菜单如图 3–4 所示，其下的命令项如下：

“粗体” 将文字设置为粗体。

“斜体” 将文字设置为斜体。

“加强” 增强文本厚度。

“强调” 以斜体表示文本。

“段落” 为文本设置一个新段落。

“引用块” 将所选文字设置为引用文字，一般采用缩进效果。

“以编排格式” 所选文本区域可以保留多处空白，在浏览器中显示其中的内容时，按照原有文本格式显示。

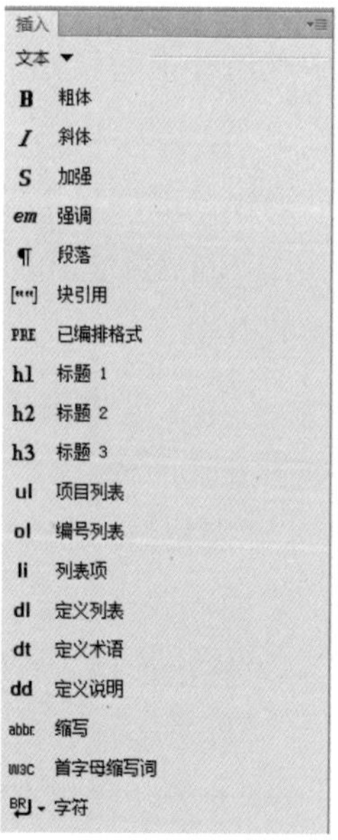

图 3–4 “文本”子菜单

“标题”　可以设置标题。

“项目列表”　可创建无序列表。

“编号列表”　可创建有序列表。

“列表项”　可设置列表项目。

“定义列表”　可创建半定义术语和定义说明的列表。

“定义术语”　可定义专业术语等。

“定义说明”　在定义术语下方标注说明。

“缩写”　为当前选定的缩写添加说明文字。

“首字母缩写单词”　指定与 Web 内容有类似含义的同义词，用于音频合成程序。

“字符”　可插入特殊字符。

2.“文件”面板

“文件”面板（见图 3-5）会定期与服务器交互，以更新其内容。当用户尝试在“文件”面板中执行某项操作，而该面板正在运行自动更新时，系统就会显示一条错误信息。若要禁用自动更新，请打开“文件”面板选项菜单，然后在“查看”菜单中取消选中“自动更新”。若用户需要手动更新“文件”面板的内容，可以使用面板中的“刷新”按钮，但是只有在启用自动更新功能后，才能更新文件当前的状态。

图 3-5　“文件”面板

3-2　Coreldraw软件的认知与应用

Corel 公司的 Coreldraw 是世界一流的矢量平面设计软件之一，因其强大的功能和简单直观的操作，深受广大专业设计人员的青睐。

Coreldraw 具有强大、全面的矢量图形制作和处理功能，甚至可以创建需要很高绘画技法的美术作品。它具有很好的图文混排功能，同时具有强大的导入和导出功能，有极强的兼容性。Coreldraw 常用于制作影视广告、商品造型、海报、宣传手册、图文报表等。

3-2.1　位图和矢量图

1. 位图

位图图像也称为“栅格图像”“像素图像”，它由若干排列在一起的方形栅格组成。在计算机中，一个方形栅格又称为一个“像素”，一个像素只能显示一种颜色。像素是组成位图的基本单位。位图的质量和大小决定于位图中所含像素点的多少。对位图的编辑就是对组成位图的像素进行编辑，如果对位图进行放大、拉伸、缩小等操作，其光滑度和清晰度必然会受到影响。

2. 矢量图

矢量图又称作“向量图”，它是根据几何特性绘制，通过数学计算公式获得的。在计算机中，可以用直线、曲线描述矢量图形。组成矢量图形的元素是点、直线、弧线、圆、矩形、多边形等，它的形成原理是由线段形成图形的外轮廓（外框），再由外框的颜色及外框所封闭的颜色决定图形的显示颜色。在使用放大工具进行放大、缩小或拉伸等操作时，矢量图不会失真而产生锯齿效果。

3-2.2 Coreldraw 的应用

1. 操作界面

启动 Coreldraw 后，在其主界面中单击“文件”→“新建”菜单命令，系统弹出 Coreldraw 的操作界面（见图 3-7），以后所有的工作都是在这里完成的。熟悉 Coreldraw 操作界面，将是进行图形编辑、图片处理等各项操作的基础。

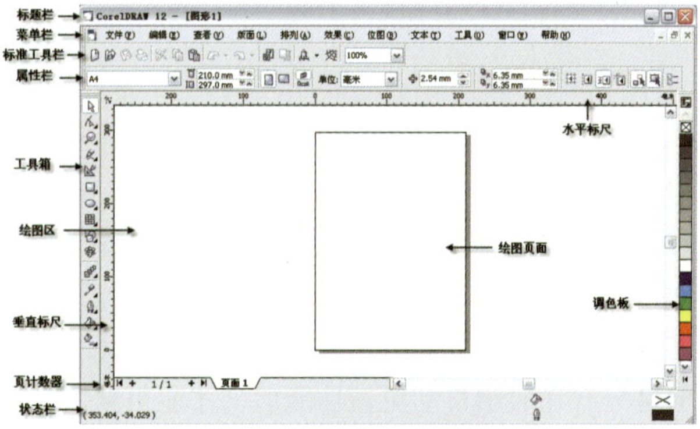

图 3-7　Coreldraw 操作界面

重新设置 Coreldraw 的工作区：单击“工具”→“选项”菜单命令或单击属性栏内的“选项”按钮，都可调出“选项”对话框，利用该对话框可以重新设置绘图区。选中属性栏内的“自定义”→“命令栏”目录后的“选项”，此时可以查看和设置工具栏的所有功能按钮列表和属性。在选择属性栏内不同的工具栏名称后，可以设置和显示该工具栏内按钮的大小和外观等。

2. 页面设置

在新建的 Coreldraw 文档窗口中，通过属性栏可以设置纸张的类型和大小、纸张的高度和宽度、纸张的放置方向等。选择“版面”→“页面设置”菜单命令，系统弹出“选项”对话框（见图 3-8）。在“页面”-“大小”的选项框中，除了可对版面纸张的类型和大小、放置方向等进行设置，还可设置页面出血、分辨率等。

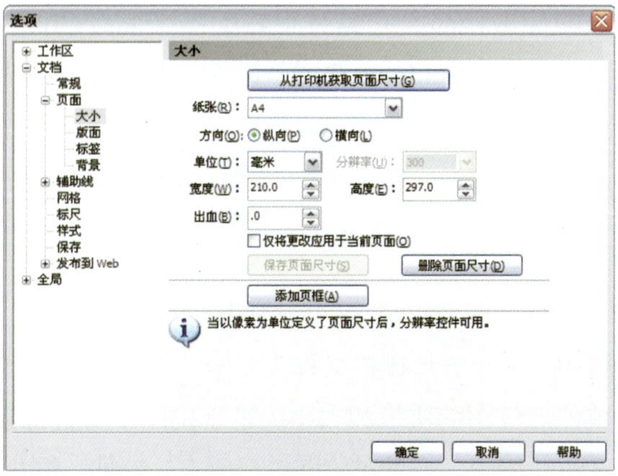

图 3-8　“选项”对话框

3. 图片大小

选取要缩放的对象，对象的周围出现

控制手柄，用鼠标拖曳控制手柄可以缩小或放大对象。在属性栏的“对象的大小”选项中，根据设计需要调整宽度和高度的数值，也可调整图像大小。

4. 出血

如名片的成品尺寸是 90mm × 55mm，需要设置的出血是 3mm。选择“查看”→“显示”→“出血”菜单命令，页面中显示有3mm出血的虚线区域，如图3-9 所示。

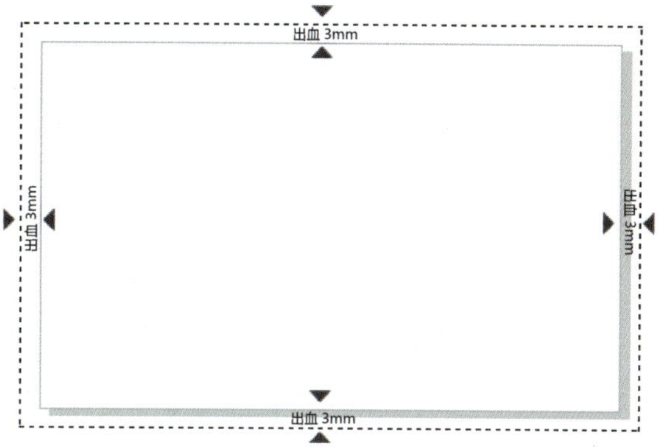

图 3-9　出血示例

5. 文字转换

选中文字，选择“排列 ”→“ 转换为曲线”菜单命令，可将文字转换为曲线。

单元扩展

美图秀秀是一款免费的图片处理软件，相比于 Photoshop 等专业图像处理软件具有界面直观、操作简单的优势。独有的照片特效、强大的人像美容、丰富的拍摄模式、好玩有趣的贴图等功能，能够实现图片特效、美容、拼图、场景、边框、饰品等效果。

当在美图秀秀的标签中选择一种编辑方式时，会打开一个对话框，在其中单击“打开一张图片”按钮，即可在弹出的对话框中打开所需处理的图片。此外，还可以通过“打开百度云网盘图片”和“打开近期编辑过的图片”功能对所需的图片进行选择。

在美图秀秀中进行图片编辑之前，还需要进行常规的图片设置。为了提高软件的运行速度，商品图片打开后都会被压缩，这就会导致编辑后的商品图片不能很清晰地显示在网店中。所以要先对美图秀秀软件进行设置，打开“设置”窗口，在该窗口的“保存设置”和“打开设置”中即可对商品图片的压缩程度进行设置。

1. 美化

对商品图片进行基础美化，如放大 / 缩小图片、撤销 / 重复上一步、旋转图片、裁剪图片、基础色调、局部彩色笔 / 马赛克、背景虚化等。

2. 美容

对人物的面部和身体进行美化，如祛痘、美白、瘦身、磨皮、消除黑眼圈等。

3. 饰品

给商品图片添加项链、耳环、帽子、口罩、花朵等外部饰品。

4. 文字

能键入文字并对文字进行编辑，如发光文字、爆闪文字等。

5. 边框

为商品图片添加边框。

6. 拼贴

可将多张商品图片拼在一起或将一张商品图片分割成多张图片。

同步实训

经老师的安排，在单元 1 选择的商品类型的基础上，以素材库中商品图片的选择不重复为原则，结合单元 3 所学知识，随机选择其中 3 个商品的图片进行处理，并将 3 个商品的图片组合成为一个新图，最终制作成网店首页的重阳节活动主题海报。海报参数为：宽度为 1920 像素、高度在 400 ～ 800 像素间自选（全屏轮播图尺寸）。海报命名为“姓名 + 重阳节活动主题海报”。任务安排及要求如表 3-1 所示。

表3-1　其他常用软件的认知与应用同步实训

任务列表	任务要求	任务进度
1. 认识店铺海报	明确海报要传达的信息	20%
2. 店铺海报制作	能充分体现海报主题“重阳节”	80%
3. 任务总结	分析并总结实训过程中的问题	100%

第二部分

网店美工之设计基础

知识要点

- ▶ 色彩的认识与采集
- ▶ 色彩的心理与应用
- ▶ 版式设计、网格系统的认知与应用
- ▶ 版式设计的视觉要素与应用
- ▶ 版式设计的形式法则与视觉流程
- ▶ 电商 VI 体系的认知与应用

单元 4

色彩基础与应用

单元教案　单元课件

在网店的装修设计中，色彩搭配是非常重要的一个环节，店铺的视觉效果会直接影响顾客的购买欲。对于网店美工来说，色彩的搭配与应用是必须掌握的技能。本单元将对色彩系统、色彩的搭配规律与技巧、色彩的采集与心理等进行介绍。

学习目标

知识目标

- 熟悉色彩的基本构成。
- 熟悉色彩搭配的常见方法。
- 熟悉色彩的对比与调和。

技能目标

- 掌握网店装修中色彩的搭配规律与技巧。
- 能熟练应用色彩的采集与心理进行网店页面的设计。
- 能熟练应用色彩的对比与调和来设计广告图。

4-1 认识色彩系统

色彩是人眼受到光的刺激向大脑传递的一种信号，是物体对色光反射的一种视觉效应。

没有光就没有色彩，光源是色彩显现的第一要素。颜色是物体的固有色，是物体对光刺激所产生的特性。

色彩是现代设计中的第一无声语言。人们通过色彩获得设计作品的第一视觉感受，并与作品内容相结合，更准确、深刻地表达设计主题和内涵。系统学习色彩的理论知识，更理性地掌握色彩规律，从而提升创新意识和创造能力，培养良好的思维方式，以快速成长为一名合格的网店美工师。

4–1.1 色彩模式

太阳七色光和塑料、画布、印刷品等引起视觉的原理是不一样的。前者属于“加法原则”成色，三原光［Red（红）、Green（绿）、Blue（蓝）］叠加产生白光，反之白光通过牛顿三棱镜被分为七色光；后者属于“减法原则”成色，白光（也可以是其他光，但是效果不同）照射颜料或者色料，由于分子结构不同，不同颜料对一定波长、频率的光（即一定颜色的光，不同颜色不同波长，波长与频率成反比）有吸收作用，故而人眼只能看到剩余光。例如，印刷采用的 CMYK 四色叠印，利用青色（Cyan）、洋红（Magenta）、黄色（Yellow）三种基本色（即 CMY）调整浓度，混合出各种颜色的颜料，利用黑色调节明度和纯度（工业制备的颜料都不能达到 100% 纯净级别，原理上讲 CMY 可以混合出吸收所有光的黑色，但实际上只能获得深灰紫色）。

色彩模式就是同一属性下不同颜色的集合。利用色彩模式能够将已选颜色在执行显示、印刷、打印时直接进行转换和应用而不用重新配色。计算机软件系统为用户提供了 10 多种色彩模式，常用的有 CMYK、RGB、Lab 三种模式 。

1. 常见色彩模式

1）CMYK 模式

CMYK 模式适用于打印机、印刷机等，是利用“减法原则”成色，即减色色彩模式。CMYK 代表了印刷上用的 4 种油墨颜色：C 代表青色，M 代表洋红色，Y 代表黄色，K 代表黑色。

2）RGB 模式

RGB 模式适用于显示器、投影仪、扫描仪、数码相机等。RGB 模式是一种加色模式，它通过红、绿、蓝 3 种色光相叠加而形成更多的颜色。RGB 是色光的色彩模式，一幅 24bit 的 RGB 图像有 3 个色彩信息的通道：红色（R）、绿色（G）和蓝色（B）。

3）Lab 模式

Lab 是一种国际色彩标准模式，它由 3 个通道组成：一个通道是透明度，即 L；其他两个通道是色彩通道，即色相和饱和度，用 a 和 b 表示。a 通道包括的颜色值从深绿到灰，再到亮粉红色；b 通道是从亮蓝色到灰，再到焦黄色。

2. 其他色彩模式

除基本的 RGB 模式、CMYK 模式和 Lab 模式，Photoshop 还支持（或处理）其他的色彩模式，这些色彩模式包括位图模式、灰度模式、双色调模式、索引色彩模式和多通道模式，并且这些色彩模式有其特殊的用途。例如，灰度模式的图像只有灰度值而没有颜色信息；索引色彩模式尽管可以使用颜色，但相对于 RGB 模式和 CMYK 模式来说，可以使用的颜色种类是少之又少。下面就介绍这几种色彩模式。

1）位图（Bitmap）模式

位图模式用两种颜色（黑和白）来表示图像中的像素。位图模式的图像也叫作黑白图像。因为其深度为 1，也称为一位图像。由于位图模式只用黑白色来表示图像的像素，在将图像转换为位图模式时会丢失大量细节，因此 Photoshop 提供了几种算法来模拟图像中丢失的细节。在宽度、高度和分辨率相同的情况下，位图模式的图像尺寸最小，约为灰度模式的 1/7 和 RGB 模式的 1/22。

2）灰度（Grayscale）模式

灰度模式可以使用多达 256 级灰度来表现图像，使图像的过渡更平滑细腻。灰度图像的每个像素有一个 0（黑色）到 255（白色）之间的亮度值。灰度值也可以用黑色油墨覆盖的百分比来表示（0% 等于白色，100% 等于黑色）。使用黑白或灰度扫描仪产生的图像常以灰度模式显示，灰度模式是一种单通道模式。

3）双色调（Duotone）模式

双色调模式采用 2 ～ 4 种彩色油墨来创建由双色调（2 种颜色）、三色调（3 种颜色）和四色调（4 种颜色）混合其色阶来组成图像。在将灰度图像转换为双色调模式的过程中，可以对色调进行编辑，产生特殊的效果。而使用双色调模式最主要的用途是使用尽量少的颜色表现尽量多的颜色层次，这对于减少印刷成本是很重要的，因为在印刷时，每增加一种色调就需要更多的成本。

4）索引色彩（Indexed Color）模式

索引色彩模式是网页和多媒体动画中常用的图像模式，最多 256 种颜色。当彩色图像转换为索引色彩模式后，自动生成颜色查找表。如果原图像中的颜色没有出现在颜色查找表，则 Photoshop 会从可使用的颜色中选出最相近颜色来模拟和替换这些颜色，这样可以减小图像文件的大小。索引色彩模式不支持图层、滤镜及颜色调整，并且只有灰度模式的图像和 RGB 模式的图像才可以直接被转换为索引色彩模式的图像。

5）多通道（Multichannel）模式

在多通道模式中，每个通道都合用 256 级灰度存放图像中颜色元素的信息。该模式多用于特定的打印或输出，可以减少印刷成本，并保证图像颜色的正确输出。

4-1.2 色彩种类

为了方便认识网店配色中的色彩变化和色彩基本属性、基本搭配规律，对色彩进行了分类，可以将色彩分为有彩色和无彩色两类。

1. 有彩色

有彩色指的是带有某一种标准色倾向的颜色，光谱中所有的颜色都属于有彩色，有彩色中的红、橙、黄、绿、青、蓝、紫为基本色，而基本色之间不同量的混合，以及基本色与黑、白、灰之间的不同量的混合，会产生成千上万种有彩色。

有彩色中任何颜色都具有色相、明度和纯度三要素，因此在图像的制作过程中，根据有彩色的特性，通过调整色相、明度和纯度间的对比关系、面积调和，可搭配出色彩斑斓、变化无穷的网店装修视觉效果。

2. 无彩色

在色彩的秩序中，黑、白及不同程度的灰色，被称为无彩色。在网店美化的色彩应用中，商家会为了追求某种意境和效果，以无彩色作为主色调进行网店装修。无彩色没有冷暖的颜色倾向，因此又被称为中性色。黑色是无彩色中最黑暗的色彩，通常给人以沉重的印象；白色作为无彩色中最易受环境影响的色彩，在设计画面中常给人一种单纯、干净的感觉；灰色作为黑白之间的中间色，具有平凡、沉默的特征，使用不同程度的灰色，可传达出不同的视觉感受，如图 4-1 所示。

图 4-1　不同程度的灰色

4-1.3 色彩三要素

虽然色彩表现千差万别，但是任何画面的色彩都具有三要素，色彩三要素是影响色彩的主要因素，所以，在学习网店色彩应用前，必须充分了解色彩三要素。

1. 色相

色相是色彩的首要特征，是区别各种不同色彩的基础。事实上，任何黑、白、灰以外的颜色都有色相的属性，而色相是由原色、间色和复色构成的。色相即各类色彩的相貌称谓，是色彩可呈现出来的质地面貌。在网店美化的色彩应用中，选择不同的色相，会对画面整体的情感、氛围和风格产生影响。

2. 明度

明度是指色彩的深浅和明暗程度，任何色彩都存在明暗变化，明度适用于表现画面的立体感和空间感。在网店美化的色彩运用过程中，明度决定了文字的可读性和修饰素材的实用性，在画面整体不发生改动的前提下，保持色相、纯度不变，通过加大明度差距可以增强画面的张弛感。同时，明度的变化影响着图像的表现效果，明度越高，图像越明亮清晰；反之，明度越低，图像越灰暗。

在网店美工配色过程中，色彩的明度差异比色相差异更易将主体物从背景中区分开来，而主体物与背景的明度相近，则更不易辨别主体物。

任何色彩都存在明暗变化，其中黄色明度最高，紫色明度最低，绿、红、蓝、橙的明度相近，为中间明度，如图 4-2 所示。在同一色相的色彩的明度中还存在深浅的变化。如：红色中由深到浅有暗红、深红、大红、粉红、浅红等明度变化。

图 4-2　色彩的明度

3. 纯度

纯度通常是指色彩的鲜艳程度，也被称为色彩的饱和度、含灰度等，纯度对比即同一种色相鲜艳与灰暗的对照。色彩纯度（饱和度）越低，越趋于灰色；色彩纯度（饱和度）越高，越趋于纯色。

色彩的纯度（饱和度）越高，其图像的效果越艳丽，视觉冲击力和刺激力越强；反之，色彩的纯度（饱和度）越低，画面的灰暗程度就越明显，其图像效果就越柔和，如图 4-3 所示。所以，在网店美化的色彩运用中，要把握好色彩的纯度（饱和度），才能营造出不同的视觉画面，让画面效果与店铺风格保持一致。

图 4-3　色彩的纯度

4-2　色彩的搭配规律与技巧

4-2.1　色彩的对比

色彩必须通过色彩之间的对比才能产生相应的效果，色彩的对比主要体现在色相对比、明度对比、纯度对比、冷暖对比和面积对比五个方面。在网店装修美化过程中，我们应根据表现内容的需要，正确把握每个颜色的特征，恰如其分，才能取得良好的画面效果。

1. 色相对比

色相对比是指两种及以上的色彩组合，因色相之间的差别而形成的色彩对比效果，掌握色相对比是实现配色的基本前提。在网店色彩运用中，采用色相对比的配色手法可以使画面充满生机，且具有丰富的层次感。色相对比的强弱是根据色相在色相环之间的间隔大小来决定的，间隔越大，对比越强，越具有辨识度。常见的色相对比有：

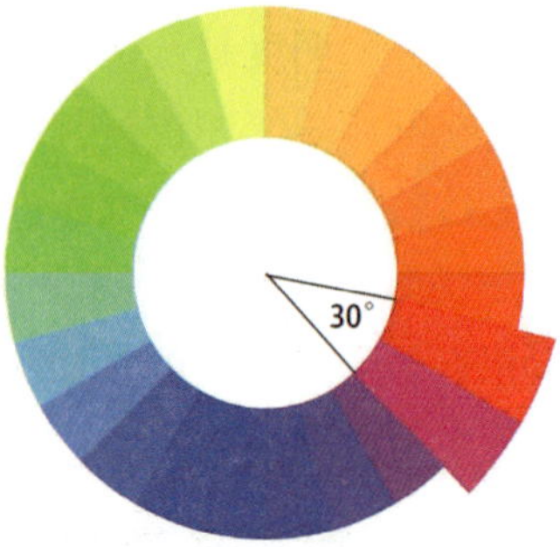

图 4–4　色相环

①同种色对比　色相环（如图 4–4 所示）上距离角度为 30° 的色相，色彩关系暧昧，只有明度和纯度间的差别，是最弱的色相对比，给人以高雅、文静、单纯、柔和的感觉。

②类似色对比　如图 4–5 所示，色相环上距离角度为 60° 的色相，属于弱对比类型，相对于同种色对比更明显、丰富、活泼，既显得统一、和谐、雅致，又略显变化、更耐看。

③邻近色对比　如图 4–6 所示，色相环上距离角度为 90° 的色相，色相间的对比明显加强，色相关系更活跃，色相间有关联也有差异。

图 4–5　类似色对比①

图 4–6　邻近色对比②

①② 图片来源：四川省成都市礼仪职业中学

④对比色对比　如图 4-7 所示，色相环上距离角度为 120° 的色相，色相之间差异较大，属于强对比类型，对比效果鲜明、艳丽、强烈，能使人兴奋、激动，但处理不当易显杂乱。

⑤互补色对比　如图 4-8 所示，色相环上距离角度为 180° 的色相，为极端对比类型。利用这种色相对比进行色彩配置时，需要改变色彩的明度与纯度，避免给人过于强烈的刺激。

图 4-7　对比色对比[①]

图 4-8　互补色对比[②]

在上述配色案例中，四张图片分别运用了类似色、邻近色、对比色和互补色的对比手法，每张图片均使用明度和纯度相似、色相不同的两个颜色进行画面分割对比，这种对比效果被称为色相对比配色。

2. 明度对比

明度是决定色彩的明亮程度及配色的光感、明快感和用户心理的关键。由色彩明度差异造成的画面色彩对比效果称之为明度对比，它决定了画面色彩是明快、清晰还是沉闷的风格定位，也是体现形体感和光影感的关键所在。

根据明度对比，可以把明度分为 3 级，分别是低明度、中明度和高明度，如图 4-9 所示。高明度色彩给人轻快、柔软、纯洁、娇媚的感觉，在色彩搭配上对比弱，需要在纯度、色相上进行区分，从而达到色彩的平衡和谐，适用于婴儿用品、化妆品、首饰等类目；中

①②　图片来源：四川省成都市礼仪职业中学

明度色彩在色彩搭配上给人含蓄、稳重、朴素、老成、庄重、平凡的感觉，适用于商务男装、职业女装、办公用品等类目；低明度色彩对比弱，很容易取得调和效果，给人沉重、浑厚、强硬、刚毅、神秘的感觉，适用于男性产品、数码商品等类目。

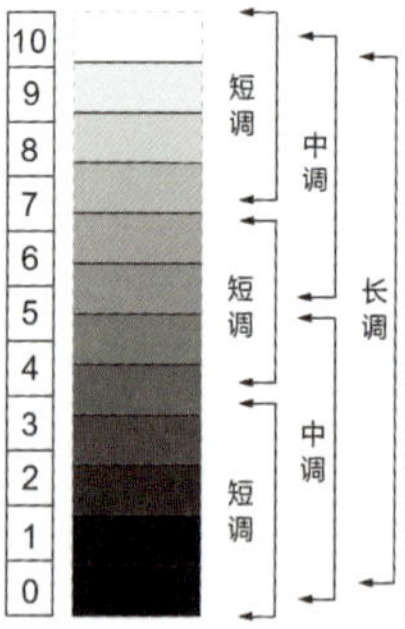

	参与对比的主色	辅助色	调色特点
高短调	7、8、9、10	无	轻盈、明亮
高中调	7、8、9、10	4、5、6	明朗、活泼
高长调	7、8、9、10	0、1、2、3、4、5、6	明亮、刺激
中短调	4、5、6、7	无	温和、冷静
中中调	4、5、6、7	3、4、7、8	活跃、中性
中长调	4、5、6、7	0、1、2、3、8、9、10	动荡
低短调	0、1、2、3	无	晦涩、阴霾、凝重、沉闷、暧昧
低长调	0、1、2、3	4、5、6、7	稳定、活跃
低长调	0、1、2、3	4、5、6、7、8、9、10	厚重、激烈

明度的心理
高明度：具有轻快、明朗、清爽、单薄、软弱、优美、女性化的感觉
中明度：具有柔和、无个性、副属性、随和、保守的感觉
低明度：具有厚重、阴暗、压抑、凝重、迟钝、安定、男性化的感觉

图 4-9　明度对比与分级

明度对比在网店色彩运用中占据重要位置，影响着配色的清晰感、明快感，色彩层次感、空间关系等大多以明度对比来体现。明度对比案例如图 4-10 所示。

图 4-10　明度对比案例①

明度是除色相和纯度以外最能让眼睛感受到变化的色彩特征。图 4-10 所示配色案例中，左边应用的是高调的明度对比，参与对比的主色为高明度基调，辅助色为中明度基调，画面给人以明朗、轻快、女性化的感觉；右边应用的是中低调的明度对比，参与对比的主色为低明度基调，辅助色为中高明度基调，给人含蓄、稳重、商务的感觉。通过明度差异带来视觉倾向差异，是突出商品的设计方法之一。

3. 纯度对比

纯度对比是指不同纯度的色彩间产生的对比变化，是决定网店色彩画面色调华丽、高雅、古朴与否的关键所在。纯度的强弱代表着色彩的鲜艳程度，当一组色彩纯度趋于一致时，色彩的搭配很容易达到调和效果。在纯色与灰色之间可以调出渐变层次分明的纯度等级，随着纯度等级的变化，其配色效果也会相应改变，如图 4-11 所示。纯度对比大致有以下三种类型：

① 图片来源：四川省新津县职业高级中学

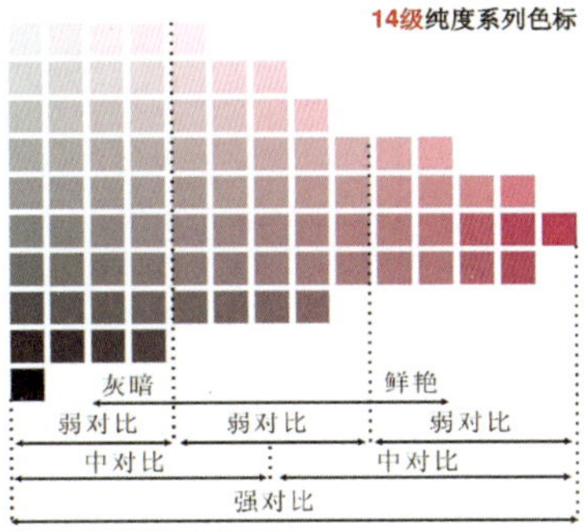

纯度的心理
高纯度：具有鲜艳、华丽、刺激、新鲜、活泼、积极、热闹、有力量的感觉
中纯度：具有大方、含蓄、明快、日常、中庸、稳健、文雅的感觉
低纯度：具有平淡、陈旧、寂寞、老成、消极、无力的感觉

图 4-11　纯度等级与纯度的心理

①强对比　色彩纯度差别大，对比强烈，使得高纯度的色彩饱和鲜亮，低纯度的色彩灰暗。

②中对比　色彩纯度有一定差异，可以是高纯度与中纯度的搭配，也可以是中纯度与低纯度的搭配，画面稳定、统一。

③弱对比　纯度比较接近的色彩搭配，画面凝重、平静。

纯度对比，是色彩的鲜艳度与浑浊度的对比，对控制画面的情感表达有决定性作用。纯度对比案例如图 4-12 所示。

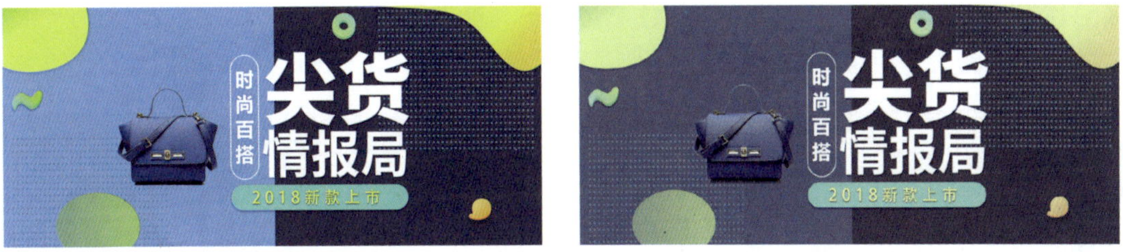

图 4-12　纯度对比案例①

图 4-12 所示配色案例中，左边的案例使用了强对比的配色，色彩纯度差别大，视觉冲击强，画面层次丰富，给人活跃、休闲的感觉；右边的案例使用了弱对比的配色，视觉冲击弱，画面显得平静、雅致。

小贴士：纯度变化的四种方法。

①纯色加白色，提升明度的同时降低纯度。

②纯色加灰色，淡化色彩，降低纯度。

③纯色加黑色，降低明度的同时降低纯度。

④纯色加互补色，降低纯度。

4. 冷暖对比

色彩的冷暖对比是活跃色彩关系的最主要因素。一般来说，暖色是指黄、黄橙、红橙、

① 图片来源：电子科技大学科园教育中心

红和红紫，冷色是指黄绿、绿、蓝紫和紫色。色相环中，介于红、蓝间的色相的冷暖是相对的，并非绝对。人类对于色彩的感受依赖于光的物理性质、生活经验及联想，是人类的联想功能赋予了色彩冷暖的心理属性。冷暖对比是所有色彩要素对比中最生动、最激烈、最打动人的对比。无论在绘画领域还是在设计领域，它都是一种强化艺术效果的手段。冷暖对比案例如图 4-13 所示。

左侧配色案例中，运用了冷暖对比配色，左侧的红色为暖色，右侧的蓝色为冷色，红色与蓝色搭配对比激烈，具有非常强烈的感官刺激。

图 4-13 冷暖对比案例 ①

5. 面积对比

面积对比是指由色彩在画面构图中所占面积比例的多少而引起的明度、色相、纯度、冷暖的对比。面积的大小与视觉刺激成正比关系，面积越大，视觉刺激的强度越强；面积越小，刺激越弱。当画面中有不同强弱的颜色，可以通过调整颜色所占面积大小来得到画面对比平衡的效果。面积对比在网店色彩运用中，能取得极具感染力的配色效果，产生较强的视觉冲击力，使得主体对象更加清晰、醒目。面积对比案例如图 4-14 所示。

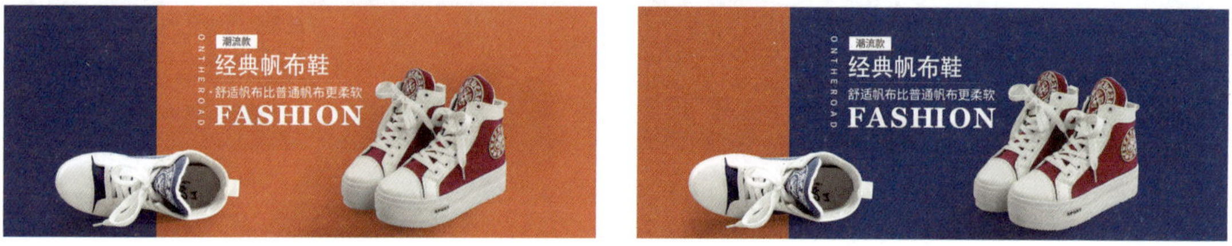

图 4-14 面积对比案例 ②

在图 4-14 所示的配色案例中，运用了面积对比配色，左边的案例使用了大面积的橙红色与小面积的蓝色，画面呈暖色调；右边的案例使用了大面积的蓝色和小面积的橙红色，画面呈冷色调。2 : 8 的画面分割使其形成鲜明对比，让商品信息更加醒目和清晰，产生较强的视觉冲击力，能够取得引人注目的效果。此类配色通常使用在促销、新品上市等需要强调某一特性时。

4-2.2 色彩的调和

色彩对比强调的是差异性，而色彩调和强调的是统一性。色彩间的种种差异造就不同

①② 图片来源：四川省成都市礼仪职业中学

的色彩对比关系，当对比过强时，会使人的视觉及心理产生不愉快的感觉，这就需要通过掌握调和的方法去完善色彩关系。

色彩调和是指两个或两个以上的色彩有序、和谐地组合在一起，满足人们对色彩审美要求的色彩搭配。学习了色彩调和后再设计店铺海报时，可以灵活自由地构建新颖、美观、和谐的色彩关系。

1. 色彩调和的原则

1）主次原则

一切事物的协调都是建立在主次原则上的。多种色彩组合要达到协调的效果，也可以通过对颜色进行主次分类，越是丰富细腻、复杂多变的色彩，就越需要分清主次。通常，画面色彩分为三种：主色、辅助色、点缀色。

主色，指用来统帅整个画面的主色调，一般占画面整体面积的 70% 左右，它起到控制画面整体色彩倾向的作用。在色彩属性中，高纯度的色相具有较强的视觉注目性，适合作为色调的主色；接近画面中心的色块容易形成视觉落脚点，其位置是主色的优选位置；此外，与色彩结合的优美形态也容易形成主色效果。

辅助色，指为了衬托主色而存在的色彩，通常占画面面积的 25% 左右。辅助色的确立取决于它和主色的对比关系，辅助色的运用形式主要有色相衬托、明暗衬托、艳灰衬托、位置衬托 4 种。要使色彩间达到和谐的效果，巧妙地运用辅助色是相当必要的。

点缀色，在画面中所占面积最小，一般占画面整体面积的 5% 左右，起到画龙点睛的作用，具有活泼、醒目的特点。

2）同一性原则

同一性原则是指用同一性的手法使色彩产生协调感的原则。当两个或两个以上的色彩因差别大而产生强烈不协调感的时候，可增加每个颜色的同一因素，使产生强烈刺激的各色逐渐缓和，增加具有同一性的因素越多，协调感就越强。形成同一性的因素有很多，可以分为：同色相、同明度、同纯度、同风格、同技法等。

3）均衡原则

“均”是均齐，“衡”是平衡。所谓均衡的色彩调和，是指形成既有均齐的严谨性，又有平衡的自由度的色彩调和效果，把握均衡的色彩调和原则是为了视觉上的协调。

色彩的均衡构成主要体现在色彩重量感的均衡，较暗的重色居于画面中心，会给人沉闷、压抑的感觉；轻亮的色彩置于画面的中心则显得轻飘、虚幻。因而在色彩的配置中，应以画面中心为基准，将轻、重色块做平衡的色彩配置。沉重的色块置于靠近中心的位置，轻亮的色块远离中心，获得整体画面的稳定。

4）秩序原则

色彩秩序是通过色相、明度、纯度、面积、位置等色彩因素的组合使色彩有秩序地保持连续均衡的间隔。秩序的产生依靠色彩的反复、渐变、突变、运动等形式来实现。反复形式的运用是通过某一色彩组合的规律性重复而产生连续、条理的秩序；渐变则是通过色相、明度、纯度、面积、位置、聚散等因素的渐变层次变化，产生鲜明有力、韵律规则的秩序感；而突变是在色彩反复、渐变的秩序变化中，突然引入非秩序因素，打破色彩布局的平稳与单调，是调节秩序节奏的一种方式，并非打乱秩序；运动是指通过不对称的色彩布局使画面重心偏移到画面的某一边，产生视觉上的运动秩序。

5）呼应原则

色彩的呼应原则与色彩的对比联系紧密，可通过调节对比过度、悬殊过强的失衡画面，使画面恢复平衡。要使色彩之间产生呼应的效果就必须从色相、明度、纯度、面积、疏密、虚实等丰富的变化上进行呼应处理，使色彩画面在视觉上产生整体性的协调感。

6）时代原则

一切视觉艺术都不可避免地受到时代审美观念的影响，色彩的时代审美观念是处于不断变化中的，流行色就是一个最好的例子。色彩的时代原则要求把时代对于色彩的调和观念运用到色彩调和实践中去，凡是符合时代审美原则的色彩运用都是协调的。

2. 色彩调和配色的方法

1）同一调和

（1）同色相调和

以孟塞尔色立体（见图 4–15）、奥斯特瓦德色立体（见图 4–16）为例，同色相调和是指在同一色相面上对各颜色的调和。在色相环上，角度距离 30° 的色相叫同种色相。由于同一色相面上的各颜色均为同一色相，只有明度和纯度上的差别，所以各颜色的搭配呈现出简洁、爽快、单纯的美感。同色相调和案例如图 4–17 所示。

（2）同明度调和

同明度调和是指在孟塞尔色立体同一水平面上对各颜色的调和。由于同一水平面上的各颜色只有色相、纯度的差别，明度相同，所以除色相、纯度过分接近而模糊或互补色相之间纯度过高而不调和外，其他搭配均能取得含蓄、丰富、高雅的调和效果。同明度调和案例如图 4–18 所示。

（3）同纯度调和

同纯度调和分为同色同纯度调和及不同色同纯度调和。前者只表现明度差，后者既表现明度差又表现色相差。除色相差、明度差过小而模糊，纯度过高、互补色相过分刺激外，均能取得很好的调和效果。同色同纯度调和案例如图 4–19 所示，不同色同纯度调和案例如图 4–20 所示。

图 4-15　孟塞尔色立体

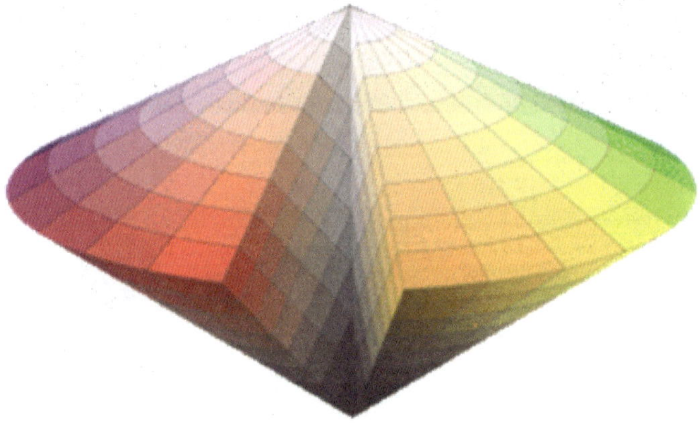

图 4-16　奥斯特瓦德色立体

图 4-17　同色相调和案例①

① 图片来源：四川省成都市礼仪职业中学

图 4-18　同明度调和案例 [①]

图 4-19　同色同纯度调和案例 [②]

图 4-20　不同色同纯度调和案例 [③]

2）类似调和

所谓类似，就是指色彩的接近、相似。在色彩搭配中，选择性质或程度很接近的色彩组合以增强色彩调和，就是类似调和。

在色立体上相距只有 2 ～ 3 个色阶的色彩组合，其明度、色相、纯度及含白量、含黑量相近，都能得到调和感很强的类似调和。相距色阶越少，调和程度越高。在色立体中心

① 图片来源：成都市洞子口职业高级中学校

②③ 图片来源：四川省新津县职业高级中学

地带的色彩，能组成类似调和的色彩多；在色立体表面上的色彩，能组成类似调和的色彩少，能与纯色组成类似调和的色彩最少。类似调和案例如图 4-21 所示。

图 4-21　类似调和案例

3）秩序调和

把不同明度、色相、纯度的色彩按一定秩序等差排列，形成渐变的有节奏、有韵律感的调和关系，使原本杂乱无章的色彩具有条理性和秩序感，这种色彩调和方式被称为秩序调和。色彩之间的渐变层次越多，调和感越强。

在秩序调和中，既可构成等差渐变的秩序调和，也可对原来配色组合不理想的几个色彩进行多次循环重复，使画面有秩序地缓和下来，产生有节奏、有韵律的秩序调和。秩序调和案例如图 4-22 所示。

图 4-22　秩序调和案例①

4-2.3　常见配色技巧

1. 色彩搭配小技巧

1）配色方法

在配色时，使用的颜色最好不要超过四种，使用过多的颜色会造成画面的繁杂，让观看者觉得没有重点。一个作品必须确定一种或两种主色，在对其他辅助色进行选择时，需要考虑其他配色与主题色的关系，这样才能使画面的色彩搭配更加和谐美观。

① 图片来源：电子科技大学科园教育中心

（1）使用同种色或相近色进行搭配

确定一种主色调，调整其透明度和饱和度，产生不同的新色彩，使用在画面的不同位置，这样可以使画面颜色统一的同时，又具有层次感。

（2）使用对比色进行搭配

选定一种主色调，再选择它的对比色，用于同主色调进行对比，形成视觉上的差异，能丰富色彩的表现效果。

（3）黑色、白色或灰色搭配其他颜色

黑色、白色或灰色几乎可以与任意一种颜色进行搭配，且不会显得突兀，有时可以搭配特殊色彩体现出跳跃效果。

2）配色禁忌

在进行配色时，需要考虑增加色相的种类使画面充满活力，但也容易引起画面的繁杂，在进行配色时要注意避免以下几点：

忌脏——背景与文字内容对比不强烈，灰暗的背景在视觉上常给人不舒适感。

忌纯——艳丽的纯色对人的刺激太强烈，使用不当易造成缺乏内涵的感觉。

忌繁——背景与需要突出的内容差别要大，尽量不要使用花纹繁杂的元素作为背景，以免影响主要内容。

忌跳——再好看的颜色，也不能脱离画面整体。

忌花——要有一种主色贯穿其中（注意：主色并不是面积最大的颜色，而是最主要的颜色），不要在同一画面中使用过多的色彩，尽量控制在 3 ～ 4 种以内。

3）配色比例

配色的目的在于让画面产生对比或者调和的效果，设计出好看的色彩搭配方案。网店美化的配色黄金比例为 70 : 25 : 5，即主色占 70%，辅助色占 25%，点缀色占 5%。一般情况下画面色彩不超过 3 种（3 种指的是 3 种色相），比如深红和暗红可以视为一种色相，黄色和蓝色视为两种色相。配色比例案例如图 4–23 所示。

图 4–23　配色比例案例[1]

在现实生活中，色彩的搭配往往会受到年龄、性别、地域等因素的影响而有所差异。

① 图片来源：四川省成都市礼仪职业中学

所以，作为网店美工，要在设计之前仔细认真地分析网店的消费群体定位，尽可能与受众群的喜好相吻合。下面，将列举一些常见的配色方案供学习者参考使用。

1）具有行业特色的配色方案

母婴类商品：母婴类商品给人以纯洁、温馨、柔和的感觉，色相以肤色、粉色、淡黄色等暖色系为主，明度较高，纯度适中，明暗对比较弱。肤色和粉色搭配给人纯洁、柔软的感觉，肤色和绿色搭配给人清新、充满生命力的感觉。母婴类商品的配色方案如图 4-24 所示。

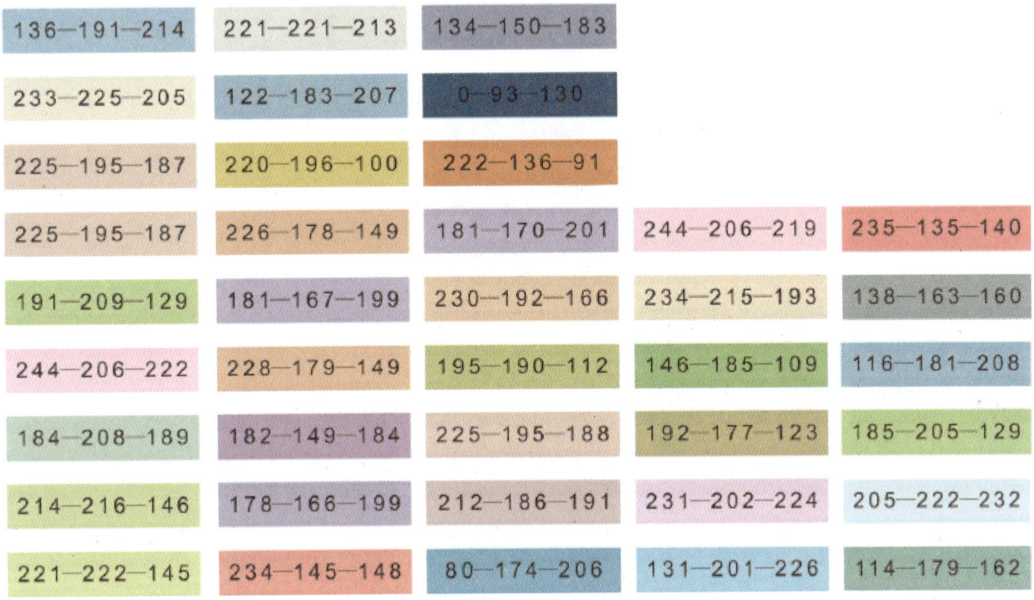

图 4-24　母婴类商品的配色方案

美妆类商品：常指护肤品和美容化妆品，使用对象以女性为主，色相以红色、肤色、粉色为主，明度适中，纯度较高，明暗对比适中。橙粉色搭配肤色给人知性、成熟的感觉，粉色搭配桃红色给人可爱、甜美的感觉。美妆类商品的配色方案如图 4-25 所示。

图 4-25　美妆类商品的配色方案

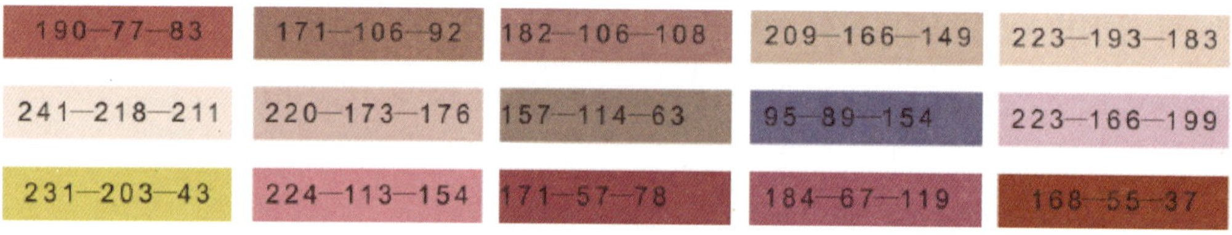

图 4-25　美妆类商品的配色方案（续）

科技类商品：该类商品给人专业、理性、未来和充满智慧的感觉。该类商品，色相上常用蓝色、紫色、黑色等冷色系色彩，明度适中，纯度较高，明暗对比较弱。紫色搭配绿色使人联想到不稳定的化学反应，灰色和蓝色、紫色搭配会充满未来感。科技类商品的配色方案如图 4-26 所示。

图 4-26　科技类商品的配色方案

2）具有季节特色的配色方案

春天是万物复苏的季节，代表着一年伊始。表现春天的色彩新艳而温柔，以新芽的嫩绿色和黄色作为基调，搭配桃花、杏花、梨花等春季代表性花朵的浅粉色和白色，组合成温暖而充满亲切感的春季色彩，色调微浊以表现柔嫩、温和的形象。

①具有春天特色的常用色，如图 4-27 所示。

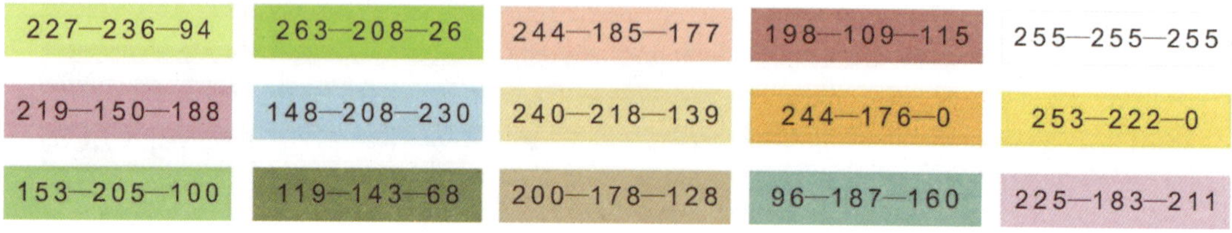

图 4-27　具有春天特色的常用色

②具有春天特色的常用配色方案，如图 4-28 所示。

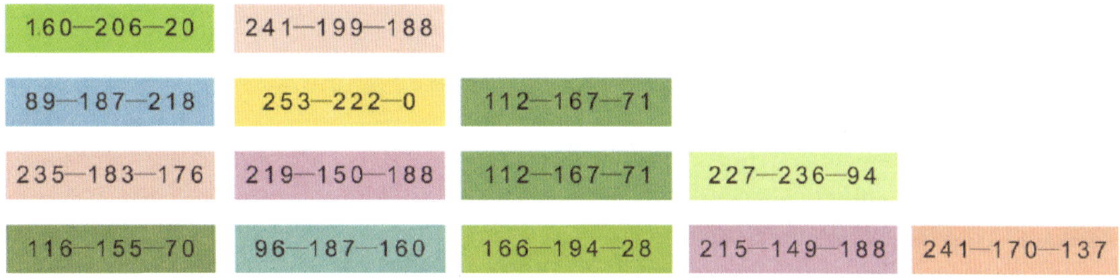

图 4-28　具有春天特色的常用配色方案

夏天的天气炎热潮湿，是充满阳光和活力的季节，植物生长达到巅峰时期。表现夏天的色彩热情而强烈，具有代表性的色相有青色、蓝色、绿色、红色、黄色。色调以鲜明、强烈为主，色彩对比度比较强，以此表现夏季的活力和动感，大量青色、蓝色搭配少量鲜艳的红色、橙色、黄色等暖色可以表现出夏季的清凉感。

①具有夏天特色的常用色，如图 4-29 所示。

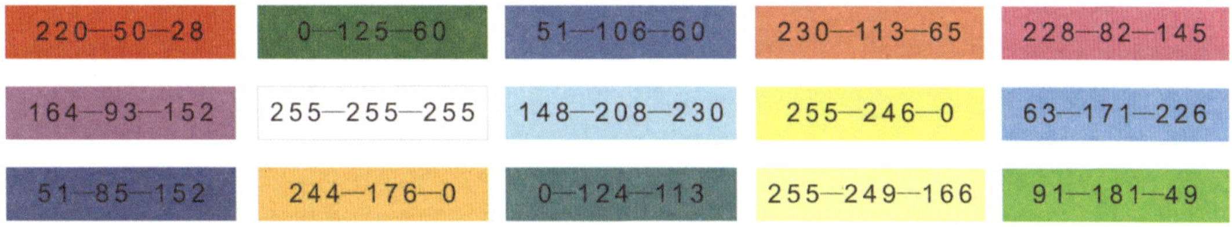

图 4-29　具有夏天特色的常用色

②具有夏天特色的常用配色方案，如图 4-30 所示。

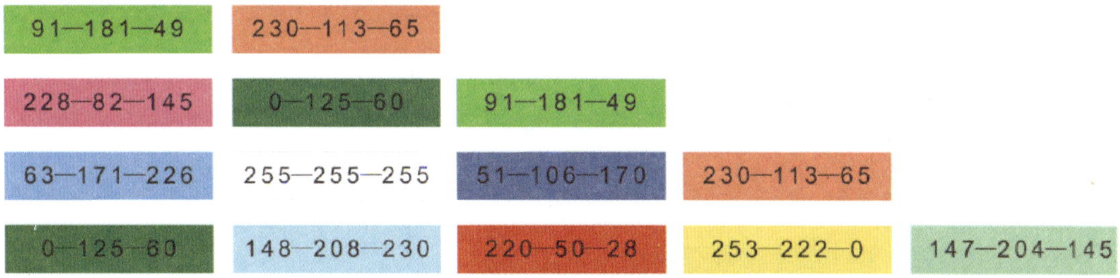

图 4-30　具有夏天特色的常用配色方案

秋天的天气逐渐转凉，雨水变少，植物开始枯萎、凋零。但秋天同时也象征收获，成熟的果实带来无限的喜悦和满足。表现秋天的色彩醇厚而温暖，以橙色系色彩为基调，色调以浓、钝为主，整体给人温暖、充实的感觉。

①具有秋天特色的常用色，如图 4-31 所示。

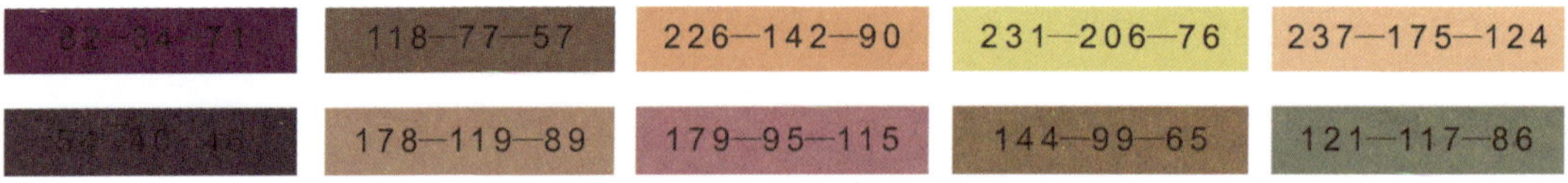

图 4-31　具有秋天特色的常用色

②具有秋天特色的常用配色方案，如图 4-32 所示。

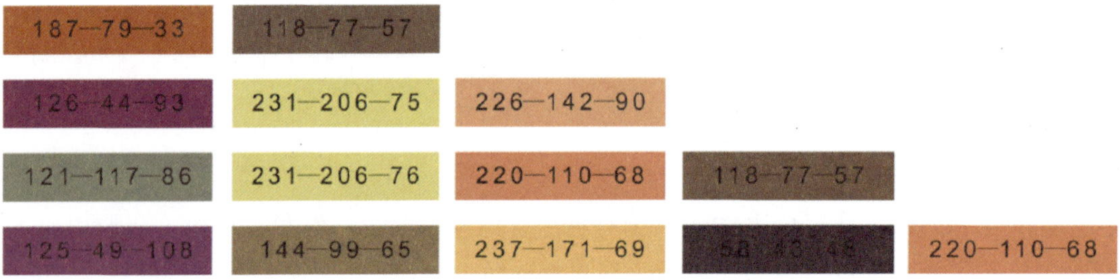

图 4-32　具有秋天特色的常用配色方案

冬天的天气凛冽、寒冷，树木只剩下枝干，人们也裹上厚实的棉衣，行动变得迟缓，整个世界仿佛都没什么活力，显得静谧而韵意深藏。表现冬天的色彩枯淡而寒冷，色相以冷色系的青色及白色为基调，低纯度的褐色和绿色表现冬季毫无生机的植物，而鲜艳的红色是冬末时圣诞节、春节的象征，为寒冬带来祝福和暖意。

①具有冬天特色的常用色，如图 4-33 所示。

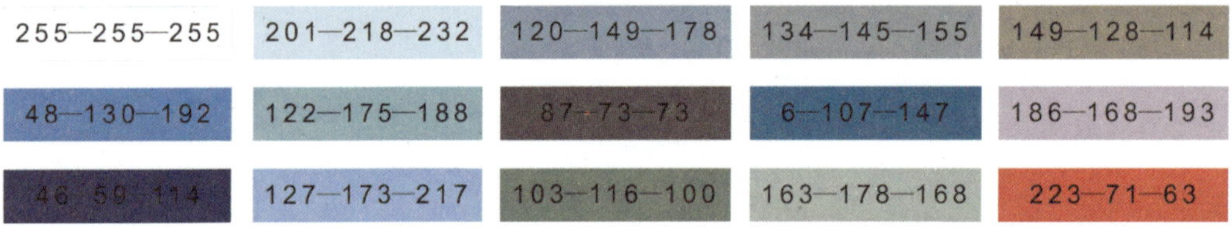

图 4-33　具有冬天特色的常用色

②具有冬天特色的常用配色方案，如图 4-34 所示。

图 4-34　具有冬天特色的常用配色方案

3）具有地域特色的配色方案

中式古风的配色肯定少不了红色，象征着光明、生机、温暖和希望，明度较低，以暖色调为主。瓷器的青色和白色、皇室的紫色和黄色、中国画的水墨灰和黑色，这些都体现了中式古风配色的丰富多样。中式古风的常用配色方案如图 4–35 所示。

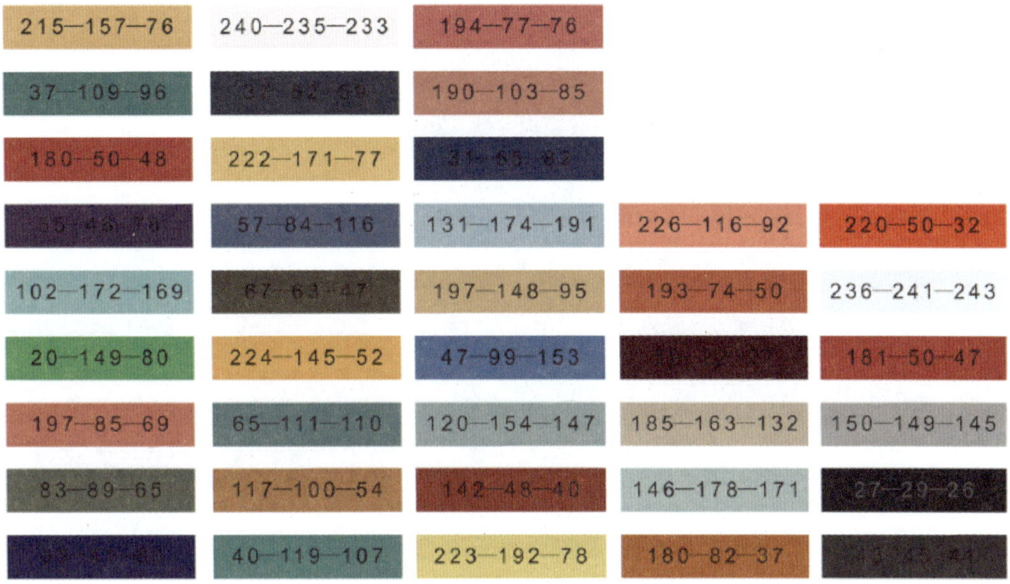

图 4–35 中式古风的常用配色方案

日式和风的色调以暗、钝、弱的蓝色、绿色、黄色为主，明度较高，纯度较低。偏冷的蓝绿色和蓝灰色表达朴素、冷静的情感。局部色调的明度较高，轻柔浅淡、有透明感，明亮的黄色搭配柔和色调增加了质朴感。日式和风的常用配色方案如图 4–36 所示。

图 4–36 日式和风的常用配色方案

美式田园风突出格调，清婉、惬意，外观雅致休闲，侧重甜美，色彩多以淡雅的板岩色和古董白居多，一般使用暖色，简洁明快，适合现代人的生活。美式田园风的常用配色方案如图 4-37 所示。

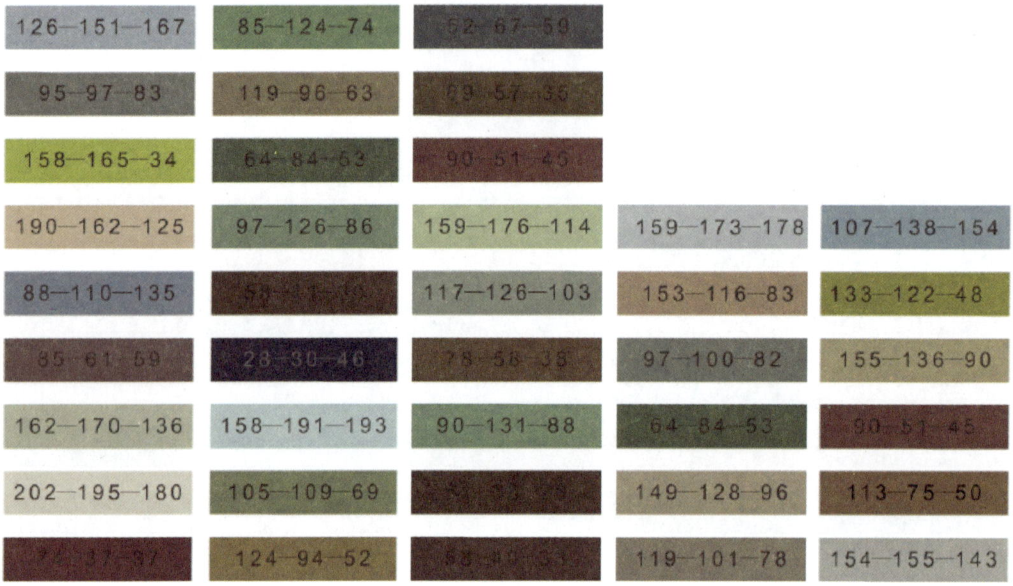

图 4-37　美式田园风的常用配色方案

地中海风格最典型的配色就是蓝色与白色，以柔和的色调和简洁大气的色彩组合为主，色相以海蓝色和灰白色为基调，明度和纯度较高，色彩样式大胆而自由。地中海风格的常用配色方案如图 4-38 所示。

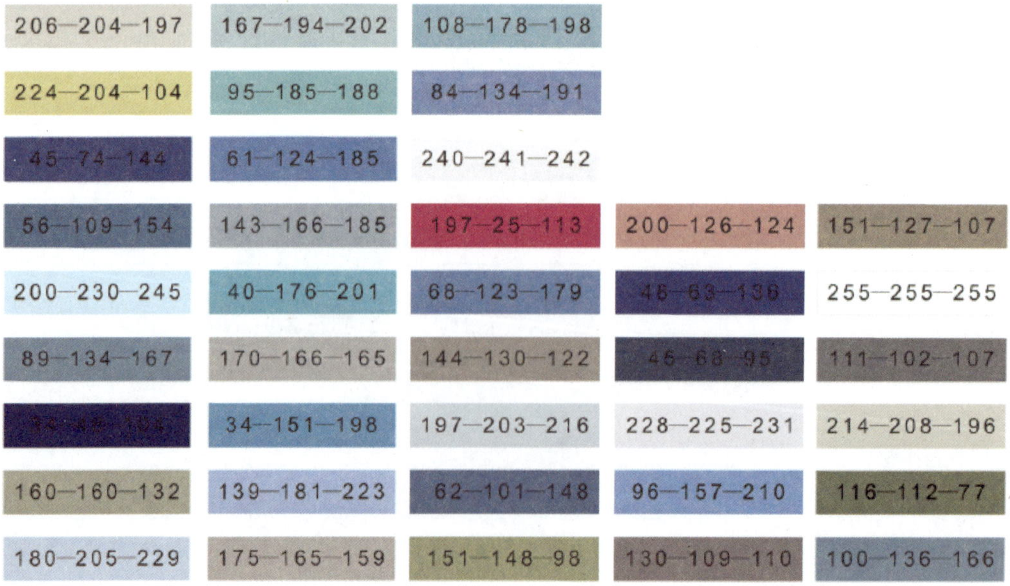

图 4-38　地中海风格的常用配色方案

4）具有年龄特色的配色方案

针对不同的年龄群体，应根据其特点做出与其相符合的配色方案。下面介绍几种最具代表性的针对不同年龄阶段人群的配色方案。

儿童给人天真、活泼、幼稚的感觉。色相上常用绿色、黄色、粉色为主，明度、纯度较高，色调以明度为主。粉色搭配黄色表现儿童的天真，全相型配色可以表现儿童的顽皮。儿童的常用配色方案如图 4–39 所示。

图 4–39　儿童的常用配色方案

青少年给人以朝气蓬勃、阳光、有活力的印象。色相以蓝色、绿色等冷色系为主，明度适中，纯度较高，明暗对比适中，色调以明、强、锐为主。搭配橙、黄等暖色可以表现出少年的阳光与活力，搭配粉色体现少年的纯真。青少年的常用配色方案如图 4–40 所示。

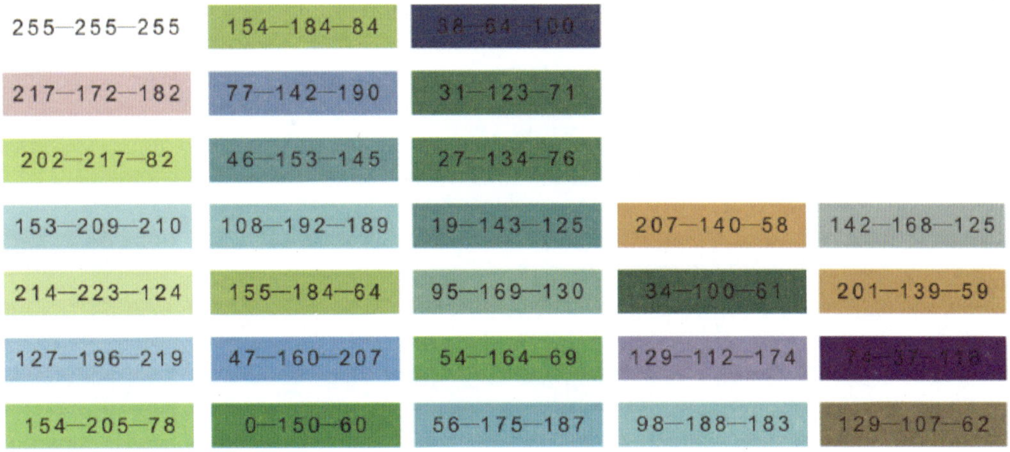

255—255—255	95—166—180	38—64—100	158—185—59	182—73—124
255—255—255	175—139—101	187—133—66	100—82—56	181—51—46

图 4-40　青少年的常用配色方案

少女给人以甜美、纯真、温柔的印象。色相上以粉色、黄色、玖红色等为主，明度和纯度都较高，色调偏暖，以明、弱、淡为主。粉色搭配绿色凸显少女的青涩感，搭配淡黄色给人柔和感。少女的常用配色方案如图 4-41 所示。

229—188—215	205—92—230	168—196—125		
173—213—195	189—90—129	228—184—208		
238—179—195	210—229—102	234—130—123		
227—207—224	191—139—178	146—118—166	134—138—183	225—202—128
236—210—179	155—127—134	114—84—79	191—92—128	222—136—141
221—145—160	206—129—147	154—107—131	229—191—68	242—204—136
228—155—149	221—224—145	134—189—140	145—190—220	255—255—255
181—174—187	211—153—176	235—192—203	244—213—217	255—255—255
241—170—132	233—118—148	136—189—173	216—236—222	255—255—255

图 4-41　少女的常用配色方案

成熟女性的色调以温柔的红色、粉色等暖色为主，色调反差小，过渡平稳。在整体色调中可添加紫色、黑色来体现优雅、艳丽、性感的气质印象，添加中黄色、棕黄色可体现女性的稳重气质。成熟女性的常用配色方案如图 4-42 所示。

237—217—192	249—217—192	219—144—125		
251—227—232	220—196—222	202—166—197		
233—192—189	72—185—228	182—159—196		
242—219—190	144—139—141	188—91—103	203—136—141	42—25—27
178—216—218	248—203—189	243—166—154	214—111—112	208—105—116
195—183—183	227—213—205	[illegible]	215—76—125	113—34—57
244—219—193	216—110—122	175—182—141	140—132—113	69—52—43

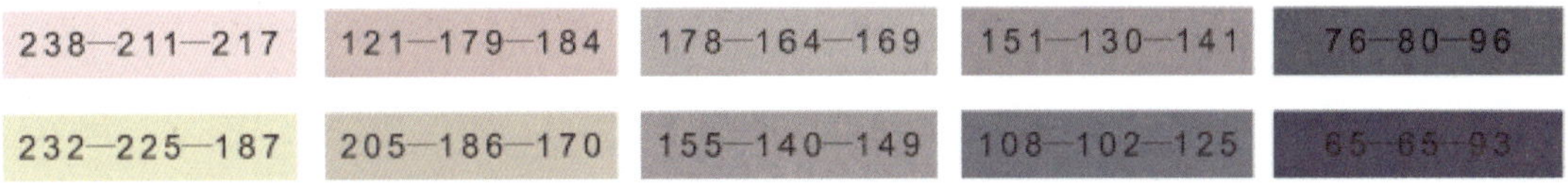

图 4-42　成熟女性的常用配色方案

成熟男性的色调以冷峻的黑、灰等颜色为主，色调偏冷，明度、纯度较低。或者在蓝色、绿色等冷色系中加入棕色，体现稳重、尊贵的气质印象。若冷暖色调搭配，则凸显男性的力量感。成熟男性的常用配色方案如图 4-43 所示。

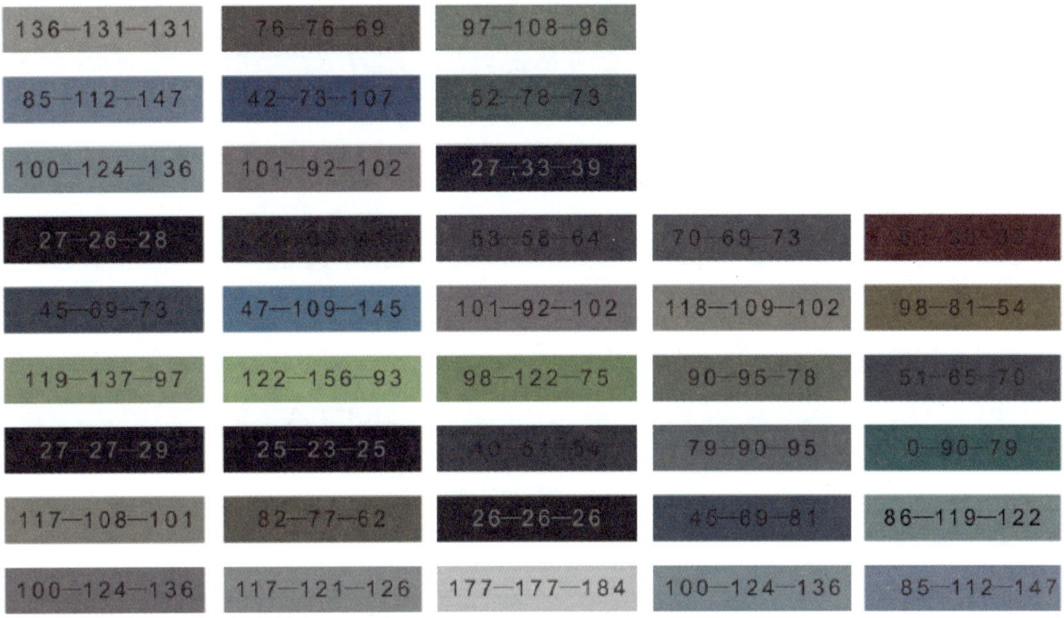

图 4-43　成熟男性的常用配色方案

一般老人给人稳重、安详、和蔼的印象，色相以棕色、灰色为主，明度、纯度较低，明暗对比适中，色调偏暖，以涩、钝为主。棕色搭配褐色给人庄重的感觉，搭配黄色给人和蔼可亲的感觉。老人的常用配色方案如图 4-44 所示。

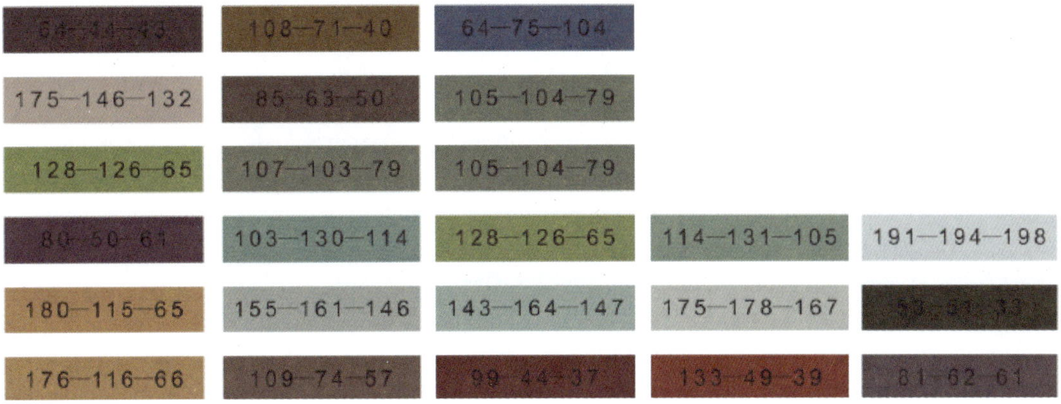

[illegible]	66—62—73	97—75—85	76—68—62	116—100—91
76—68—62	106—110—49	128—119—120	117—144—132	175—178—177
[illegible]	92—75—97	118—76—108	174—127—113	161—148—105

图 4-44　老人的常用配色方案

5）其他因素特色的配色方案

①朴实印象：其配色方案如图 4-45 所示。

88—144—157	143—87—76	120—125—81	61—102—118	131—168—160

图 4-45　朴实印象的配色方案

②淡雅印象：其配色方案如图 4-46 所示。

131—168—160	116—137—149	203—161—112	156—107—42	68—126—143

图 4-46　淡雅印象的配色方案

③优雅印象：其配色方案如图 4-47 所示。

205—186—158	163—141—47	182—138—161	142—100—44	102—75—115

图 4-47　优雅印象的配色方案

④田园印象：其配色方案如图 4-48 所示。

215—200—65	205—176—124	172—119—79	78—104—50	54—54—76

图 4-48　田园印象的配色方案

⑤清新印象：其配色方案如图 4-49 所示。

255—255—255	236—232—200	173—204—154	189—220—223	153—200—192

图 4-49　清新印象的配色方案

⑥浪漫印象：其配色方案如图 4-50 所示。

255—252—188	255—249—127	246—197—161	239—154—98	226—85—96

图 4-50　浪漫印象的配色方案

⑦怀旧印象：其配色方案如图 4-51 所示。

116—65—39	218—167—141	67—53—42	150—123—67	233—209—207

图 4-51　怀旧印象的配色方案

⑧狂欢印象：其配色方案如图 4-52 所示。

图 4-52　狂欢印象的配色方案

⑨日出印象：其配色方案如图 4-53 所示。

图 4-53　日出印象的配色方案

⑩日落印象：其配色方案如图 4-54 所示。

图 4-54　日落印象的配色方案

4-3　色彩的采集与心理

4-3.1　色彩的采集

色彩的采集是设计色彩的基本方法之一，是一名成功的网店美工师需要掌握的核心技能之一。色彩采集的素材非常广泛，可以从风光、景物、动植物、建筑、绘画、工艺美术作品、民间艺术作品等着手，通过有意识地解读、剖析、借鉴，筛选出具有美感和语义价值的色彩素材。作为网店美工师，可以从商品本身或拍摄背景来进行色彩的采集。色彩采集的案例如图 4-55 所示。

图 4-55　色彩采集的案例①

完成色彩采集后对颜色进行整理，从而归纳出符合设计意图的色彩，可将原来复杂的色

① 图片来源：四川省新津县职业高级中学

彩概括为符合设计需要的基本色彩，从而完成色彩的采集。具体有以下方法：

①分阶法。分阶法是色彩归纳最常用的方法，即首先确定每个色彩对象的亮、灰、暗等阶区的色彩，并把各个阶区的色彩概括为一个整色。这种以少胜多、以一当十的提炼方法，可使色彩主体更突出、更具有代表性，从而增强色彩的表现力和感染力。

②限色法。限色法也是色彩归纳的有效方法。多数参考对象的色彩种类庞杂，因此要对其丰富繁杂的明暗和色彩关系进行归纳梳理，将无序的色彩关系通过有限的色彩概括，将其浓缩于画面上。

4–3.2 色彩的心理表现

在设计中使用色彩，除了有愉悦视觉的功能，还能通过色彩的联想、感觉和象征，传达出人类丰富、微妙的情感。日常生活中对颜色的观察在很大程度上受心理因素的影响，即形成色彩视觉心理。

1. 色彩心理

色彩心理是人们对客观世界的主观反映。不同波长的光作用于人的视觉器官而产生色感时，必然会导致人产生某种带有情感的心理活动，这些影响总在不知不觉中发生着作用，左右着人们的情绪。

1）色彩的联想

当人们的视觉器官接受外部色彩的刺激时，会唤起大脑对色彩的记忆，通过分析、比较、想象、归纳和判断等活动，形成新的情感体验，这种体验就是色彩的联想。色彩的联想分具象联想和抽象联想（见表 4–1），具象联想是指由看到的色彩联想到某一客观存在的具体事物的过程；抽象联想指由看到的色彩联想到某种富于哲理性或抽象性逻辑概念的心理活动。人在幼年时多为具象联想，随着年龄的增长和教育程度的提升，抽象联想逐渐增加。

表4–1 具体联想和抽象联想

具象联想	抽象联想
红色：联想到火、血、东方、太阳……	联想到热情、吉祥、危险、活力……
橙色：联想到灯光、柑橘、食品、秋叶……	联想到温暖、欢喜、热情、嫉妒……
黄色：联想到光、柠檬、黄金、迎春花……	联想到光明、希望、快活、发展……
绿色：联想到草地、树叶、禾苗……	联想到和平、安全、生长、新鲜……
蓝色：联想到大海、天空、水……	联想到平静、悠久、理智、科技……
紫色：联想到丁香花、葡萄、茄子……	联想到优雅、高贵、庄重、神秘……
黑色：联想到夜晚、墨水、煤炭……	联想到严肃、刚健、恐怖、死亡……
白色：联想到白云、白糖、面粉、雪……	联想到纯洁、神圣、清净、光明……
灰色：联想到乌云、草木灰、树皮……	联想到平凡、失意、谦逊……

2）色彩的印象

所有的色彩都有着多种不同的象征，给人不同的印象。人类看到各种颜色时的感受是共通的，当看到某种颜色时就会自然而然地联想到该种颜色给人的印象和象征意义。下面对 9 种颜色进行印象分析，帮助网店美工师合理使用颜色。

（1）红色（Red）

红色是代表温暖、坚强的颜色。它的纯度高，注目性高，刺激作用大，能增高血压，加速血液循环，对人的心理可产生巨大的鼓舞作用，所以人们称之为“火与血”的色彩。红色给人们热情、活泼、引人注目、热闹、艳丽、疲劳、幸福、吉祥、革命、公正、喜气洋洋、恐怖、血腥、暴力、危险、愤怒、权力、力量的印象。除此之外，因明度不同、纯度不同，给人的印象也有所不同。其中，加白的红给人圆满、健康、温和、愉快、甜美、优美的感受，同时也给人以幼稚、娇柔的印象；加黑的红给人以枯萎、固执、孤僻、憔悴、烦恼、不安、独断的印象；加灰的红给人以烦闷、哀伤、忧郁、阴森、寂寞的印象。红色调配色方案及应用案例如图 4-56 所示。

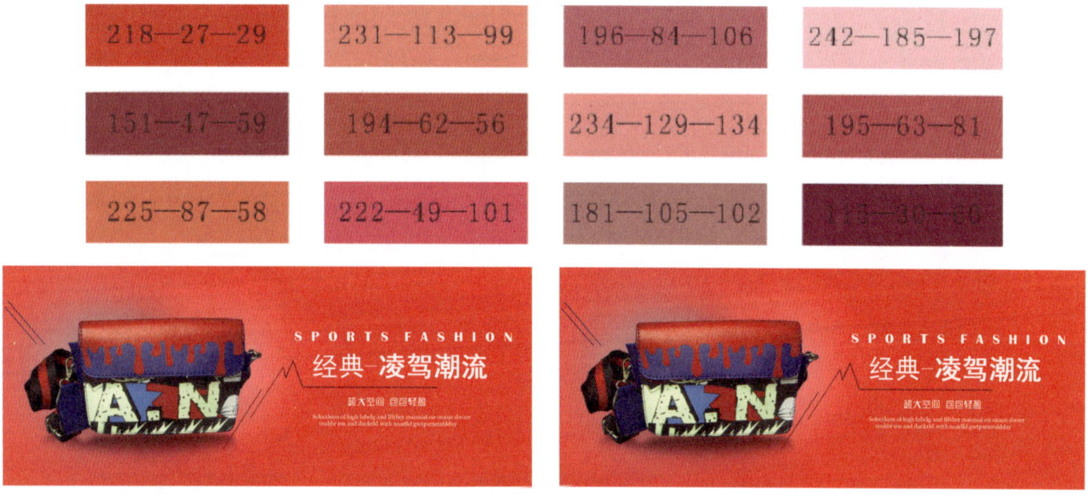

图 4-56　红色调配色方案及应用案例①

（2）橙色（Orange）

橙色的刺激作用虽然没有红色大，但它的视认性和注目性也很高，既有红色的热情又有黄色的光明和活泼，是人们普遍喜爱的色彩。橙色具有火焰、光明、温暖、华丽、甜美、喜欢、兴奋、冲动、力量充沛的情感特征，能引起人们的食欲，同时也给人以暴躁、嫉妒、疑惑、悲伤的印象。除此之外，橙色因明度不同、纯度不同，给人的印象也有所不同。其中，加白的橙色给人以细嫩、温馨、暖和、柔润、细心、轻巧、慈祥的印象；加黑的橙色给人以沉着、安定、茶香、古香古色、深情、老朽、悲观、拘谨的印象；加灰的橙色给人以故土、灰心的印象。橙色调配色方案及应用案例如图 4-57 所示。

① 图片来源：四川省蒲江县职业中专学校

228—103—19	209—152—62	226—153—6	198—151—84
247—204—156	162—90—57	227—94—56	223—129—26
215—146—121	75—176—66	178—92—76	151—100—58

图 4-57　橙色调配色方案及应用案例①

（3）黄色（Yellow）

黄色是最为光亮的色彩，在有色彩的颜色中明度最高，注目性高，给人光明、迅速、活泼、轻快的感觉。黄色具有明亮、幸福、轻松、愉快、快活、自信、希望、高贵、神圣、贵重、进取向上、德高望重、富于心计、警惕、注意、猜疑的情感特征。除此之外，黄色因明度和纯度不同，给人的印象也有所不同。其中，加白的黄色给人以单薄、娇嫩、可爱、幼稚不高尚、无诚意等印象；加黑的黄色给人以没希望、多变、贫穷、粗俗、神秘等印象；加灰的黄色给人以不健康、没精神、肮脏、陈旧等印象。黄色调配色方案及应用案例如图 4-58 所示。

255—245—0	253—239—135	216—187—71	218—151—84
247—191—108	249—214—120	215—197—117	243—202—79
225—237—63	217—234—149	222—184—0	187—130—26
183—150—51	146—131—79	123—99—38	154—144—66

图 4-58　黄色调配色方案及应用案例①

① 图片来源：四川省蒲江县职业中专学校

扩展：黄绿色是黄色和绿色的中间色，由于在日常生活中黄绿色并不突出，所以易被人们忽视，有很多有关色彩心理的研究把黄绿与绿色合并。黄绿色给人以新鲜、清香、纯真、无邪、有活力、含蓄、新生、有朝气、欣欣向荣、无知、未成熟等印象。除此之外，黄绿色因明度和纯度不同，给人的印象也有所不同。其中，加白的黄绿色给人以清脆、爽口、芳香、明快等印象；加黑的黄绿色给人以忧愁、委屈等印象；加灰的黄绿色给人以不新鲜、温湿、俗气、迷惑、泄气等印象。

（4）绿色（Green）

绿色是大自然的颜色，树木、小草、苔藓、热带海洋的绿色总能让人感到放松和蓬勃的生命力。绿色的明视度不高，刺激性不大，但其生理作用和心理作用却极为温和，同时人们对绿色的嗜好范围很广，它给人以宁静、休息、精神不易疲劳之感。绿色给人以自然、新鲜、青春、自然、健康、清新、自由、和平、平静、安逸、安心、安慰、和平、有保障、有安全感、可靠、信任、公平、理智、理想、纯朴、平凡等印象。除此之外，绿色因明度和纯度不同，给人的印象也有所不同。其中，加白的绿色给人以爽快、清淡、宁静、舒畅、轻浮等印象；加黑的绿色给人以沉稳、安稳、知性、自私、沉默、刻苦等印象；加灰的绿色给人以湿气、倒霉、腐朽、不放心等印象。绿色调配色方案及应用案例如图 4–59 所示。

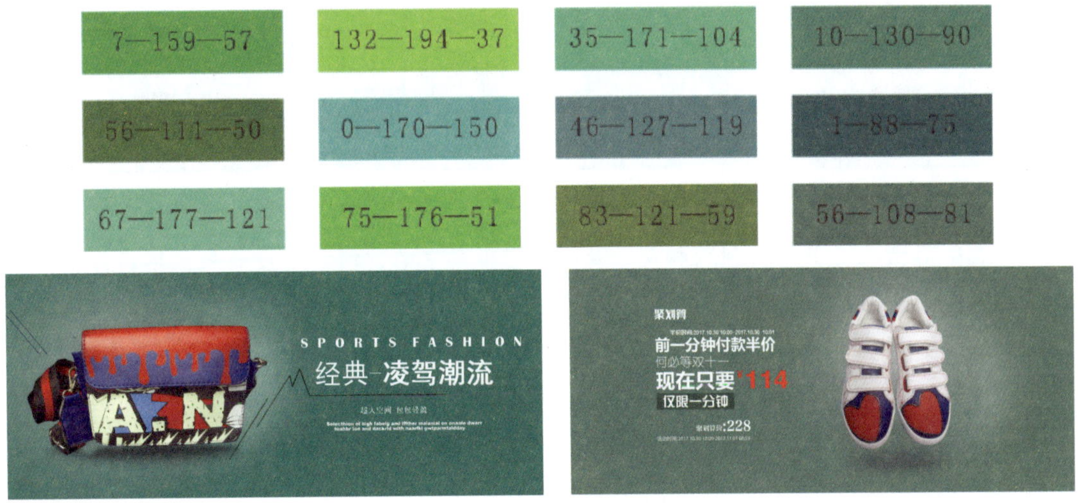

图 4–59　绿色调配色方案及应用案例[①]

扩展：蓝绿色的明视度及注目性基本与绿色相同，但碧绿色显得更冷静、凉湿，其给人的心理感觉与绿色差不多。蓝绿色给人以浓荫、森林、深谷、清泉、深海、凉爽、深远、沉重、安宁、幽静、平稳、智慧、酸涩、嫉妒等印象。除此之外，蓝绿色因明度和纯度不同，给人的印象也有所不同。其中，加白的蓝绿色给人以淡漠、高洁、秀气等印象；加黑的蓝绿色给人以顽强、冷硬、阴湿、庄严等印象；加灰的蓝绿色给人以灰心、衰退、腐败

① 图片来源：四川省蒲江县职业中专学校

等印象。

（5）蓝色（Blue）

蓝色让人联想起大海与天空，颜色的注目性和视认性并不高，但所占面积却很大。蓝色给人以天空、水面、太空、寒冷、遥远、无限、永恒、透明、沉静、冷静、智慧、深远、理智、高深、冷酷、沉思、简朴、忧郁、无聊等印象。除此之外，蓝色因明度和纯度不同，给人的印象也有所不同。其中，加白的蓝色给人以清淡、聪明、伶俐、高雅、轻柔等印象；加黑的蓝色给人以神秘、沉重、大风浪、悲观、幽深、孤僻等印象；加灰的蓝色给人以粗俗、可怜、笨拙、压力、贫困、沮丧等印象。蓝色调配色方案及应用案例如图 4-60 所示。

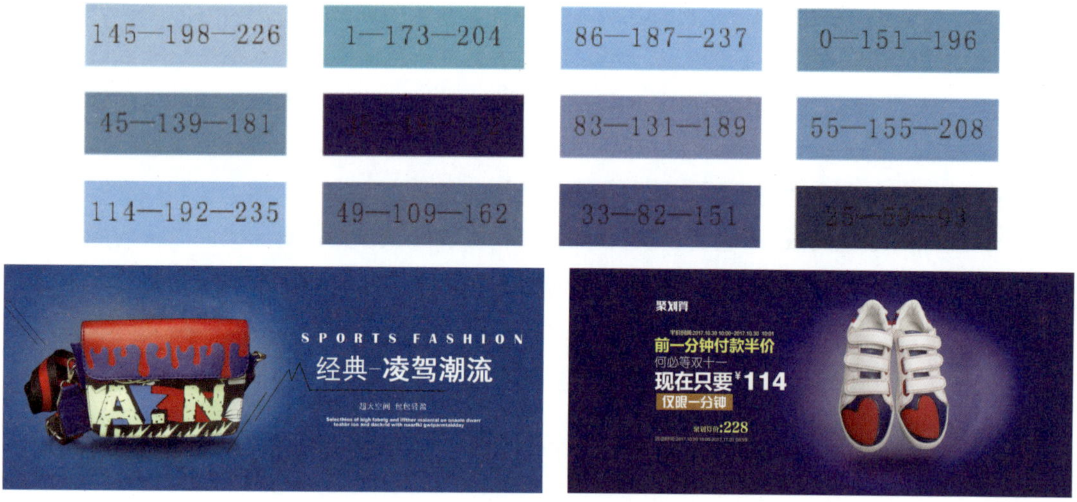

图 4-60　蓝色调配色方案及应用案例[①]

扩展：蓝紫色与黄色的刺激相反，是明度很低的色彩，所以纯度效果显不出力量，注目性较差，明视度必须靠背景的衬托。蓝紫色给人以收缩、退后的感觉。蓝紫色具有深远、崇高、珍贵、凄凉、残酷、秘密、神奇、恐惧、幽灵、鬼祟、阴险、地狱、孤独、严厉、粗莽、凶猛、幻觉等视觉印象。除此之外，蓝紫色因明度和纯度不同，给人的印象也有所不同。其中，加白的蓝紫色给人以迷惑、妖美、梦幻、幽静、无情、离别、谦让等印象；加黑的蓝紫色给人以寒夜、固执、阴森、邪恶、狠毒等印象；加灰的蓝紫色给人麻烦、讨厌、不幸、老成、消沉、自卑等印象。

（6）紫色（Purple）

紫色因与夜空、阴影相联系，所以富有神秘感。紫色易引起心理上的忧郁和不安，淡紫色给人以高贵、庄严之感，所以成熟女性对紫色的嗜好率很高。紫色具有优美、优雅、高贵、娇媚、温柔、昂贵、自傲、美梦、虚幻等视觉印象。除此之外，紫色因明度和纯度不同，给人的印象也有所不同。其中，加白的紫色给人以女性化、清雅、含蓄、清秀、娇气、羞涩等印象；加黑的紫色给人以虚伪、渴望、失去信心等印象；加灰的紫色给人以腐

① 图片来源：四川省蒲江县职业中专学校

烂、厌弃、回忆、忏悔、矛盾、枯朽等印象。紫色调配色方案及应用案例如图 4-61 所示。

113—28—118	146—74—141	144—30—120	174—118—169
148—115—169	100—49—127	100—44—94	190—174—207
98—49—127	163—111—152	151—62—130	141—29—105

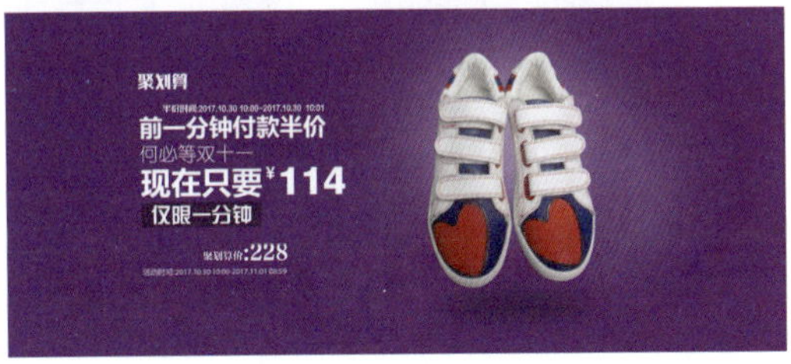

图 4-61　紫色调配色方案及应用案例[①]

扩展：紫红色，视认性、注目性及冷暖程度介于红色与紫色之间。紫红色的嗜好率也很高，据研究，紫红色对忧郁症、低血压的人有治疗作用。紫红色具有温暖、热情、浪漫、娇艳、华贵、富丽堂皇、甜蜜、开放、大胆、享受等视觉印象。除此之外，紫红色因明度和纯度不同，给人的印象也有所不同。其中，加白的紫红色给人以温雅、轻浮、秀气、细嫩、柔情、美丽、美梦、喜欢、甜美等印象；加黑的紫红色给人以野性、有毒、灾祸、自私等印象；加灰的紫红色给人以灰心、嫉妒、堕落、不新鲜、忧虑等印象。

（7）白色（White）

白色是没有纯度的颜色，除了因明度高而令人感觉冷，基本为中性色，明视度及注目性方面都相当高。由于白色为全色相，能满足视觉的生理要求，与其他色彩混合均能取得很好的效果。大面积的白色会给人疏离、梦幻的感觉。白色具有纯洁、洁白、干净、整洁、明快、清白、纯粹、真理、朴素、神圣、善良、正义感、信任、开放、光明、白皮书、失败等视觉印象。白色调配色方案及应用案例如图 4-62 所示。

255—255—255	213—226—233	243—241—212	248—247—247
215—237—251	240—245—249	229—241—212	216—236—224
222—222—221	240—245—249	229—238—244	238—228—230

① 图片来源：四川省蒲江县职业中专学校

图 4-62　白色调配色方案及应用案例[①]

（8）黑色（Black）

黑色为全色相，也是没有纯度的颜色，与白色相比给人以温暖的感觉。黑色在心理上是一种很特殊的颜色，它本身无刺激性，但是与其他色彩搭配能增加刺激性，能取得很好的视觉效果。黑色具有死亡、黑暗、恐怖、罪恶、坚硬、沉默、低调、冷漠、绝望、悲哀、严肃、权威、高雅、创意、执着、防御、刚正、铁面无私、忠毅、粗莽等视觉印象。黑色调配色方案及应用案例如图 4-63 所示。

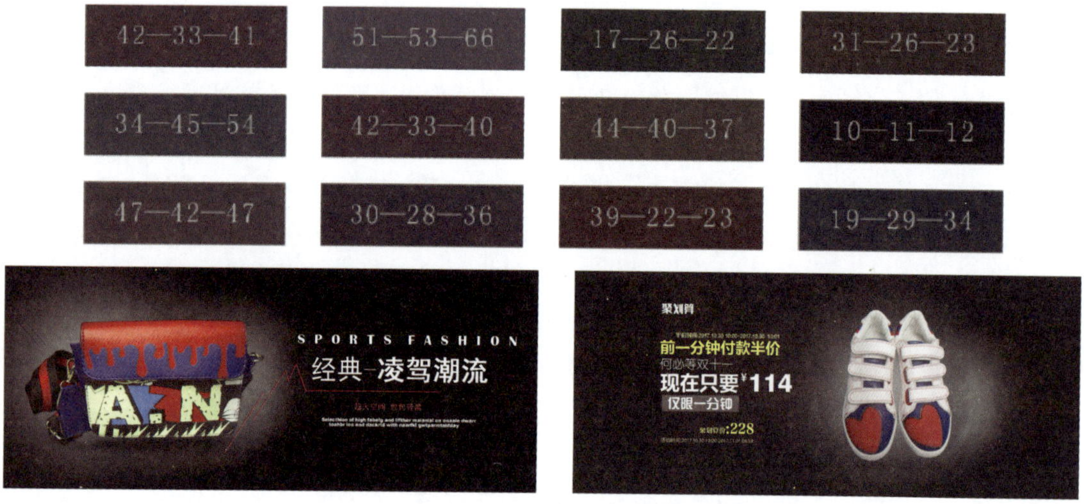

图 4-63　黑色调配色方案及应用案例[①]

（9）灰色（Gray）

灰色为全色相，也是没有纯度的中性色，完全是一种被动性的颜色，由于视觉最适应的配色综合为中性灰色，所以灰色是最值得重视的颜色。它的视认性、注目性都很低，所以很少单独使用，但灰色很顺从，与其他色彩配合可取得很好的效果。灰色具有灰心、平凡、沉稳、诚恳、无聊、模棱两可、消极、无主见、谦虚、暧昧、死气沉沉、随便、顺服、中庸等视觉印象。灰色调配色方案及应用案例如图 4-64 所示。

① 图片来源：四川省蒲江县职业中专学校

图 4-64　灰色调配色方案及应用案例①

2. 色彩的感觉

1）色彩的轻重感

色彩的轻重感一般由明度决定。高明度具有轻感，低明度具有重感。白色最轻，黑色最重。低明度基调的配色具有重感，高明度基调的配色具有轻感。色彩的轻感案例如图 4-65 所示，色彩的重感案例如图 4-66 所示。

图 4-65　色彩的轻感案例②

图 4-66　色彩的重感案例③

①②　图片来源：四川省蒲江县职业中专学校

③　图片来源：四川省新津县职业高级学校

2）色彩的软硬感

不同明度和饱和度的色彩会给人强烈的软硬差距感。一般来说，高明度、高纯度的颜色给人柔软的感觉；低明度、低纯度的颜色给人坚硬厚重的感觉。色彩的软感案例如图 4–67 所示，色彩的硬感案例如图 4–68 所示。

图 4–67　色彩的软感案例[①]

图 4–68　色彩的硬感案例[②]

3）色彩的兴奋感和沉静感

在色相方面，红、橙的暖色系具有兴奋感，而蓝、绿的冷色系具有沉静感；在明度方面，明度高的颜色具有兴奋感，明度低的颜色具有沉静感；在纯度方面，纯度高的颜色具有兴奋感，纯度低的颜色具有沉静感。强对比的色调具有兴奋感，弱对比的色调具有沉静感。色彩的兴奋感案例如图 4–69 所示，色彩的沉静感案例如图 4–70 所示。

图 4–69　色彩的兴奋感案例[③]

图 4–70　色彩的沉静感案例[④]

4）色彩的膨胀感和收缩感

同一面积、同一背景、同一色彩的物体，由于明度不同，给人造成大小不同的视觉效果。通常明度高的有膨胀感，视觉面积偏大。相反，色彩明度低的有收缩的感觉，视觉面积偏小。色彩的膨胀感案例如图 4–71 所示，色彩的收缩感案例如图 4–72 所示。

图 4–71　色彩的膨胀感案例[⑤]

图 4–72　色彩的收缩感案例[⑥]

① 图片来源：四川省金堂县职业高级中学
②⑥ 图片来源：四川省成都市礼仪职业中学
③④ 图片来源：四川省蒲江县职业中专学校
⑤ 图片来源：四川省新津县职业高级中学

5）色彩的前进感和后退感

暖色系、高明度、强对比、大面积、集中的色彩等情况给人前进的视觉感，冷色系、低明度、浑浊、弱对比、小面积、分散的色彩等情况给人以后退的视觉感。色彩的前进感案例如图 4–73 所示，色彩的后退感案例如图 4–74 所示。

图 4–73　色彩的前进感案例①

图 4–74　色彩的后退感案例②

6）色彩的华丽感和朴素感

明度高、纯度高的色彩，丰富、强对比的色彩传达华丽、辉煌的感觉；明度低、纯度低的色彩，单一、弱对比的色彩传达质朴、素净的感觉。色彩的华丽感案例如图 4–75 所示，色彩的朴素感案例如图 4–76 所示。

图 4–75　色彩的华丽感案例③

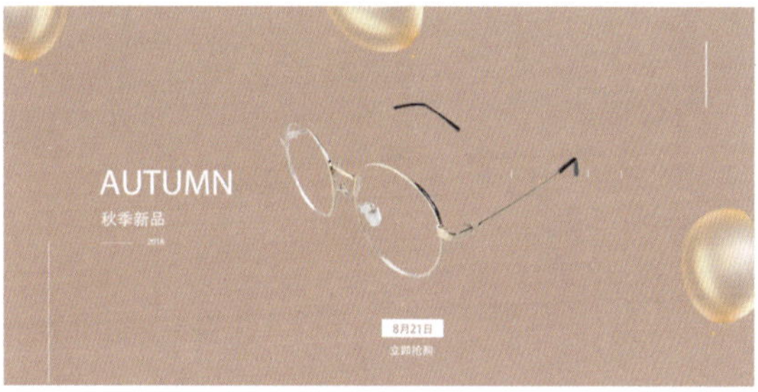

图 4–76　色彩的朴素感案例④

7）色彩的冷暖感

根据色温的不同，可以把颜色大体划分为暖色和冷色，暖色与冷色是依据心理感受而对色彩的物理性分类的。色彩的冷暖与明度、纯度也有关。一般情况下，高明度的颜色有暖感，低明度的颜色有冷感；高纯度的颜色有暖感，低纯度的颜色有冷感。无彩色系中白色有冷感，黑色有暖感，灰色属中。

（1）暖色调配色

暖色系指的是红色、黄色和橙色等系列色，能给人以温暖的感觉，呈现出活泼、热

① 图片来源：四川省成都市礼仪职业中学
② 图片来源：成都市华阳职业中学
③ 图片来源：成都市蜀兴职业中学
④ 图片来源：金堂职业技术中学

情、开放、欢乐的气氛。暖色系通常可以赋予画面热烈、活泼的质感，能够使人情绪高涨，具有一定的刺激作用，同时使画面温暖、舒适、极具热情。常用暖色调来表现食品和儿童用品。暖色调配色案例如图 4-77 所示。

RGB（255、0、0）

RGB（255、255、0）

RGB（225、128、0）

图 4-77　暖色调配色案例①

图 4-77 所示配色案例中采用了暖色调的配色方式，营造了一种喜庆、活跃的氛围，鲜艳的色彩给人强烈的视觉冲击，产生活泼、可爱的心理反应。

（2）冷色调配色

冷色系是指蓝色、绿色、青色等系列颜色，给人以冰冷的感觉，呈现出冷清、镇静、

① 图片来源：四川省蒲江县职业中专学校

清爽的氛围。空调、冰箱、冷饮、高科技商品等大多用冷色调。冷色调相对于暖色调更具有压抑心理的作用，令人感到冰凉、沉静等。其中，蓝色最具有清凉、冷静的作用。明度、纯度都比较低的冷色调还具有消极的作用。在以冷色调为主的画面中，通常还会给人造成视觉收缩的效果，并且在纯度、明度均低的情况下，其画面收缩效果会更加显著。冷色调配色案例如图 4–78 所示。

图 4–78　冷色调配色案例[①]

图 4-78 所示的三个配色案例均采用了冷色调的配色方式，分别以蓝色、绿色、青色为主色调，具有变化的冷色液体显得洁净而灵动，整个画面协调统一，给人以清爽、简单的感觉。

4–4　常见商品类目的学生配色作品展示

1. 服饰类

服饰类配色作品展示如图 4–79 ～图 4–82 所示。

图 4–79　服饰类配色作品一[②]

图 4–80　服饰类配色作品二[③]

① 图片来源：四川省成都市礼仪职业中学
② 图片来源：成都市华阳职业中学
③ 图片来源：四川省蒲江县职业中专学校

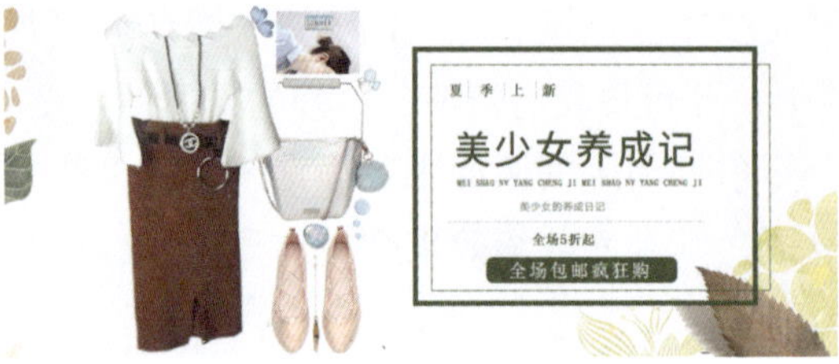

图 4-81　服饰类配色作品三①

图 4-82　服饰类配色作品四②

2. 鞋包类

鞋包类配色作品展示如图 4-83 ～图 4-85 所示。

图 4-83　鞋包类配色作品一③

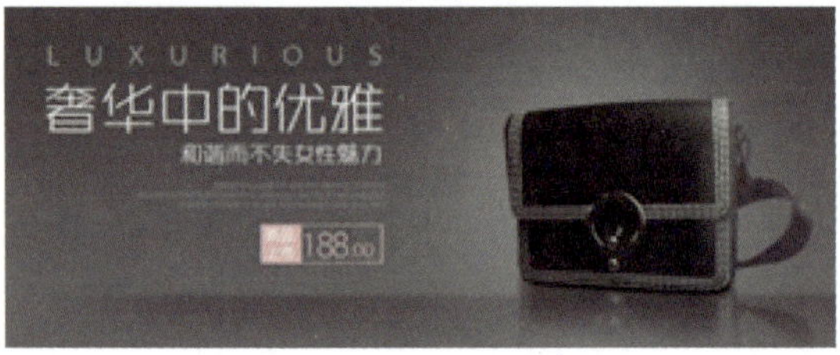

图 4-84　鞋包类配色作品二④

4-85　鞋包类配色作品三⑤

3. 日用品类

日用品类配色作品展示如图 4-86 ～图 4-89 所示。

图 4-86　耳机配色作品⑥

图 4-87　茶杯配色作品⑦

①②③⑤⑥⑦　图片来源：四川省成都市礼仪职业中学

④　图片来源：四川省蒲江县职业中专学校

图 4-88　袜子配色作品[①]

图 4-89　保温杯配色作品[②]

4. 生鲜类

生鲜类配色作品展示如图 4-90 ～图 4-91 所示

图 4-90　生鲜类配色作品一[③]

图 4-91　生鲜类配色作品二[④]

单元扩展

1. 色彩与营销

据调查，85% 的消费者在购买特定商品时将色彩作为优先考虑因素，色彩能增加 80%

① 图片来源：四川省成都市礼仪职业中学
② 图片来源：四川省蒲江县职业中专学校
③④ 图片来源：四川商务职业学院

的品牌认可度，品牌的认可度直接与消费者信任度相联系。

2. 高明度应用技巧

在一些喜庆节日或食品店铺中，经常会使用一些高明度的色彩，这些色彩能够让人眼前一亮，产生积极向上、生机勃勃的感觉。

3. 配色的种类选择

单个配色的明暗度组合给人较强的冲击力，易产生印象；双色组合则令人一目了然，易产生新鲜感；多色组合则让人有愉悦感，丰富的色彩易被人接受，色彩的排列顺序不同会给人截然不同的感觉。

4. 店铺风格常用色

以淡色为主的简约清爽型网店一般适合白领、办公室人群浏览，适用行业为服装、美容护肤、家居用品、饰品等；以冷色调为主的炫酷型网店适合大学生或者男性白领人群浏览，适用于男士用品、文体用品、户外用品、数码商品等；以暖色调为主的可爱型网店适合女生浏览，适用于饰品、毛绒玩具、居家日用品、鞋子等；特色型网店适合某类特定人群浏览，适用于高雅的奢侈类、民族风类商品。

同步实训

经老师的安排，在单元 1 选择的商品类型的基础上，以素材库中商品图片的选择不重复为原则，随机选择其中 3 个商品的图片进行处理后，将 3 个商品的图片组合成为一个新图。结合本单元所学知识，制作网店首页的“双 11”活动主题海报，并提交一份海报的配色分析报告。海报参数为：宽度为 1920 像素、高度在 400 ～ 800 像素间自选（全屏轮播图尺寸）。海报命名为“姓名 +‘双 11’活动主题海报”。任务安排及要求见表 4–2。

表4–2　色彩基础与应用同步实训

任务列表	任务要求	任务进度
1. 认识店铺海报	明确海报要传达的信息	20%
2. 店铺海报制作	能充分体现海报主题“双 11”	80%
3. 任务总结	分析并总结实训过程中的问题	100%

单元 5

版式设计基础与应用

单元教案　单元课件

运营网上店铺时，需要制作出美观的商品图片，然后将商品图片进行合理布局，从而提高消费者的关注度，并且由此提升消费者的购买率。将商品图片进行合理的编排，以达到吸引消费者的目的，这就是店铺版式设计的主要工作内容。

学习目标

知识目标

- 熟悉版式设计中涉及的基本元素。
- 熟悉版式设计的基本类型。
- 熟悉版式设计中字体的应用。

技能目标

- 掌握文字在版式设计中的基本应用。
- 能熟练应用网格系统。
- 能熟练应用版式设计的基本类型。

5-1 认识版式设计

在平面设计中，版式设计是非常重要的一部分。通过版式设计，可以整合版面内的元素，根据一定的设计要求进行组合，以实现理想的视觉效果。优秀的版式设计必须在结构上给人美感，在视觉上形成冲击。

在特定的空间环境中，将不同的视觉元素按照人们对于美的感受予以安排，利用点、线、面等基本视觉元素进行专门的排列，以达到设计的目的，用视觉效果向人们传达特定的信息，这就是版式设计。由于点、线、面是设计的基本元素，所以网店美工必须了解其特性，才能设计出优秀的版式，准确传达信息。

5-1.1 设计的基本元素

点、线、面是版式设计中的基本元素，在版面中的图形、文字及视觉元素都可以归纳为点、线、面。

1. 点

点是相对于其他元素的比例而言的，它不是由自身大小决定的，而是由形状、大小、方向、位置等共同决定的，它的凝聚或扩散会带给观看者不同的心理感受。点的案例如图 5-1 所示。

2. 线

线游离于点与面之间，具有位置、长度、宽度、方向。线可以构成各种装饰元素，起到分割画面的作用。线也可以串联各种视觉要素。线是点的发展和延伸，线的影响力大于点，线可以将点这个独立体统一起来，让点的效果得到延伸。点与点之间的距离（稀疏效果）决定了线的轨迹和清晰度。线的案例如图 5-2 所示。

3. 面

面在空间上所占面积最大，所以面在视觉的力度上比点和线来得强烈。由点经过循环复制成线，再由线组成面，从而达到想要的视觉效果。面的案例如图 5-3 所示。

图 5-1 点的案例

图 5-2 线的案例

图 5-3 面的案例

5-1.2 版式设计的基本原则

1. 满足需求

版式设计是为了让观看者更易阅读，让信息传递更有效的一种表现手法，但其最终的目的是为了传递信息，因此所有的版式设计都应以满足需求为原则。

2. 内容和形式完美结合

版式是信息传递的一种“形式”，其设计必须符合所传递的内容。比如售卖玩具的店铺，其版式设计原则是活泼、生动有趣；售卖机械类商品的店铺，其版式设计原则就应具有科技感、严谨有序。优秀的版式设计能给人以美的享受，能减轻阅读疲劳，提高阅读效率，准确传递信息。

3. 突出主题

好的版式设计要对主题有清楚的认识和了解，能够鲜明地突出主题，且版式条理清晰，有良好的视觉引导，能够使主题清晰、信息传达准确。

4. 强调整体

版式设计最忌零散繁杂，无论局部多精彩都不能脱离整体。版式设计是讲究“美感”的，每个文字的位置、大小是否得当，图片是否适合主题等，都会影响到观看者的情绪。

版式设计总的原则是功能至上，要紧扣主题，内容和形式完美统一，合理运用设计技巧来处理版面中各元素间的大小、疏密等关系，准确地表达出主题，为观看者带来美感，并产生丰富的联想。

5-1.3 版式设计的基本类型

版式设计的基本类型有骨骼型、满版型、上下分割型、左右分割型、中轴型、曲线形、倾斜型、对称型、重心型、三角形、并置型、自由型等。

1. 骨骼型

骨骼型是规范的、理性的版式分割方法。常见的骨骼型版式有竖向通栏、双栏、三栏和四栏等，以竖向分栏居多。在图片和文字的编排上，严格按照骨骼比例进行编排配置，给人以严谨、和谐、理性的美感。经过相互混合后的骨骼型版式，既有条理又生动活泼且具有弹性。骨骼型版式案例如图 5-4 所示。

2. 满版型

版面以图像充满整版，主要以图像为诉求，视觉传达直观而强烈，文字配置在上下、左右或中部（边部和中心）的图像上。满版给人以大方、舒展的感觉，是商品广告常用的版式。满版型版式案例如图 5-5 所示。

图 5-4　骨骼型版式案例

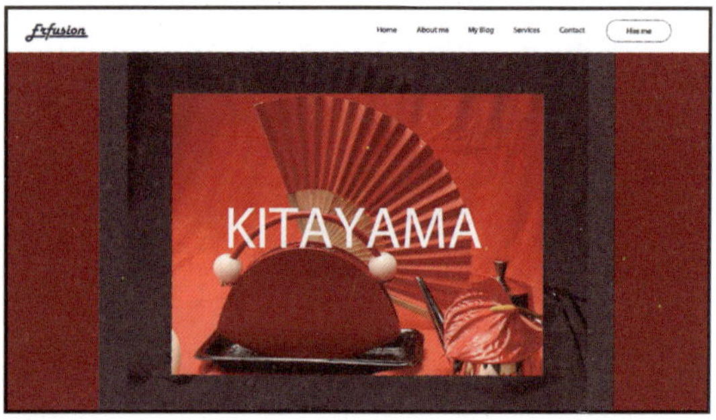

图 5-5　满版型版式案例

3. 上下分割型

整个版面被分成上下两部分，在上半部或下半部配置图片（可以是单幅或多幅），另一部分则配置文字。图片部分感性而有活力，文字部分则理性而静止。上下分割型版式案例如图 5-6 所示。

4. 左右分割型

整个版面被分割为左右两部分，分别配置文字和图片。左右两部分形成强弱对比时，可造成视觉心理的不平衡。这仅是视觉习惯（左右对称）的问题，不如上下分割型版式的视觉效果自然。如果将分割线虚化处理，或用文字左右反复穿插，左右图与文字会变得自然和谐。左右分割型版式案例如图 5-7 所示。

图 5-6　上下分割型版式案例

图 5-7　左右分割型版式案例

5. 中轴型

将图形做水平方向或垂直方向排列，文字配置在上下或左右。水平排列的版面给人以稳定、安静、平和与含蓄之感；垂直排列的版面，给人以强烈的动感。中轴型版式案例如图 5-8 所示。

6. 曲线形

图片和文字排列成曲线，产生韵律与节奏感。曲线形版式案例如图 5-9 所示。

图 5-8　中轴型版式案例

图 5-9　曲线形形式案例

7. 倾斜型

版面主体形象或多幅图像做倾斜编排，造成版面强烈的动感和不稳定感，引人注目。倾斜型版式案例如图 5-10 所示。

8. 对称型

对称的版式，给人稳定、理性的感受。对称分为绝对对称和相对对称。一般多采用相对对称手法，以避免过于严谨。对称一般以左右对称居多。对称型版式案例如图 5-11 所示。

图 5-10　倾斜型版式案例

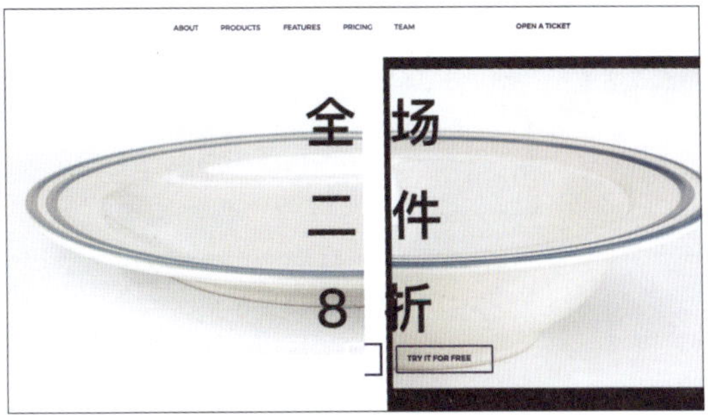

图 5-11　对称型版式案例

9. 重心型

重心型版式可产生视觉焦点，使中心内容更加突出，直接以独立而轮廓分明的形象占据版面中心。向心是指视觉元素向版面中心聚拢的运动；离心是指犹如石子投入水中，产生一圈圈向外扩散的弧线运动。重心型版式案例如图 5-12 所示。

10. 三角形

在圆形、矩形、三角形等基本图形中，正三角形（金字塔形）最安全稳定。三角形版式案例如图 5-13 所示。

图 5-12　重心型版式案例

图 5-13　三角形版式案例

11. 并置型

将相同或不同的图片做大小相同而位置不同的重复排列，并置构成的版面具有比较、解说的意味，给予原本复杂喧闹的版面以秩序、安静、调和与节奏感。并置型版式案例如图 5-14 所示。

12. 自由型

这是一种无规律的、随意的编排，给人以活泼、轻快的感觉。自由型版式案例如图 5-15 所示。

图 5-14　并置型版式案例

图 5-15　并置型版式案例

5-2　网格系统的认知与应用

5-2.1　网格系统的认知

网格是设计得以成立的空间基础，是一件作品的骨架，是编排设计时规划版面的参考线。而网格系统是将版面设计中的各个元素有规律地进行编排，形成结构严谨的版面。网格系统可以为版式设计中的各个元素提供框架，帮助设计者更快捷地找到合适的版面进行编排。

在版式设计时，要想将信息准确地传达给观看者，就必须让版面具有严谨的秩序，没有秩序的信息是很难被理解的。网格系统与人类的视觉规律相吻合，能够使版面具有某种秩序。由此可见，网格系统对于版式设计而言具有十分重要的意义，合理地构建网格系统能使版面拥有明确的框架结构，帮助设计者建立稳定的版面风格。

5-2.2　网格系统的分类

1. 版块网格系统

版块网格系统是将版面中的各个元素分成不同的版块，在设计时，将不同版块快速拼装，能够有效地提高排版速度。版块网格系统案例如图 5-16 所示。

2. 对称式网格系统

对称式网格系统是指版面中左右、上下两个页面互成“镜像”，使两个页面具有相同的版式结构，体现出较为理性和严谨的特点。对称式网格系统具有多种形式，可以通过分栏或者单元格的划分创建出不同的均衡版面。对称式网格系统案例如图 5-17 所示。

图 5-16　板块网格系统案例[①]

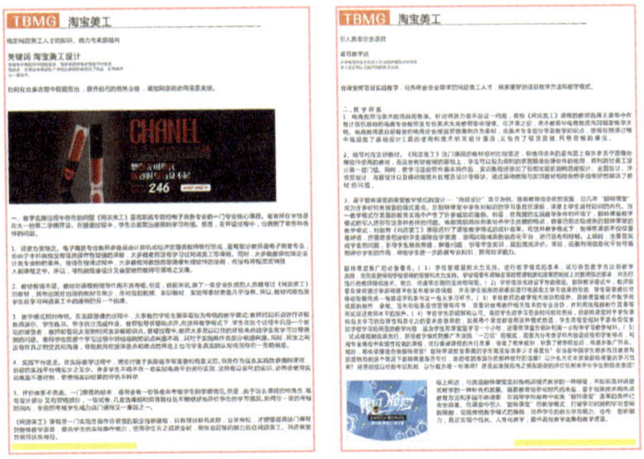

图 5-17　对称式网格系统案例[②]

---

① 图片来源：成都市华阳职业中学、四川省成都市礼仪职业中学、四川省金堂县职业高级中学、四川省蒲江县职业中专学校

② 图片来源：四川省成都市礼仪职业中学

3. 非对称式网格系统

非对称式网格系统赋予版面灵活和生气，相对对称式网格系统而言，使用非对称式网格系统设计出的版面更具有灵活性，比较适合娱乐性或较为轻松的主题。非对称式网格系统案例如图 5-18 所示。

4. 复合网格系统

复合网格系统就是将前三种网格系统合理地结合在一起，使得版式设计更加丰富多样，具有层次感。复合网格系统案例如图 5-19 所示。

图 5-18　非对称式网格系统案例[①]

图 5-19　复合网格系统案例[②]

5-2.3　网格系统的应用

1. 利用基线网格规范行距

在版式编排时，仅仅依靠人眼是很难准确对齐版面元素的，这时需要借助“辅助线”来完成，这种用于版式编排的“辅助线”被称为基线网格。基线网格能帮助网店美工实现行间距的对齐与重组，从而达到准确地对齐版面元素的目的。一般，基线网格的间距会根据文字的字号来进行调整，以满足不同字号的编排需求，如图 5-20 所示。同时，基线网格又具有交叉对齐的特性，所谓交叉对齐是指版面上的不同层级的文字统一采用同一种对齐网格。交叉对齐的基线网格能保持不同字号文字的对齐效果，如图 5-21 所示。

① 图片来源：成都市华阳职业中学

② 图片来源：都江堰职业中学

图 5-20　不同字号不同间距

图 5-21　不同字号相同间距

2. 网格系统的应用方法

1）轴线

所有元素围绕一条轴线进行排版，是一种比较简单的网格设计形式。轴线排版的灵活性强，版面的动感强。轴线排版案例如图 5-22 所示。

2）放射线

所有元素由一个焦点中心发散开来，如同光线一般，在视觉上更有吸引力。文字的排版方向不一定都是水平或垂直的，可以排列出多种不同的阅读方式。放射线排版案例如图 5-23 所示。

图 5-22　轴线排版案例[①]

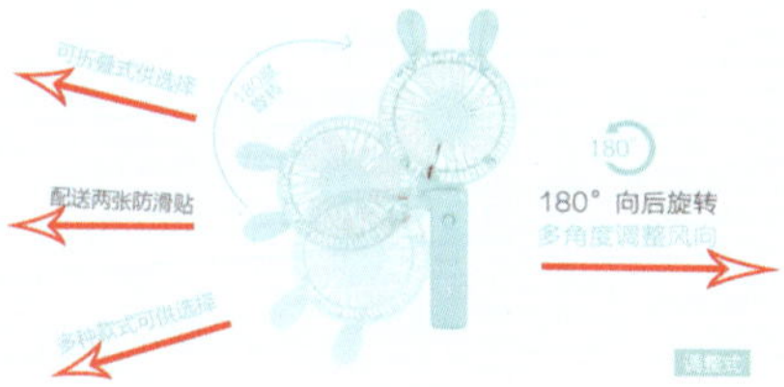

图 5-23　放射线排版案例[②]

3）矩形分割

将元素分割成一个个矩形，设置水平线和垂直线，再将这一个个矩形合理地组织排列在一起。由矩形构成的框架结构使版面显得理性、严谨，是最经典的网格系统。矩形分割排版案例如图 5-24 所示。

4）膨胀（圆）

将文字排列在由一组同心圆的部分弧构成的结构线上，视觉上有膨胀的感觉。膨胀（圆）排版案例如图 5-25 所示。

① 图片来源：成都市洞子口职业高级中学校
② 图片来源：四川省蒲江县职业中专学校

图 5-24　矩形分割排版案例①

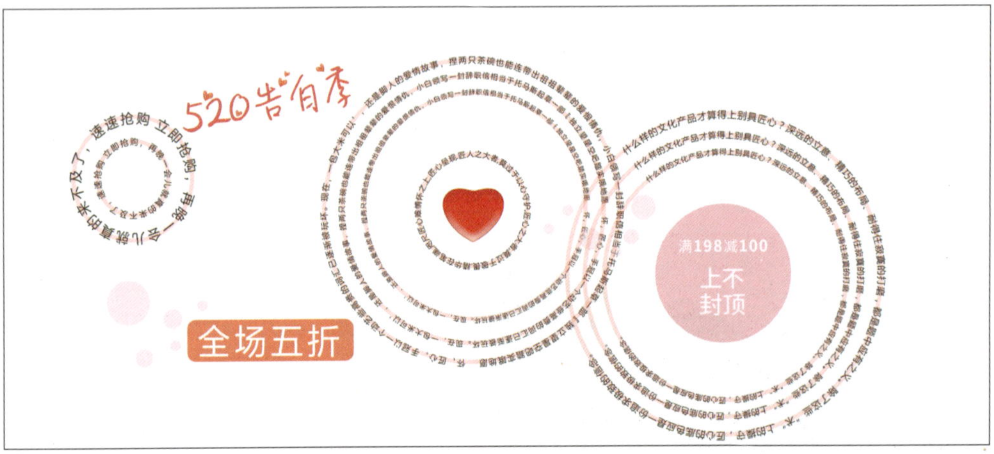

图 5-25　膨胀（圆）排版案例②

3. 网格系统在电商中的应用

网格是设计得以成立的基础，如果设计毫无秩序，那么设计就没有意义。无论是书籍、报纸，还是网页，有秩序的版面才能吸引观看者的目光。因此，网店的设计也需要应用网格系统。

在图 5-26 所示的网店的首页设计图中，每个版块都是独立的，但页面的整体性却很强，这是因为这张图在设计时应用了网格系统。页面中的版块无论大小，都与某条辅助线对齐，使得版块与版块之间暗含一种联系，增强了页面的整体性。

在网店设计中，网格系统最主要的作用是约束版面中的元素，使其具有秩序感。通常将内容区域划分为 6 ～ 12 块（一般是 2 的倍数），再使所有元素和版块都与辅助线对齐即可。

①② 图片来源：四川省蒲江县职业中专学校

图 5-26　网格系统应用案例①

① 图片来源：成都职业技术学院

5-3 版式设计的视觉要素及应用

5-3.1 版式设计的视觉要素

文字、图形、色彩是版式设计中最基本的视觉要素，因此，设计者在处理版面时，必须掌握各个要素的特征，了解观看者最想看到的信息、最愿意接受的形式，并且通过版式设计合理地编排版面，以便有效、准确地传达主题思想和设计意图。版式设计的视觉要素案例如图 5-27 所示。

图 5-27　版式设计的视觉要素案例[①]

1. 文字要素

文字是视觉传达最直接的方式，是运用视觉形象来表达思想的符号。文字作为承载信息的载体，在传播中能够吸收文化信息，具有启迪性。通过字体设计和编排，使文字具有更加强烈的形象表现特征。因此，在版式设计中，应注重文字在造型方面的表现。

2. 图形要素

图形是版面重要的组成部分，图形的编排与设计是有目的、有对象的。图形本身也是传递信息的载体之一，相较于文字，图形更直观、生动。同时，图形也可作为文字的辅助表现手法，从而更好地传递信息。

3. 色彩要素

色彩既可以传递情感，又可以制造出特殊的视觉效果，为版式设计增添魅力。版式设计的视觉要素中，色彩是唯一一个必须与其他要素相结合才能传递信息的视觉要素，它无法独立于字体、图形而存在。

① 图片来源：四川省成都市礼仪职业中学

5-3.2　版式设计中的文字应用

1. 字体的选择

不同字体造型具有各自不同的独立风格，给人的视觉感受和视觉诉求力也不同。如：黑体字，字形方正、横平竖直、笔画粗，给人以稳重、醒目的视觉感受。字体的选择可以更充分地体现设计中要表达的情感。对于字体和字形的选择与搭配是非常有讲究的，字体的设计、选用是版式设计的基础。网店美工需要根据不同的版面选择合适的字体。

常见字体有以下几种：

①宋体　宋体分老宋体和新宋体，新宋体比老宋体秀气，使用率也比老宋体高。宋体的特点是横细竖粗，且笔画尽头有三角，常用于书刊、报纸的正文。宋体还有标宋和仿宋之分，标宋比仿宋的比例大，适合做标题；仿宋体横竖粗细几乎相同，笔画尽头有三角。

②黑体　粗细基本一致，字体结构严谨、大方有力，字形方正、简洁醒目，常适用于标语等具有强调性的地方。

③仿宋　字身长，给人挺拔秀气、清晰简明之感。

④手写体　线条流畅、欢快，笔画有节奏感。

⑤网店美工常用经典字体推荐　汉仪咪咪简体、汉仪菱心简体、汉真广标简体、微软雅黑、方正粗活意简体、方正准圆简体、方正综艺简体、文鼎霹雳体、文鼎 CS 大黑、华康海报体等。

2. 字距与行距

常规的行距比例为 10 ∶ 12，不过这不是绝对的，应该根据内容的实际情况而定。设计者也可以有意识地缩窄或加宽行距，加强版式的装饰效果，使版面富有弹性，产生空间层次，吸引读者阅读。一般情况下，字间距越小带来的视觉冲击力越强，反之字间距越大越分散观看者的注意力。

3. 字体大小

字体大小的选择往往需要根据实际运用环境、作品的表现效果及文字的具体作用而定，字体的最终呈现效果是经过专业的设计、加工而形成的。尽量突出字体的结构特点，通过不同大小的字体进行编排，使其表现出美观、易识别、醒目等特性，加上对文字笔画和结构的合理变形，从而展现出更加美观的字体效果。

字体大小的选择需要注意保持画面的和谐，对字体做出统一的形态规划，在字体大小的变形中又有规律存在，使文字在组合使用时具有鲜明的统一感和层次感，在视觉上形成统一的可识别性，起到吸引人们注意的作用。

4. 字体设计原则

通常情况下，对字体的设计要遵循统一性、创意性的原则，其中可通过采用笔画粗细、字体方向、倾斜度、整体风格、空间、文字等方法来做到统一性，以整体位置变化、结构大小处理、绝对对称布局的方式体现创意性。值得注意的是，在体现创意性的同时还应保持文字大小、间距的易读性，在文字对齐、错位、色彩等方式上体现美观性，使用置换、局部强调、透视等方法体现独特性。

5. 字体设计的创意方法

字体的使用要体现它的创意，可通过字体笔画设计、字体变异设计、字体造型设计、立体字设计等来实现。如：字体笔画设计可用连笔、断笔、形状等方式实现，字体变异设计可通过打破方格、具象化、圆形化的设计来体现，还可以拆分叠加等。因篇幅有限，对字体设计特别有兴趣的读者可以单独购买有关字体设计的图书进行学习，这里不做详细列举与说明。

为便于学习，列举以下 13 种简单易学的文字使用方法，帮助学习者快速掌握版式设计中体现文字效果的技巧。

1）增加商品可信度——使用标准字体

标准字体是指计算机系统自带的字体。文字字体样式的不同会直接影响到整个版面的风格走向。在力求专业、稳重的版面中，标准字体的使用能大大加强版面的稳重感，借此增加商品的可信度。使用标准字体案例如图 5–28 所示。

2）加强版面效果——粗体文字

粗体文字的笔画粗壮，常给人端庄而醒目的感觉，因此多被用作标题等强调性强的版块中。粗体文字案例如图 5–29 所示。

图 5–28　使用标准字体案例①

图 5–29　粗体文字案例②

3）增添版面形式感——特殊字体

除标准字体外还有很多特殊字体，如艺术字体，运用艺术字体可以表现出特殊的形式美感，给人赏心悦目的感受。特殊字体案例如图 5–30 所示。

① 图片来源：都江堰职业中学

② 图片来源：四川省蒲江县职业中专学校

4）制造节奏与韵律——斜体文字

“斜体”是文字的另一种表现方式，相较于常规文字有明显的倾斜效果，因此具有特殊强调的作用。版面中的斜体文字会给人一种流动感，常用来表现版面的节奏与韵律感。斜体文字案例如图 5-31 所示。

图 5-30　特殊字体案例 ①

图 5-31　斜体文字案例 ②

5）突出主题（标题）——放大字号

在版面中，标题的目的是能第一时间吸引观看者的目光，准确传达版面所要表达的信息。而要达到这个目的，最直接、快速的方法就是放大标题文字的字号，使其占据较多的版面位置。放大字号案例如图 5-32 所示。

6）避免版面凌乱——统一字体、字号

在版面中，统一的文字字号能够使信息传达更容易，避免版面的凌乱。统一字体、字号案例如图 5-33 所示。

图 5-32　放大字号案例 ③

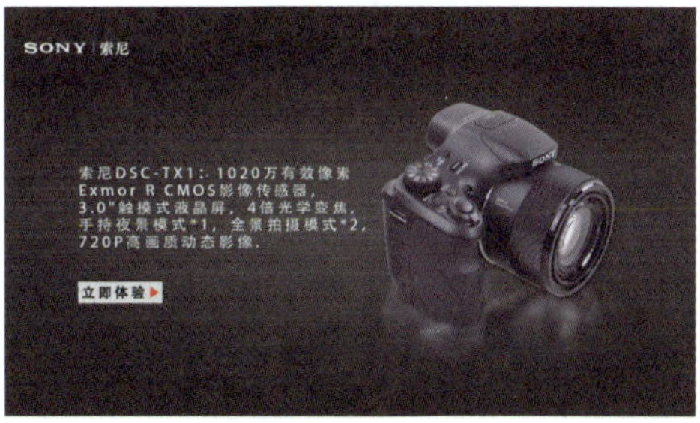

图 5-33　统一字体、字号案例 ④

7）使版面更加灵活——不同字号

利用不同的字号不仅可以根据文字内容的重要程度进行区分，还能使版面看起来更生动、富有张力。不同字号案例如图 5-34 所示。

①② 图片来源：四川省蒲江县职业中专学校

③ 图片来源：成都市洞子口职业高级中学校

④ 图片来源：四川省成都市礼仪职业中学

8）增强文字易读性——增大文字间距

文字间距直接影响文字的易读性，适当增大文字间距能给观看者营造出良好的阅读氛围。增大文字间距案例如图 5-35 所示。

图 5-34 不同字号案例①

图 5-35 增大文字间距案例②

9）体现紧张（紧凑）感——缩小文字间距

文字本身除了可读性以外还具有很强的设计表现力，为了增强版式的装饰效果，可以有意识地将文字的间距缩窄，使得版面具有紧张感、紧凑感。缩小文字间距案例如图 5-36 所示。

10）区分不同的文字内容——改变字体颜色

根据版面内容的需求，可以利用不同的颜色对文字内容进行划分，从而带给观看者不一样的视觉体验。改变字体颜色案例如图 5-37 所示。

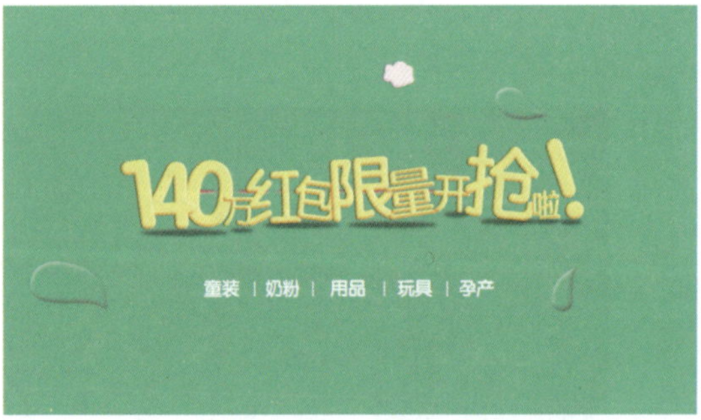

图 5-36 缩小文字间距案例③

图 5-37 改变字体颜色案例④

11）赋予画面震撼力——重叠文字

将文字重叠之后，能够使版面产生一种空间感、跳跃感，其独特的视觉元素十分吸引观看者的眼球。重叠文字案例如图 5-38 所示。

12）突出版面要点——色块

为使文字在复杂的背景之中得以清晰地展现，可以将文字部分放在色块上，利用色块

①②③④ 图片来源：成都市华阳职业中学

醒目的特点将文字衬托于版面之上。色块案例如图 5-39 所示。

图 5-38　重叠文字案例

图 5-39　色块案例

13）强调版面个性——文字描边

通过为文字添加描边效果，可以使文字显得更加立体、更引人注目，起到强调文字的作用。文字描边案例如图 5-40 所示。

图 5-40　文字描边案例

5-3.3　版式设计中的图片应用

在进行版式设计时，一般会对图片进行加工处理，不同的处理方式能够制作出不同的画面效果。

1. 展现饱满的画面效果——裁剪

将影响主题表达的部分裁切掉，保留重点部分。裁剪是最基本的手法，通过裁剪可以展现饱满的画面效果，给人深刻的印象。裁剪案例如图 5-41 所示。

2. 体现主次 / 突出重点——缩放

把图片放大或缩小，可以表现画面的先后顺序。在版式设计中，想要表达画面中最重要的内容时，常使用的方式是将画面中重要的部分放大。较大的尺寸可以有效地突出画面中心，达到吸引观看者视线的目的。缩放案例如图 5-42 所示。

图 5-41　裁剪案例[①]

图 5-42　缩放案例[②]

3. 丰富画面内容——不同比例的图片组合

需要在一个版面内排入数量较多的图片且尺寸比例不同时，可以将大小相近的图片分布在对角线的位置，以保持画面的平衡性。不同比例的图片组合案例如图 5-43 所示。

4. 制造干净整洁的画面——抠图

去除图片背景，只将需要的部分扣取下来。抠图的目的和裁剪相似，但经过抠图处理的图片更利于灵活排版和处理图形之间的关系。抠图案例如图 5-44 所示。

图 5-43　不同比例的图片组合案例[③]

图 5-44　抠图案例[④]

5. 保持统一性——以色调分类

通过对图片的色调进行分类，按照图片色彩对版面格局进行划分，可以表现出协调、统一的画面效果。以色调分类案例如图 5-45 所示。

6. 体现关联性——重叠图片

将多张形式相近的图片进行层叠地重复摆放，使其成为一个整体。重叠图片案例如图 5-46 所示。

①②③　图片来源：成都市华阳职业中学

④　图片来源：四川省蒲江县职业中专学校

图 5-45　以色调分类案例[①]

图 5-46　重叠图片案例[②]

5-3.4　版式设计中的图文编排应用

图文编排是在图文关系基础上，对图文搭配的方式予以合理选择，以保证版面的美观性及易读性。

1. 左对齐、右对齐

版面中的元素沿水平方向向左或右对齐。左对齐案例如图 5-47 所示，右对齐案例如图 5-48 所示。

图 5-47　左对齐案例[③]

图 5-48　右对齐案例[④]

2. 居中对齐

居中对齐的排版给人以正式、大气、高端、有品质的感觉。居中对齐案例如图 5-49 所示。

3. 分组

当版面内需要呈现的元素过多时就要考虑将元素分组，将图片和相关文字按照组别整齐地进行摆放，将相同信息的文案摆放到一起，使整个页面富有条理性，且看上去美观，更加有利于观看者阅读。分组案例如图 5-50 所示。

---

①②　图片来源：四川省新津县职业高级中学

③④　图片来源：四川省成都市礼仪职业中学

图 5-49　居中对齐案例[①]

图 5-50　文本分组案例[②]

5-3.5　常见版式意向图

1. 双栏分布

双栏分布版式有左文右图或左图右文两种形式。左文右图案例如图 5-51 所示，左图右文案例如图 5-52 所示。

图 5-51　左文右图案例[③]

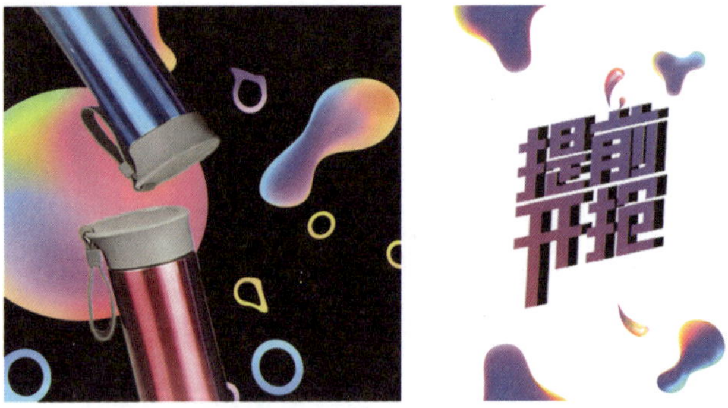

图 5-52　左图右文案例[④]

2. 三栏分布

中间文字，两侧图片，其案例如图 5-53 所示。

①② 图片来源：四川省蒲江县职业中专学校

③④ 图片来源：成都市蜀兴职业中学

图 5-53 三栏分布案例[①]

3. 上下分布

上文下图或上图下文。上文下图案例如图 5-54 所示，上图下文案例如图 5-55 所示。

图 5-54 上文下图案例[②]

图 5-55 上图下文案例[③]

5-4 版式设计的形式法则与视觉流程

版式设计的基本法则就是创作画面美感的基本准则，虽然它不是唯一标准，却能帮助

①③ 图片来源：四川省蒲江县职业中专学校

② 图片来源：成都市华阳职业中学

初学者掌握设计要领，从而设计出优秀的店招、海报等。

5–4.1 版式设计的形式法则

1. 对比与调和

对比，是将相同或相异的视觉元素做强弱对比编排所运用的形式手法。简洁明快的对比关系是获得强烈视觉效果的重要手段。对比强调差异，易产生冲突。对比案例如图 5–56 所示。

调和，是指内容与形式的调和，版面各个部位、各视觉元素之间寻求相互协调。调和能起到寻求共同点、缓和矛盾的作用。调和案例如图 5–57 所示。

图 5–56 对比案例[①]

图 5–57 调和案例[②]

图 5–56 所示案例中，画面背景与商品在色相、明度上差距明显，背景颜色为低明度的黑色，商品颜色为金黄色，明度偏高；黑色与黄色对比强烈，很好地突出了商品的特性。

图 5–57 所示案例中，画面左边的行李箱与右侧文字及背景，追求色调上的统一，整个画面显得协调柔和。

2. 对称与均衡

对称与均衡是统一的，都是让消费者在浏览店铺信息过程中得到心理上的稳定感。对称与均衡是指画面中心、两边或四周的视觉元素具有相同的数量而形成的画面均衡感。在版式设计中通过采用等形不等量或等量不等形的方式来组织和表现画面内容，可以取得更加耐人寻味、更具趣味性的画面效果。对称与均衡案例如图 5–58 所示。

3. 节奏与韵律

节奏是有规律地重复。图形、文字或色彩等视觉要素，在组织上合乎某种规律时所给予视觉和心理上的节奏感觉，即是韵律。韵律是通过节奏的变化来展现的，主要建立在以比例、轻重、缓急或反复、渐变为基础的规律形式上。节奏与韵律案例如图 5–59 所示。

---

① 图片来源：四川省成都市礼仪职业中学

② 图片来源：四川省蒲江县职业中专学校

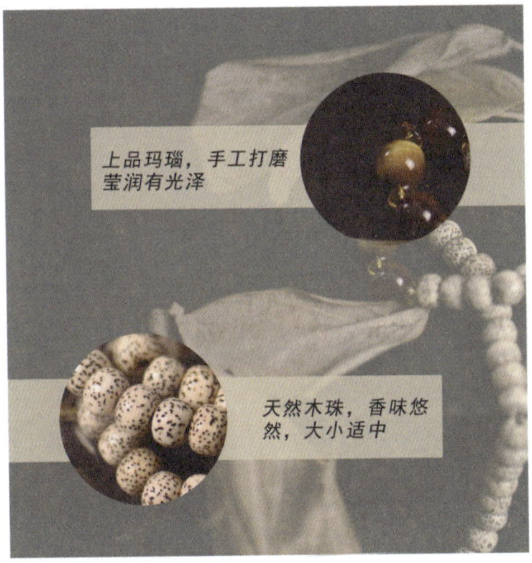

图 5-58　对称与均衡案例 ①

图 5-59　节奏与韵律案例 ②

图 5-58 所示案例中，运用了对称与均衡的形式进行排版布局，画面的上下部分都采用了圆形和矩形，二者结合，使得画面在对称中更均衡、更灵活、更生动，是网站美工在版式设计中常用的方法。

图 5-59 所示案例中，三幅图的色彩、布局和构图形式统一，体现出画面的韵律感。三幅图中的商品各不相同，表现出节奏的变化，让商品信息的展示显得更加轻松。

4. 虚实与留白

版面中的“虚”为细弱的文字、弱化的图形或色彩，主要依据版面而定。为强调主体，可有意将其他部分削弱为虚，以“留白”的方式来衬托主体的“实”。留白是指在画面中巧妙地留出“空白”区域，从而赋予画面更多的空间感，让观看者产生丰富的联想。版面中的虚实关系为以虚衬实、实由虚托。虚实与留白案例如图 5-60 所示。

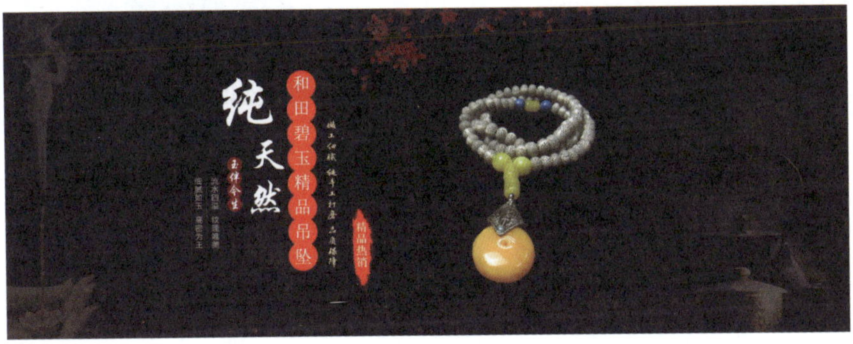

图 5-60　虚实与留白案例 ③

① 图片来源：四川省蒲江县职业中专学校
② 图片来源：四川省成都市礼仪职业中学
③ 图片来源：四川省新津县职业高级中学

在图 5-6 所示案例中，表现商品的同时，利用背景的厚重感，使得画面和谐稳定，通过大范围留白来凸显商品的品质，使得画面看起来大气、稳重，给人一种成熟感。

注意：留白并非将画面的一部分设计为白色，而是使用较弱的图像或背景来进行表现。设计中应以留白不空、留白不白为原则。

5-4.2 版式设计的视觉流程

视觉流程指的是受众接收信息的先后次序的过程。每个版面都有各自不同的视觉流程，但不论是清晰单纯，还是散乱含糊，都是以最大限度地满足信息传达为前提。在进行版式设计时，设计者要根据主题需要，有意识地将各个基本要素进行组织排版，让消费者按照设计好的线路，有顺序、有条理地阅读版面内容，以达到提升店铺关注度、提高业绩的效果。

1. 单向视觉流程

单向视觉流程是指视线向某一个方向延伸，在版面中它表现为三种方向关系，分别为竖向、横向及斜向视觉流程。竖向给人以坚定、肯定的感觉；横向给人以稳定、平静的感觉；斜向给人以视觉冲击力强、动感十足的感觉。单向视觉流程的版面给人以简洁有序的感觉。单向视觉流程案例如图 5-61 所示。

2. 焦点视觉流程

在视觉心理作用下，焦点视觉流程的运用使主题更加鲜明、强烈。每个版面中确保都有一个视觉焦点，这也是需要重点处理的对象。版面可采取主从关系的顺序、图片大小的对比、留白等手法形成视觉焦点。焦点视觉流程案例如图 5-62 所示。

图 5-61 单向视觉流程案例 ①

图 5-62 焦点视觉流程案例 ②

3. 导向的视觉流程

在版式设计中，导向包括文字导向、色彩导向、视线导向、线条导向等。通过这些导向元素，将观看者的视线往版面的目标诉求点移动。在这种视觉流程的的版面中，导向元素脉络清晰，条理性和逻辑性强，而且其视点往往为版面的中心点。文字导向视觉流程案

① 图片来源：四川省成都市礼仪职业中学

② 图片来源：成都市洞子口职业高级中学校

例如图 5-63 所示，线条导向视觉流程案例如图 5-64 所示。

图 5-63　文字导向视觉流程案例[①]

图 5-64　线条导向视觉流程案例[②]

文字导向是将观看者的视线往导向性文字移动，并促使观看者单击该文字。它适用于店铺宣传海报的引流。

5-5　常见商品类目的学生版式设计作品展示

1. 服饰类

服饰类案例如图 5-65 ～图 5-67 所示。

图 5-65　秋冬服饰案例[③]

图 5-66　春夏服饰案例一[②]

图 5-67　春夏服饰案例二[③]

---

① 图片来源：四川省成都市礼仪职业中学

② 图片来源：成都市华阳职业中学

③ 图片来源：都江堰职业中学

2. 鞋包类

鞋包类案例如图 5-68 ～图 5-70 所示。

图 5-68　鞋包类案例一①

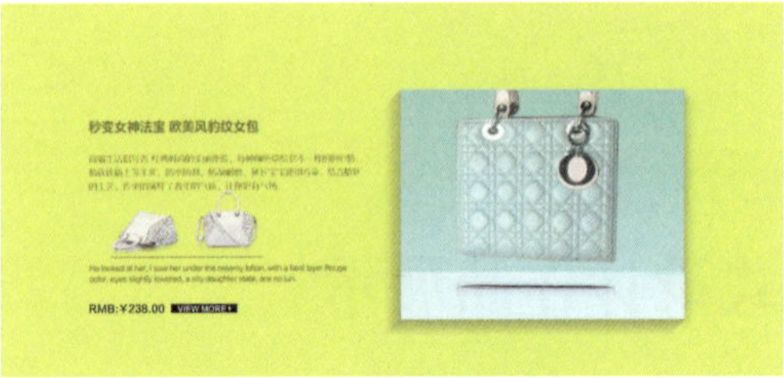

图 5-69　鞋包类案例二②

图 5-70　鞋包类案例三③

3. 日用品类

日用品类案例如图 5-71 和图 5-72 所示。

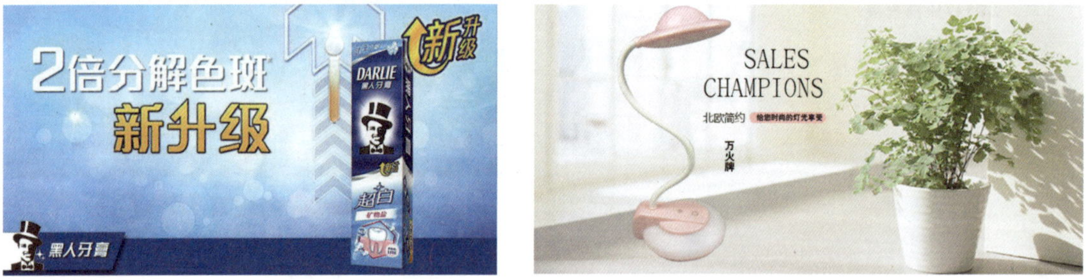

图 5-71　日用品案例一④

图 5-72　日用品案例二⑤

①③④　图片来源：四川省蒲江县职业中专学校

②⑤　图片来源：四川省成都市礼仪职业中学

4. 生鲜类

生鲜类案例如图 5-73 所示。

图 5-73　生鲜类案例[①]

单元扩展

1. 网店常用字体风格

男性网店一般选用笔画较粗的黑体或有棱角的字体，给人一种硬朗、粗犷、力量、稳重、大气的感觉，颜色常使用褐色或白色作为文字颜色。女性店铺一般选用字形纤细、秀美、线条流畅、有粗细等细节变化的字体，给人一种柔软、飘逸、俊俏、有气质和时尚的感觉，颜色常使用橙色、紫色、黄色作为字体颜色。店铺促销商品一般选用笔画粗的字体，选用黄色、蓝色、红色作为字体颜色。奢侈品店铺常选用笔画纤细的字体，字号也较小，常使用中英文搭配的方法，使页面给人以时尚、简约、干净、利落的感觉，常选用白色为字体颜色。

2. 文本装饰常用方法

通常使用图形装饰文本、加粗或倾斜文本、变形文本、使用颜色装饰文本、编辑文本笔画、使用图案装饰文本、为文字添加图层样式、为文本添加立体效果等方法来体现文本的灵活和动感。

同步实训

经老师的安排，在单元 1 选择的商品类型的基础上，以素材库商品图片的选择不重复

① 图片来源：四川商务职业学院

为原则，随机选择其中 3 个商品的图片进行处理后，将 3 个商品的图片组合成为一个新图，结合本单元所学知识，制作成网店首页的元旦活动主题海报，并提交一份海报的排版分析报告。海报参数为：宽度为 1920 像素、高度在 400 ～ 800 像素间自选（全屏轮播图尺寸）。海报命名为“姓名 + 元旦活动主题海报”。任务安排及要求见表 5-1。

表5-1　版式设计基础与应用同步实训

任务列表	任务要求	任务进度
1. 认识店铺海报	明确海报要传达的信息	20%
2. 店铺海报制作	能充分体现海报主题“元旦”	80%
3. 任务总结	分析并总结实训过程中的问题	100%

单 元 6

电商VI体系

单元教案　单元课件

VI 为 Visual Identity 的缩写，即视觉设计，通译为视觉识别系统。电商企业要想将品牌做大做强，就必须建立一套品牌 VI 体系，一套完整的品牌 VI 体系能让消费者正确、快速地对品牌形象进行有效的记忆。

本单元中，“溜溜毛绒玩具网店”和“包罗万象女士皮具网店”网店的 VI 设计案例、装修设计案例来源于成都职业技术学院。

学习目标

知识目标

▶ 熟悉电商企业品牌 VI 的概念。

▶ 熟悉电商企业品牌 VI 体系的基本构成。

▶ 熟悉电商营销 VI 的应用。

技能目标

▶ 掌握电商企业 VI 体系建立的方法和规则。

▶ 掌握电商企业 VI 体系在网店装修设计中的应用方法。

6-1 认识电商企业品牌VI

6-1.1 什么是电商企业品牌 VI

1. VI

VI：一种在企业经营理念、战略范围和经营目标的支配下，运用视觉传达方法，通过企业识别的符号来展示企业独特形象的设计系统，以标志、标准字、标准色为核心展开的完整的、系统的视觉表达体系。将企业经营理念、企业文化、服务内容、企业规范等转换为具体符号，可塑造出独特的企业形象。

标志与标准字是“视觉营销”的基本载体，是品牌符号的最小单元，是所有营销元素中应用最为频繁，同时最具恒久性的基础元素。几乎任何一个品牌的出现都会涉及标志与标准字这两个基础元素，其案例如图 6-1 所示。从商品包装、终端物料、形象展示到宣传活动，无论是立体的还是平面的，品牌 VI 都无时无刻伴随左右，形成品牌烙印。在 CIS（Corporate Identity System，企业形象识别系统）中，视觉识别设计最具传播力和感染力，也最容易被公众接受。

标志　　标准字　　标准色

图 6-1　标志与标准字案例

2. 电商企业品牌 VI

电商企业品牌 VI 是在电商领域自身定位准确的基础之上，基于正确品牌定义下的视觉导视系统，它是一个协助电商领域企业发展的形象实体，不仅协助电商领域企业正确地把握品牌方向，而且能够使人们正确、快速地对品牌形象进行有效和深刻的记忆。简而言之，就是应用在网上店铺的一套 VI 导视系统，贯穿店铺 PC 端、移动端及一切能与消费者发生视觉作用的空间中。

电商企业品牌 VI 不是为了追求漂亮好看、档次品位，更不是为了满足电商领域经营决策者自身审美品位的需求。电商企业品牌 VI 在店铺的前期推广营销和后期的长远发展方面都有着举足轻重的作用。

电商企业品牌 VI 也是一把双刃剑，一个优秀的电商企业品牌 VI 能够提升企业的形象和地位，促进品牌价值的识别和传播，提高其业绩和行业内知名度；相反，疏忽草率的电商企业品牌 VI 会给企业形象带来负面影响，有碍电商企业品牌的建设与传播，阻碍电商企业品牌的长远发展。

品牌 VI 和电商企业品牌 VI 相互依存、互为因果。品牌 VI 的功能在于将文本格式的电商理念、商品核心、品牌功能与价值，准确有效地转化为易于被大众识别、接受、联想记忆的一种视觉符号形象系统，并对外输出和长久传播。

现代电商企业的品牌标志，创意成分在很大程度上决定了品牌推广的成功与否，商标和标志组成了最通用的国际语言。优秀的电商标志设计能将品牌理念与内涵、人性化、品牌亲和力等注入其中，鲜明传达独特优良的电商企业形象，达成差异化战略展示，让人们一眼就领会该品牌所要传递的信息。

电商企业品牌 VI 从内到外、从整体到细节的统一，更能加深人们对品牌的印象。从基础部分到应用部分的统一，从商品的外包装到企业形象包装的统一，如网店装修、首页配图、服务界面、卖家赠品、商品包装等视觉对象都进行统一规范。一个好的电商企业品牌 VI，不仅好看，还要有内涵。商品设计、品牌营销，其各个环节通过电商企业品牌 VI 设计串联起来，完成从无序到有序的跃变，才能使电商企业品牌迸发出强大的生命力。

6-1.2　电商企业品牌 VI 的作用

电商企业品牌 VI 与非电商企业品牌 VI 的作用相同，都具有提高品牌曝光率和商品附加值等作用。下面从 4 个方面详细介绍非电商企业品牌 VI 的作用，为电商企业品牌 VI 提供设计的价值衡量。

①品牌 VI 的作用是有效传播、沟通和记忆。品牌 VI 包括品牌定位、品牌方向、视觉形象。例如，汽车品牌宝马，宝马象征勇猛、果断和自信，它隶属于 BMW 集团，定位于高档豪华汽车。

②品牌 VI 是通过视觉设计刺激人的感官，长期宣传从而无限加深人们对企业品牌的记忆，在选择同类商品时会联想到该商品。例如，喜欢辣口味的人，在购买辣椒酱就会联想到“老干妈”。

③品牌 VI 有益于电商企业的做大做强。一个优秀的电商企业品牌 VI 可以提高店铺的知名度和信誉度，给予买方认同感和归属感。例如，运动服装中的李宁系列与耐克系列，耐克的品牌广告营销做得更为出色，它从品牌代言人到营销策略，其 VI 表达了更强烈的速度感与兴奋感。

④品牌 VI 的最高境界就是让消费者非理性地崇拜，并让其进入一个具有共同价值观的虚拟空间。例如，购买奢侈品的人们，他们就认为这是一种高品质生活，从而在购买商品时忘掉价格，这种认知就是对商品非理性的崇拜。所以，品牌 VI 可以向消费者传递价值观，为消费者带来附加价值。

VI 是实现电商企业品牌战略的重要手段。在传统理念中，完整的品牌战略手段是电商企业理念、战略目标和电商策略的有机统一体，从电商企业的品牌形象、商品形象直到销售形象上做出整体规划，最后经过市场终端的推销活动和市场实践来体现品牌的价值和实力。在这个过程中，VI 作为重要的手段使得电商企业品牌战略得以实现。

然而，当今的电商企业品牌目标已经不再完全是为了获得短期微利，而是期望能长远发展成有实力的大型电商企业品牌，这样的期许必然会使品牌 VI 走进各个电商企业的视野范围。品牌 VI 的作用对于各电商企业来讲，是潜在的、长期的、无法用金钱来衡量的。

案例：三只松鼠

三只松鼠，它是中国第一家定位于互联网平台的食品品牌企业，作为零食行业的佼佼者利用“互联网 +”的大潮流获得成功。

（1）电商 Logo 分析（见图 6-2）

三只松鼠 Logo 选用三只具有不同表情和形象气质的松鼠，以卡通动漫的形式，结合特殊设计的文字来增加 Logo 的形式感，可爱呆萌的特征与当代年轻人的审美和气质相吻合。

图 6-2　三只松鼠 Logo

（2）作用

三只松鼠通过对顾客心理细致入微地观察，了解人们都渴望被尊重，所以称顾客为“主人”；了解买家喜欢惊喜，所以让顾客每次都能收到不同的赠品。从企业品牌形象、商品质量包装到售后服务，形成了一个完整的互联网时代的生态农业产业链。利用 B2C 销售平台，拒绝线下分销，也是三只松鼠稳定企业品牌形象、确立商品发展定位的重要抉择。这样不但提高了消费者的消费体验，也增强了消费者对企业品牌的认知。三只松鼠从一个只有十几个人的小团队，到如今的知名零食企业，无疑是电商品牌中的一个成功案例。

6-1.3　电商企业品牌 VI 的基础应用

电商企业品牌 VI 的基本要素系统严格规定了标志、图形标识、标准字体、标准色彩等要素及其组合形式，从根本上规范了电商企业的视觉基本要素。基本要素系统是电商企业形象的核心部分，电商企业品牌 VI 的基础部分包括电商企业名称、电商企业标志、标准字、标准色彩、辅助图案、组合应用和标语口号等。

基础应用设计的步骤如下。

1. 先找准一个方向（切入点）

如“包罗万象女士皮具网店”，从店铺经营的主打商品“箱包”切入，其次从店铺名称“包罗万象”入手，结合店铺的经营理念和销售人群等，从而确定该电商企业品牌的定位。

2. 把理念转化为视觉语言

确定电商企业品牌定位后，制定设计方案，用视觉语言表达设计理念。如包罗万象女士皮具网店的 Logo 中有一个钻石图案，展现了皮具网店商品的钻石品质，代表了箱包在女性消费者心中的地位。

3. Logo（标志）设计

Logo 草图设计完成后就应进行精细化处理，每个细节都要反复推敲，做出多个版本并进行对比，最后选出最满意的版本。标志是特定的象征和识别符号，是 VI 系统的核心。电商企业标志是通过简练的造型、生动的形象，传达电商企业的理念、商品特性等信息。标志的设计不仅要具有强烈的视觉冲击力，而且要表达出独特的个性和时代感，能广泛地适应不同媒体，其表现形式可分为如下几种。

①图形表现：包括再现图形、象征图形、几何图形。

②文字表现：包括中外文字和阿拉伯数字及其组合。

③综合表现：包括图形与文字的结合应用。

包罗万象女士皮具网店 Logo 设计如图 6–3 所示。

标志释义

图形轮廓是一个手提包的形状，中间是钻石的剪影，表示女人喜欢买包就像喜欢钻石一样。

字体选择细直的线条进行特殊设计，体现女性纤细个性的气质。

图 6–3　包罗万象女士皮具网店 Logo 设计

标志要以固定不变的标准原型应用于 VI 中，所以必须绘制出标准的比例图，并表达出标志的轮廓、线条、距离等精密的数值。其制图可采用方格标示法、比例标示法、多圆弧角度标示法等，以使标志在放大或缩小时能精确地被描绘和准确地被复制。

4. 标准字体设计

标准字体是电商企业专门运用在店铺、海报等对象上的字体，字体的统一运用能够更好地表现出电商企业品牌的理念及特性，字体设计和 Logo 设计一样重要。标准字体包括中文、英文或其他文字字体，标准字体是根据电商企业名称、Logo 和地址等来进行设计的。标准字体的选用要有明确的说明性，直接传达电商企业品牌的名称并强化电商企业形象和品牌祈求力。可根据使用情况的不同，采用电商企业的全称或简称来确定标准字体。字体的设计，要求字形正确、富于美感并易于识读，在字体的线条粗细处理和笔画结构上要尽量清晰简化和富有装饰感。包罗万象女士皮具网店标准字体设计如图 6–4 所示。

图 6–4 包罗万象女士皮具网店标准字体设计

5. 标准色

电商企业品牌 VI，色彩选择尤为重要。不同色彩会有不同的心理感受，通常会根据消费者的体验选用符合商品属性的颜色。标准色是象征电商企业并应用在视觉识别设计中所有媒体上的定制色彩。透过色彩具有的知觉刺激与心理反应，可表现出电商企业的经营理念和商品内容的特质，体现出电商企业的行业属性。标准色在视觉识别系统中具有强烈的识别效应，它的确定应根据电商企业的行业属性，突出其品牌与同行品牌的差别，并创造出与众不同的色彩效果。包罗万象女士皮具网店标准色设计如图 6–5 所示。

R：26 G：14 B：23　　R：92 G：178 B：106　　R：133 G：185 B：23

图 6–5 包罗万象女士皮具网店标准色设计

6. 标志与标准字的组合应用

在设计时要考虑字体和标志在组合时的协调统一，对字距和造型要做周密地规划，注意字体的系统性和延展性，以适应于各种媒体和不同材料的制作，以及各种物品不同尺寸的应用。标准字体的笔画、结构和字形的设计也可体现电商企业的文化、经营理念和商品特性，其标准制图方法是将标准字配置于适宜的方格或斜格之中，并标明字体的尺寸和角度的位置关系。包罗万象女士皮具网店标志与标准字组合如图 6-6 所示。

图 6-6　包罗万象女士皮具网店标志与标准字组合

7. 标语口号

标语口号是电商企业品牌理念的概括，是电商企业品牌根据自身的营销活动或理念而研究出来的一种文字宣传标语。对于标语口号，要求其文字简洁、朗朗上口。准确而响亮的标语口号对内能激发员工的动力，对外则能表达电商企业品牌发展的目标和方向，提高电商企业品牌在公众心理的印象，其主要作用是对电商企业品牌形象和电商企业商品形象的补充，以达到使社会大众在瞬间的视听中了解电商企业品牌思想，并留下对企业或商品难以忘却的印象。包罗万象女士皮具网店标语口号如图 6-7 所示。

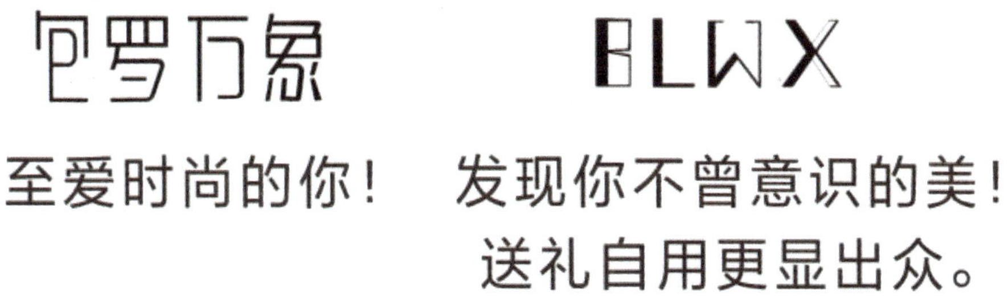

图 6-7　包罗万象女士皮具网店标语口号

6-2 电商企业商品VI

6-2.1 商品和品牌的关系

商品因为有了品牌而使本身更具价值，起到区别于其他同类商品的作用。品牌是商品的灵魂，而商品是品牌的载体，是品牌的一个特殊元素。商品是一种生理需求，而品牌是一种心理需求。例如，星巴克人认为，他们的商品不单是咖啡，咖啡只是一种载体。正是通过咖啡这种载体，星巴克把一种独特的格调传送给消费者。咖啡的消费在很大程度上是对感性文化的消费，而文化沟通需要的是咖啡店所营造的环境。这种文化能够感染消费者，并形成良好的互动体验。因此，“星巴克”品牌就不仅是咖啡，还是星巴克咖啡（其宣传页见图 6-8）灵魂的代表，咖啡只是作为承托星巴克品牌的一种载体。

图 6-8　星巴克咖啡宣传页

当确立品牌在人们心目中地位的时候，品牌与商品的关系通常会经历三个阶段：首先是依赖，品牌与商品紧紧地联系在一起，相辅相成、共同成长。然后是独立，品牌成熟后，便可以独立于原载体而存在，用这个已知的品牌去开发其他商品。这个时候，品牌与具体商品分离，品牌不再指向单一商品或单一类别，品牌的延伸使得品牌有了扩大或新的载体。最后就是品牌在新的层面上与一系列商品或服务互相依赖，此时消费者针对该品牌的消费在很大程度上是对感性文化的消费。当人们的消费不再是认定具体商品，而是对品牌本身产生信任感，就是品牌的最高境界。

在品牌还处于不知名的阶段，营销和传播必须将品牌和商品紧紧地捆绑在一起。比如，史丹利（STANLEY，见图 6-9），从五金商品起家，它当初的品牌定位和形象都是紧紧地围绕五金和建筑市场需求进行的。史丹利发明了至今仍应用广泛的合页、订书机和卷尺等商品。史丹利品牌能从 1843 年成长到今天，深深得益于“五金之王”当年树立起的创新、诚信、以人为本的、具有亲和力的品牌形象。史丹利这个卓越品牌伴随着商品的品质、应用和服务的不断提高而成长起来。在发展初期，品牌是为商品服务的，没有商品品牌就失去了服务对象。品牌成熟后，品牌可以与具体商品相分离。品牌是商品竞争力的积累，它给商品赋予了精神、心理、社会价值等，使之更具竞争力。品牌通过商品走进消费者的生活，扎根于消费者心中。这时，企业可以通过品牌的延伸而获得发展。品牌延伸有许多具体战略，包括一牌多品的家族品牌战略、企业品牌与商品品牌相结合的来源品牌战略、担保品牌战略，还有主副品牌战略等。品牌和商品正是通过这种相互依赖、相对独立、彼此依靠的成长方式给企业带来财富，给社会创造效益，为消费者提供物质和精神价值。例如，海尔品牌起初的内涵，主要是过硬的质量和贴心的服务，表现在冰箱（见图 6-10）和洗衣机商品上。随着企业的发展，海尔品牌的内涵逐步提升、深化。从“海尔，中国造！”中，人们看到了一个正在走向世界的国际化家电大企业的雄心与自信。这是海尔品牌趋于宽泛意义的指向，而不局限于某一种商品。

图 6-9　史丹利（STANLEY）

图 6-10　海尔冰箱

6-2.2　品牌案例

百事可乐公司于 1919 年成立，是美国最大的软性饮料公司之一。在长达半个多世纪的时间里，百事可乐在可口可乐强势的市场份额压力下一步步做大做强，成为可口可乐公司主要的竞争对手。百事可乐通过不断更换标志来丰富自己的企业内涵，提高与可口可乐的竞争力。2008 年，在更换的新标志（见图 6-11）中将微笑上扬，并根据笑的不同程度分为不同的子商品，让商品更具新意和更具亲和力。

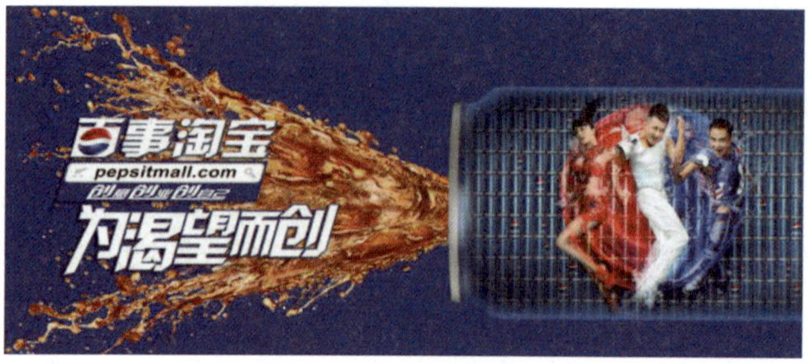

图 6-11　百事可乐

1. 百事可乐的标志

图 6-12　百事可乐的标志

企业标志就是将千言万语的文字信息通过现代设计手段浓缩为一个抽象的视觉符号，用消费者愿意接受的方式与消费者产生深层的沟通和共鸣。如图 6-12 所示，百事可乐的标志图形是一个具象的饮料瓶盖，由红、白、蓝三种颜色组成。新标志于 2008 年推出，标志的意义来自“微笑”，即在未来全力推广微笑服务。新标志加入生动、时尚、有趣的寓意。百事可乐的标志紧扣消费者的心理特点，并根据时代的发展而不断地修正。

2. 百事可乐的标准色

图 6-13　百事可乐的标准色

众所周知，蓝色是精致、创新和年轻的标志，字体“百事可乐”使用了蓝色，十分醒目，呈活跃、进取之态。百事可乐标志的颜色与公司形象和定位达到了完美的统一。百事可乐以自己特有的视觉符号系统吸引公众的注意力并产生记忆，使消费者对企业所提供的商品产生最高的品牌忠诚度。百事可乐标志的主要色彩是蓝色，蓝色是灵性和知性兼具的色彩，在色彩心理学的测试中发现几乎没有人对蓝色反感。结合百事可乐的主要消费群体是年轻人，蓝色意味新生，是新一代的青年最好的选择——“百事可乐新一代”。百事可乐品牌 VI 让企业的形象高度统一（年轻、自由、创新），使企业的视觉传播资源得到充分利用，达到最理想的品牌传播效果。百事可乐的标准色如图 6-13 所示。

3. 百事可乐的标志演化

1898—1940 年，受 20 世纪初、19 世纪末新艺术运动与装饰艺术运动的影响，百事可乐标志沿用了一贯的字体，文字线条均使用曲线装饰，较为烦琐，是一种图画式的表现。换个角度可以说是模仿可口可乐，这也是一种营销策略。

1950 年，百事可乐的标志有了配色的雏形，但还是没有摆脱之前的图画式 Logo。

1962 年，百事可乐提出“百事新一代”理念，形成了自己独特的品牌文化和视觉理念，文字中去掉了“cola”，更为精简。

1998 年，百事可乐把企业精神由“新一代的选择”变更为“渴望无限”，标志中大量运用蓝色，十分恰当地切合了企业精神。

2008 年，百事可乐采用“百事笑脸”打造一系列微笑，这使得其标志更具亲和力和趣味性。“百事笑脸”标志的图形设计让人们感受到了快乐，也让人们愿意为快乐买单。百事可乐的标志演化如图 6-14 所示。

图 6-14　百事可乐的标志演化

6-3　电商企业营销VI

6-3.1　认识电商企业营销 VI

在电商企业品牌定位时，应充分体现电商企业的商品、行业的特点，并结合目标市场和消费群体心理，对比其他竞争电商企业，把控资源耗费和成效比例。品牌定位应遵循的原则是：是否有利于实现电商企业品牌的目标；是否对消费群体具有深远的意义和价值；是否具备比较明显的操作性优势；是否具有较强的竞争能力；同时，还应考虑电商企业的消费成本，并充分了解同类电商企业的品牌定位，做到“知己知彼，百战不殆”。

越来越多的电商企业将 VI 作为品牌经营策略的一部分。在品牌营销主导的时代，电商企业缺失了 VI，就意味着它的形象、标识与理念将淹没于茫茫商海之中，无法被大众了解与认知；企业的商品与服务无个性，消费者对它无眷恋；暴露了团队精神力量的缺失，等等。

VI 包含两个要素：

①基础要素　即电商企业的品牌名称、标志、专用字体、标准色、宣传标语、象征图形及各个部分组合的规范设计等。

②应用要素　将基础要素的设计应用到与电商行业相关联的领域里。

电商企业销售终端设计是 VI 应用中最前端和最直观体现 VI 理念的环节，它可直接影响电商企业的品牌形象与盈利业绩。

6-3.2　营销 VI 案例展示

韩都衣舍电商集团是中国最大的互联网时尚品牌运营集团之一，它的商品理念是“款式多、更新快、性价比高”，在天猫有着极大的人气和流量。韩都衣舍的核心竞争优势是：以商品小组为核心的单品全程运营体系。韩都衣舍案例入选了众多大学教学案例库。

韩都衣舍旗舰店的店招（见图 6-15）以经典的 VI 组合和口号组合，和谐而统一。中间的广告语就是销量总冠军，这既是对店铺成绩的肯定，也是吸引消费者好奇心的重要手段。

图 6-15　韩都衣舍旗舰店的店招

广告图（见图 6-16）采用与 Logo 色调相契合的颜色，整体呈现红色调。

移动端使用整体偏黄的色调，店铺主图就是品牌代言人。韩都衣舍会抓住每个不同时期“大火”的艺人进行签约，是一种利用粉丝经济的重要营销手段。店铺首页（见图 6-17）中的商品分类及详情页部分主图，都有 VI 营销标志。统一版块，强化认知，让消费者在搜索栏下更容易、更快地找到韩都衣舍。

图 6-16　韩都衣舍店铺广告图

图 6-17　韩都衣舍店铺首页

6-4 学生的电商VI实战作品展示

以包罗万象女士皮具网店为例介绍学生的电商VI实战作品。

1. PC 端店铺店招

店招采用了黑色与绿色组合的色调，代表店铺经营范畴为休闲、活泼、青春与端庄、优雅、商务为一体的商品类型，同时也代表商品消费人群为 20 ～ 40 岁的女性群体，兼顾了学生、白领一族的要求。消费人群的定位与店铺 Logo 及口号相符。店招左侧为该店铺品牌 Logo，右侧为促销的信息，以此说明该店铺以促销为营销策略。PC 端店铺店招案例如图 6-18 所示。

图 6-18 PC 端店铺店招案例

2. 移动端店铺店招

移动端背景呈灰色，明度较高，与商品人群定位相符。店招左侧以醒目的红色字体突出店铺营销策略。移动端店铺店招案例如图 6-19 所示。

3. 店铺主图

在拍摄的商品主图左上角放置店铺 Logo，强化观看者对店铺 Logo 的印象，凸显商品的品质。店铺主图案例如图 6-20 所示。

图 6-19 移动端店铺店招案例

图 6-20 店铺主图案例

单元扩展

1. 电商 VI 体系的设计原则

简洁醒目，易读易记：简洁醒目的识别标志给信息接收者以强烈的视觉冲击力，易读易记更是在纷繁世界中甄别信息的基本要求。

构思巧妙，暗示属性：一个与众不同的企业标志，在设计上还应该充分体现企业的内涵，体现企业品牌的特点，暗示商品的优良属性。

富蕴内涵，情意浓重：品牌大多都有其独特的含义、解释或释疑，有的是地名，有的是一种商品的功能，有的是一个典故。富蕴内涵、情意浓重的标志，能唤起消费者和社会公众美好的联想，从而使其备受青睐。

避免雷同，超越时空：标志设计雷同是实施企业形象运营的大忌，因为企业要树立自己的形象和品牌，就要不断提高知名度，超越竞争对手。雷同的标志只能会使消费者对企业的印象含糊，从而损毁企业自身利益。

2. 电商 VI 体系的应用范围

办公用品：信封、信纸、便笺、名片、徽章、工作证、请柬、文件夹、介绍信、账票、备忘录、资料袋、公文表格等。

企业外部建筑环境：建筑造型、公司旗帜、企业门面、企业招牌、公共标志牌、路标指示牌、广告塔、霓虹灯广告等。

企业内部建筑环境：企业内部各部门标志牌、常用标志牌、楼层标志牌、企业形象牌、旗帜、广告牌、POP 广告、货架标牌等。

交通工具：轿车、面包车、巴士、货车、工具车、油罐车、轮船、飞机等。

服装服饰：经理制服、管理人员制服、员工制服、礼仪制服、文化衫、领带、工作帽、纽扣、肩章、胸卡等。

广告媒体：电视广告、杂志广告、报纸广告、网络广告、路牌广告、招贴广告等。

商品包装：纸盒包装、纸袋包装、木箱包装、玻璃容器包装、塑料袋包装、金属包装、陶瓷包装等。

公务礼品：T 恤衫、领带、领带夹、打火机、钥匙牌、雨伞、纪念章、礼品袋等。

陈列展示：橱窗展示、展览展示、货架商品展示、陈列商品展示等。

印刷品：企业简介、商品说明书、商品简介、年历等。

同步实训

经老师安排，在单元 1 选择的商品类型的基础上，结合本单元所学知识，设计网店 Logo、标准字体、标准色、标语口号、标志与标准字的组合应用等品牌视觉体系，并提交一份设计说明。任务安排及要求见表 6-1 所示。

表6-1　电商VI体系同步实训

任务列表	任务要求	任务进度
1. 认识电商 VI	明确网店的定位与风格	20%
2. 网店 VI 的应用	能充分体现店铺风格	80%
3. 任务总结	分析并总结实训过程中的问题	100%

第三部分

网店美工之应用实战

知识要点

- ▶ 网店的定位分析
- ▶ 开设网店与网店管理
- ▶ PC 端首页、详情页设计
- ▶ 移动端首页、详情页设计
- ▶ 网店视觉优化
- ▶ 威客服务平台认知与任务领取

单元 7

网店的定位、开设与管理

单元教案　电子课件

准确的网店定位有助于网店美工设计出更符合网店商品及自身特色的首页、详情页及广告图，达到引流的目的。因此，在进行网店视觉装修设计之前，须掌握网店的定位、开设与管理的相关知识。

学习目标

知识目标

- 掌握网店定位的相关知识。
- 熟悉网店开设的流程。
- 掌握网店管理的相关知识。

技能目标

- 掌握网店定位的基本方法。
- 掌握网店开设的方法与步骤。
- 掌握网店管理的基本方法。

7-1 网店定位分析

7-1.1 网店定位

近几年，网络购物已成为人们生活中比较普遍的一种购物方式。所以，很多传统商店与个人卖家引入了电子商务模式，通过在不同平台开设网店进行商品销售。做好网店定位，有效吸引客户的注意力，提高客户的满意度，从而保证网店在激烈的竞争中实现持续销量。

网店定位的第一步是了解市场和细分市场。大市场的竞争激烈，在大品牌占据的形势下接触消费市场的成本较高；小市场的竞争较单纯直接，大品牌少，有填补空白的机会，接触市场的成本较低，容易形成特色经营。因此，细分市场是为了避免与大品牌直接竞争，寻找市场空白部分，便于网店发展初期的经营不受大品牌竞争的影响。

7-1.2 网店定位分析

如图 7-1 所示，网店定位分析涉及市场的选择定位、商品定位、消费群体定体、商品定位等方面的分析，下面主要介绍前三个方面。

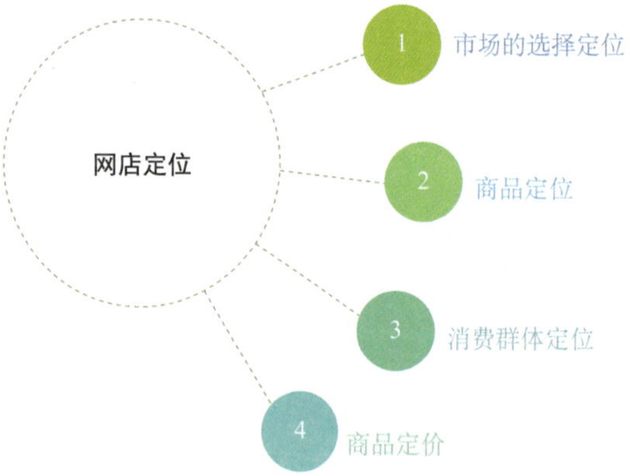

图 7-1 网店定位分析

1. 市场的选择定位

1）细分市场

细分市场是进行营销的一种战略性前提，主要目的是准确、快速地选择网店的目标市场。通常可通过以下几种方法来细分市场：

①锁定售卖商品大致市场范围；

②挖掘潜在客户特征；

③分析潜在客户的各种需求。

2）利用大数据分析

网店可利用的分析工具有千牛自带的生意参谋、艾瑞指数，淘宝官方公布的大数据等。

3）市场定位的优势

①有利于快速圈定市场范围，甚至开辟新市场；

②有利于集中人力、物力投入目标市场，避免不必要的资源浪费；

③有利于后期营销策略的制定与调整。

2. 商品定位

网店的商品定位基本遵循“多数为少数服务原则”，即网店大多数商品都是为少部分商品做陪衬的，是为了更好地销售少部分商品而存在的。大多数商品会用于打折、被引流、作为赠品甚至降价，少部分主打商品不会轻易降价，甚至要保留充足的库存。主打商品是网店的核心内容，是网店市场竞争力的体现。

商品定位的方法如下。

1）竞争对手不足之处的分析

首先确定网店的竞争对手是谁，找到与网店的商品价位相近的、风格类似的、销量最好的竞争对手进行综合分析；其次，打开该网店的首页、详情页，对其商品的宣传内容、宣传手段和消费者的累计评价进行详细分析，从中找出竞争对手的不足之处。

2）消费者关注焦点的分析

消费者是商品最直接的体验者，消费者所关注的内容，就是网店商家应该研究的内容。

3）抓住并放大商品的卖点与特色

每个商品都具有多种属性，每种属性都可提炼成卖点，成为网店竞争的优势。比如商品的形状、颜色、大小、包装、味道等，都属于商品的卖点与特色。

4）切入单一属性（维度）

这是商品定位最简单的一种方法，特别适用于刚进入电商平台或进入电商平台不久的中小卖家，但此类市场的规模不易做大。

3. 消费群体定位

消费者是网店销售商品和服务的对象，是为网店创造最大收益的群体。没有消费者，网店就不会有销售额，没有销售额网店就不会有利润。所以，目标消费者就是网店要留住的对象。目标消费者的定位是整个网店定位最为重要的一个环节。开展电商活动，首先要明确的是：哪些人群是网店的目标消费群体，需要了解他们的性别、年龄、职业、需求、购物习惯与特点等，才能进行精准营销。

网店消费群体定位的方法：

①性别占比　不同性别的消费人群对不同商品的喜爱程度会有所不同，甚至有的商品

是某一性别的专属，因此网店要做好消费人群的性别分析，针对性地进行营销。

②消费人群的占比　不同年龄层次人群对商品的功能、价格等需求不一样，比如青年消费者对商品的外观、价格比较敏感，而老年消费者则更注重商品的功能。

③分析消费人群的消费能力和消费观念。如：消费者关注某款商品，主要是喜欢哪个功能、消费者的心理价位等。

四、网店定位总结

①市场的选择定位：对消费者和商品的研究。

②商品定位：对商品和表现方式的研究；集中资源聚焦，避免盲目定位；开创主导类目，占领消费者心理，形成品牌观念。

③消费群体定位：有利于商品的销售和网店的长久运营发展。

④商品定价：在商品价格上吸引消费者注意，引导消费，促进网店运营。

7-1.3　网店装修风格分析

网店的装修风格将直接显露出网店特色、层次与专业程度，主要可以从整体布局、排版、用色等方面来表现。网店的装修风格需要和网店整体风格相符，尽可能避免杂乱的排版和频繁更换风格，防止风格紊乱现象的出现。

1. 色调的选择

网店装修风格基本取决于网店的整体色调。色调指的是店面的总体表现，是大的色彩效果，这种色彩在网店使用色彩中占据 80% 以上。

在大自然中，我们经常见到这样一种现象：冬天下雪后，感觉整个大地都是白茫茫的一片，使不同颜色的物体都带有白色的倾向，偶尔漏出的绿叶或者其他色彩都只是一种点缀，这样的色彩现象就是色调。色调的表现在于给人一种整体的感觉，在其中的各元素相互牵连、相互影响，传递出和谐有序的信息。

2. 商品主图

消费者通过平台搜索商品，看到的第一张图就是商品主图。由此可见，商品主图的优劣将决定消费者在商品页面停留时间的长短。一张优秀的商品主图，不仅能吸引消费者的眼球，还能在激烈的商业竞争中处于优势，更能进一步把单击量转化为成交率。作为网店美工，要尽量避免商品主图给消费者留下“牛皮癣”的印象，应做到简洁大方、主题突出，否则会降低商品品质，影响商品销量。

3. 版块的整合

网店内各版块的搭配要做到有序、统一、简洁，避免因无序的版块叠加而增加消费者的浏览负担，影响消费者在页面停留的时间。当下的消费者较以往对网店的装修要求普遍提高，甚至自动屏蔽装修不美观的网店。所以，要向浏览量大、人气高的网店学习并对其进行分析，总结出这些网店在版块搭配及装修风格方面受消费者青睐的原因，结合自己的网店特色做美化。

4. 海报宣传

海报宣传对于网店来说并非必需品，它的主要功能是宣传，帮助消费者最快地了解整个店铺的特点、主打商品等。海报需定期更换，以紧抓节日活动和实时热点为设计思路，内容遵循当季店里最好的商品、新上市的商品或当下店里正在进行的促销活动等原则，将其放在首页最醒目的位置，发挥最大程度的引流作用。

7-1.4　网店装修中的误区

1. 网店装修中放置图片过大，图片数量过多

图片太大、太多会影响加载速度，若网店首页加载时间过长，则会影响消费者的停留时间，从而影响浏览量，甚至影响成交量。所以，网店装修时，一定要严格控制图片的大小和数量。

2. 网店装修中盲目跟风

避免千篇一律，做到特色创新则有利于网店良性发展。盲目模仿会失去自身特色，降低消费者对网店的信任感和网店自身的市场竞争力。装修时要做到取其精华、去其糟粕，根据自己的实际情况操作，贴合实际的才最好。

3. 网店装修审中美意识缺失

网店装修应遵循特色鲜明、搭配合理、讲究艺术性的原则。网店装修属平面设计范畴，但不同的是网店装修既要遵从艺术规律，还要考虑人的生理特点，色彩使用要有特点，同时要搭配合理，给消费者一种和谐舒适之感。

4. 导航条设置不明显

网店首页导航条就像是“网店地图”，可使消费者快速找到目标商品，节约购物的时间。导航类目建议不超过 7 项，避免拥挤。若导航条设置不明显、不合理，会降低消费者的购物体验和视觉体验，间接影响网店的盈利。

5. 商品分类过度依赖图片

图片的表达效果较文字更吸引眼球，但文字的优点也十分明显，在网页中文字更容易加载，图片搭配“关键词”能让消费者更清楚该网店的商品类别。

6. 网店首页过长或过于繁杂

为保证消费者良好的消费体验，应避免首页过长、版块设计过于繁杂，做到简洁有重点、能凸显网店特色的商品才能帮助消费者对网店商品印象的记忆和深化。

7. 在商品详情页中放置过多入口

详情页中的入口过多会导致详情页过长，且流量不能集中在主推商品上，易流失客户。

8. 忽略首页搜索功能

网店内商品越多，首页搜索功能就越重要。该功能可以让消费者快速找到想要的商品。

7-2 开设网店

7-2.1 网店的开设

现在的年轻人因生活和工作的压力，外出购物的时间越来越少，再加上电子商务的蓬勃发展，网上购物已经成为人们最常见的上网行为之一，越来越多的购物平台的诞生也说明网民们对网上购物的高度认可。

网上开店是在互联网时代背景下诞生的一种新型的销售方式，其本质是虚拟的网上店铺。卖家将待售商品的信息发布到网上，对商品感兴趣的买家通过线上或线下支付的方式向卖家付款，卖家收到订单信息后通过邮寄或面对面交易的方式，将商品交给买家。

在网上的虚拟店铺里，无须店面和柜台，一根网线加一部电脑就可以跟全世界的客户打交道，鼠标轻轻一点，一单生意便成交了，效益是实体店铺无法比拟的。网上开店以其低成本、低启动资金、快捷的交易方式得到许多创业者的青睐，为创业者提供了新的创业机会，许多人通过网上销售商品赚取利润。在竞争激烈的当下，网上开店不再是在某个电商平台上注册一个账号、上传几个商品图片进行销售那么简单，需要通过不断学习相关知识来提高网店的竞争力，保持良好的发展态势。

7-2.2 电商平台的选择

1. 常见电商平台

电商平台即电子商务平台，是一个为企业或个人提供网上交易洽谈的平台。目前，国内流行的电商平台分为 B2B、B2C、C2C 三种类型。B2B 是企业对企业的活动平台，如阿里巴巴、慧聪网；B2C 是企业对个人的活动平台，如京东商城、天猫、当当网、苏宁易购、亚马逊、华为商城、小米商城、唯品会、国美电器网上商城等；C2C 是个人对个人的活动平台，如转转二手交易网等。有的电商平台比较特殊，它既是 B2C 又是 C2C，如淘宝网。其中，被大众所熟知的电商平台有以下几个。

1）淘宝网（www.taobao.com）

中国最大的网购零售平台，拥有近 5 亿的注册用户数，每天的在线商品数已经超过 8

亿件，平均每分钟售出 4.8 万件商品。淘宝网（其首页见图 7–2）是亚太地区最大的网络零售商圈，其目标是致力于创造全球首选网络零售商圈。

2）天猫（www.tmall.com）

天猫（其首页见图 7–3）英文为 Tmall，亦称天猫商城，由淘宝网分离而成。其整合数千家品牌商、生产商，为商家和消费者之间提供一站式解决方案，提供正品保障、信用评价、7 天无理由退换货等服务。

3）京东（www.jd.com）

京东（其首页见图 7–4）是中国自营式电商企业之一，旗下设有京东商城、京东金融、拍拍网、京东智能、O2O 及海外事业部等。2010 年，京东跃升为中国首家规模超过百亿的网络零售企业。2014 年 5 月 22 日，京东在美国纳斯达克挂牌，是仅次于阿里、腾讯、百度的中国第四大互联网上市公司。截至 2018 年 6 月 30 日，京东过去 12 个月的活跃用户数已达到 3.138 亿。

图 7–2　淘宝网首页

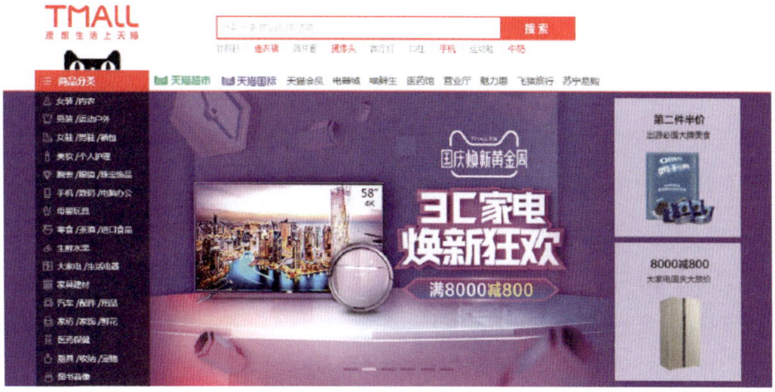

图 7–3　天猫首页

图 7-4　京东首页

2. 电商平台间的对比

1）淘宝 VS 天猫

淘宝——亚太地区最大的网购零售平台，由阿里巴巴集团于 2003 年创立，是典型的 C2C 网上交易平台，商品来源多为批发或代理。

天猫——是一个线上综合购物平台，它的前身是淘宝商城，拥有 4 亿多买家、5 万多家商户、7 万多个品牌，是众多品牌集结的 B2C 平台。

（1）相同点

①同属阿里巴巴旗下的平台，两者有着千丝万缕的关系。

②都使用支付宝进行交易，消费者购买商品后支付货款，由支付宝代为保管，卖家发货，消费者收到商品后，支付宝才将货款支付给卖家。

③都是网上交易平台，性质相同。

（2）区别

①开店资格。

淘宝网只需通过身份验证便可开店。天猫只面向公司开放注册，注册成功后还要缴纳至少一万元的保证金。

②经营规则。

天猫运营需要比淘宝运营遵守更多官方规则，比如发票、发货时间、7 天无理由退换货等，并拥有网上购物的所有保障项目。淘宝网的保障项目由开店者自愿选择。

③推广规则。

因平台的活动推广基本面向天猫，天猫店比淘宝店更容易获得活动和得到推广，天猫店经营者要比淘宝店经营者遵守更多的推广规则。

④分销规则。

多数天猫店本身就是品牌商，为扩大销售，可对天猫店进行分销管理，淘宝店则不可以。

⑤ 主体区别。

天猫店类似公司运营，需要了解工商税务方面的知识，每年年底向天猫平台提供发票。淘宝店则可以是公司，也可以是个人，以个人居多。

⑥ 商品区别。

淘宝店的商品对品牌规则没有要求。天猫店的商品需是自有品牌或者授权商品，对品牌规则要求严格。

⑦ 费用规则。

天猫店的商品销售需给平台提成，每项推广活动都要把提成计入成本，淘宝店不需要。

⑧ 数据分析。

天猫店可以通过后台的数据魔方服务进行数据分析，淘宝店则没有。

2）京东 VS 天猫

（1）经营模式的不同

天猫只是一个交易平台，一个开放式的商城。京东本身就是一个“超市商家”。

（2）价格差异

京东商品价格总体上比天猫价格高。

（3）物流差异

天猫的快递方式是自选快递运输，京东商城则是自有快递配送和第三方选择方式。

（4）支付方式差异

天猫作为阿里巴巴旗下的平台，享受着阿里巴巴的支付宝优势，阿里巴巴的支付宝有超过3亿实名用户，其中活跃用户接近2亿。京东的网银在线相比之下差距很大，使用人群少，在支付工具方面落了下风。虽然在京东和腾讯合作以后，用户可以使用微信支付付款，但微信支付毕竟是腾讯的商品，除了要交费之外，过度依赖微信支付也会影响京东金融延伸业务的发展。

7-2.3　如何寻找货源

开设网店最重要一步就是寻找货源。

1）普通批发市场进货

普通批发市场是最常见的进货渠道，尤其是在开设网店的初期，商品销售还达不到一定量，在本地的批发市场进货，完全可以满足需求。这类批发市场的优势是更新快、品种多，但也容易断货，品质也参差不齐。所以，在批发市场进货要有很强的议价能力，力争将批发价压到最低，同时最好是与批发商建立好关系，在关于调换货的问题上与批发商协商清楚，以免日后发生纠纷。

2）网络批发商代销

网络批发商是目前网络比较流行的进货渠道。综合考察一个网络批发商的实力、价格、货源及服务的稳定性后，交纳一定的加盟费用，网络批发商会为卖家提供商品图片和代理价格，并提供代发货服务。这种进货渠道的优点是不需要大量地囤积商品，经营风险比较低，资金投入最少。但商品不经过自己的手，品质就很难控制。因此，建议卖家最好先行购买部分商品，对商品的品质和网络批发商的服务有所了解，这样才能在与客户沟通时言之有物，不会因操作不当而得到中评或者差评。

3）厂家直接进货

如果开设的网店走正规化路线，建议从正规的品牌厂家直接进货。优势是货源稳定、渠道正规、商品不易断货；缺点是更新速度慢，单次进货金额通常较高，会增加经营风险。一般情况下，能直接和厂家合作的网店都拥有较高的销量和足够的资金储备，不会担心出现压货的危险，甚至不怕压货。

4）外贸商品

一般的工厂在应对外贸订单或为知名品牌贴牌生产外都会有一部分剩余商品，这类商品的价格较低，所以是较好的进货渠道，但需要卖家拥有较高的外贸和商品专业知识作为鉴别保障。

5）各种展会、交易会

当生意已经有所起色，而苦于货源不够好时，可选择参加相关商品的展会，接触真正的一手货源，对网店长期发展壮大很有好处。这种进货渠道具有成本低、竞争力强、商品质量稳定、售后服务有保障等优点；但缺点是需要卖家具有一定的经营和选货经验，资金投入风险较大。建议卖家在参加此种展会时，以专业人士的身份参加为好。

6）买入库存积压或清仓处理商品

库存积压或清仓处理商品的价格通常较低，若卖家有足够的资金和议价能力，可用超低的价格拿到商品，再通过网上平台进行销售，利用网上销售的优势和地域或时间差来获得足够的利润。建议卖家可以经常去市场转转，密切关注市场变化。

在以上进货渠道中，可根据自身的经济能力和网店大小等情况，找寻合适的进货渠道。一般情况下，找到一个真正适合自身网店的进货渠道难度较大，这需要卖家多花费时间细心留意。

7-2.4　网上开店的流程

第一步：开店前的准备

开店前的准备包括两方面：一是店铺的规划，包括店铺市场定位的确定、目标客户的分析、店铺推广方案的制定、店铺应急预案的制定等。在开启前的准备方面网店与实体店是没有区别的，定位准确、拥有竞争力的商品是成功的基石。另外，开网店前还需要了解电商平台的商品发布规则、资金支付规则、论坛规则、社区规则、促销活动规则等。

二是硬件方面的准备，包括安全稳定的电子邮箱、有效的线下通信地址、线上的即时通信工具（如电脑、数码相机、扫描仪等）。以上硬件应尽量配齐，以便经营。

第二步：选择开店平台

合理选择一个面向个人开店的电商平台。目前，国内的此类电商平台较多，且各具优势，我们在选择时，可侧重比较各平台的操作难易程度、收费情况等。总的来说，淘宝网在各方面的表现较为突出，仍然是财力有限的小型店主的开店首选。

第三步：向网站申请开设店铺

线上开店实行实名制，需要店主提供身份证信息和有效的银行账号，并将个人资料提交到网站进行认证，只有通过个人认证或商家认证的店铺才能进行线上交易。申请通过后，店主还需详细填写自己网店所提供商品的分类，然后为自己的网店起个醒目的名字，创作一句过目不忘的广告语，写一段精彩的网店介绍等。当然，网店的装修也是很关键的，若没有一个有特色、抓人眼球的页面来展现商品，即便是再好的商品和诱人的价格也会很快被淹没。

第四步：进货

从事网店经营的第一步就是寻找货源。货物的来源有很多，比如到本地区的批发市场进货、从正规品牌厂家进货、网络批发商代销、参加相关展会和交易会等，当然有自身的资源优势的还可以选择进购外贸商品、库存积压或清仓处理商品、跨境代购稀有商品等。无论是选择哪种进货渠道，价廉质优始终是进货的唯一依据，卖家要根据自己的实际情况选择最优的货源。

第五步：添加商品，设置相关参数

网店开启后，可用图片来展示商品。把每件商品的名称、材质、颜色、尺码、价格、数量、物流情况等信息填写在网上，再搭配清晰漂亮的商品主图及详情页，以增加吸引力。通过对这些情况的详细描述，让消费者尽可能清楚地了解商品的信息。

第六步：营销推广

为了提升网店的人气，在开店初期，应合理有效地运用媒介进行营销推广活动。除了通过淘宝搜索引擎、淘宝论坛发帖、直通车、钻展等常规方式来推广之外，结合智能手机的普及和移动电子商务的兴起，还可采用二维码、朋友圈和微博等移动电商营销模式，方便利用大数据分析顾客的消费行为，为下一轮的销售做准备。比如：将网店的二维码印制在商品包装或卡片上，买家可通过扫码来参加店铺的相关活动等。

第七步：交易

在与买家进行沟通时，卖家应及时、耐心回复，以便抓住购买时机促成交易的成功。现在的网上交易多以第三方担保的形式进行，即买家在下订单之后，先付款给有公信力的第三方（如支付宝），卖家接收到订单信息后通过邮寄等方式发货，待买家确认收货后，第三方再把款付给卖家，否则款项将被退回。这种以第三方为中心的交易方式让交易双方的风险都降至最低。

第八步：评价和投诉

在完成交易之后，买家和卖家都可以进行评价，根据实际情况选择好评、中评或差评，还可以输入评价的具体文字内容。如果交易满意，则给予对方好评，并通过良好的服务获取对方的好评。如果交易失败，则应给予差评，情节严重者，还可以向网站投诉，以减少损失，并警示他人。如果是对方投诉，应该尽快处理，以免给自己的信用留下污点。在电商平台上，每个卖家都会有关于诚信的记录，买家会以信用度来选择是否购买商品，所以提高信用度对于网店的经营至关重要。

第九步：售后服务

售后服务也是至关重要的环节，它是吸引顾客进行二次消费和二次营销的手段之一，也是保持生意经久不衰的重要筹码。卖出商品后，要在第一时间和买家取得联系。发货后尽快给买家发送一封发货通知信，最好能附上货运单的具体编号，同时保持与客户的联系，做好客户管理工作。

7-3 网店的管理

7-3.1 网店的运营与管理

一般来说，并不是开了网店就有消费者盈门。如何才能吸引消费者、给消费者带来流连忘返的感觉，就需要一系列网店运营与管理才能来促使网店变成旺店。

纵观淘宝网的旺铺，可以发现它们有以下的共同点。

1）有一个好店名

店名或突出商品属性，或突出网店特色，或突出地域特点，以给消费者留下深刻印象为主要目的。

2）商品分类清楚、搭配合理

注意突出主打商品，并辅以辅助商品、附属品等，促进新消费。

3）网店装修美观大方、风格统一

商品介绍详细，图片清晰美观，优点突出，页面上每部分都是必不可少的，图片与文字互为补充，能抓住消费者的眼球。

4）物流服务良好

除部分特殊商品以外，大多数网店都是包邮的，但商品包装的美观程度、物流时间的长短都是影响网店能否长久经营的重要因素。卖家要选择有保障、运费低、速度快、知名度高的专业物流公司进行合作，并将合作细节落实到协议上，避免出现纠纷。

5）服务渠道多

旺铺不仅在交易中能及时耐心地提供售后服务，还会主动建立多个沟通渠道。比如，建立 QQ 群、微信群进行社交互动，利用微博、邮件等网络工具主动展示自己的商品和网店，引导消费者成为忠实型顾客，促成二次及多次消费。

7-3.2 网店的推广

网店运作起来后，只有吸引消费者浏览商品，才会有成交的机会。因此，网店的推广尤为重要。天猫 / 淘宝直通车是专门为天猫、淘宝卖家量身定制的一种营销工具，该营销工具可为卖家实现商品的精准推广。

1. 关于直通车

直通车是运营的一部分，属于淘宝的广告项目。首先应知道直通车只是很单一的流量工具，所以不要去考虑直通车能给店铺提升多少销量。店铺销量 = 流量 × 转化（转化主要是由店铺基础和商品决定）。

2. 直通车排名扣费公式

实际扣费 = 下一名出价 × 下一名质量得分 / 店家的质量得分 +0.01 元。按单击量进行扣费，商品只是展示，不被单击不计费。

通过 PC 端进入淘宝或天猫首页（www.taotao.com 或 www.Tmall.com），如果在淘宝中进行商品关键词——“男装 短袖”搜索，搜索结果页左侧列表第一个为“广告位”，右侧竖向和下侧横向“掌柜热卖”都是直通车单品广告位。一个关键词的搜索结果最多有 100 页，而且每页都有广告位。

3. 淘宝直通车推广优势

可自由设置日消费限额、投放时间、投放地域，有效控制花销，合理掌控成本。在展示位上免费展示，消费者单击才付费。当消费者主动搜索时，在最优位置展示您的商品，能够提高商品和店铺的曝光率。

4. 基础的优化

目的是让流量更精准，转换效果更好。

①标题优化：标题优化前期以精准词为主，以宽泛词、热门词为辅，最大化提升流量的精准性。

②价格定位：在推广前期，价格稍低一些，同时应关注同款、类似款的价格定位，尽量让自己的价格有一定的优势。

③基础销量：至少保证有十几笔订单的基础销量，不建议零销售就“上车”推广，因为这样的转换效果会非常差，也不容易得到买家的认可。

④攻心评价：可以利用好评返现或其他手法，其中至少要有七八个非常真实、中肯的评价，此手法对商品的转换率特别有帮助。

5. 精选关键词

①商品标题覆盖关键词越多就有越多的展现机会，可增加商品的浏览量。

②精准的关键词可以大大降低直通车花费，增加广告的投入产出比。

③长尾关键词可以很好地体现商品的特色和卖点，提升转化率。

7-4 学生的实战店铺定位分析

7-4.1 溜溜毛绒玩具网店定位分析①

1. 商品定位

溜溜毛绒玩具网店是一家销售毛绒玩具的网店，所以要对“毛绒玩具”这一类商品做深入了解。搜索和溜溜毛绒玩具网店风格相似、价位相近且销量较好的网店，分析其不足：

①店内没有知名品牌的商品；

②店面装修盲目跟风，没有体现出网店自身的特点。

溜溜毛绒玩具网店可尝试与知名品牌商或特色品牌商合作，在网店装修时须凸显自身的风格与特色，避免雷同；同时要抓住消费者关注的焦点。一般，购买毛绒玩具的消费者最关注的是商品的质量、价格及流行程度。因此，“溜溜毛绒玩具网店”可在商品详情页中放大其商品特色，具体特色如：

①毛质细腻；

②不掉毛；

③水洗不变形。

根据当下的流行趋势，进购流行商品。如当下最受欢迎的毛绒玩具——“小猪佩奇”系列。溜溜毛绒玩具网店可考虑切入单一的属性维度，如将商品定位成“城中校”实践教

① 项目案例来源：成都职业技术学院

学基地里学生的专供商品。溜溜毛绒玩具网店商品主图如图 7-5 所示。

图 7-5　溜溜毛绒玩具网店商品主图

2. 消费人群定位

“溜溜毛绒玩具网店”面向的是消费水平中等的人群，其中女性、年轻人占大多数，可将其分为三类：

①孩子家长（买给孩子的儿童玩具）；

②女性（用作伴侣或精神寄托）；

③年轻人（男生送女生的生日礼物或节日礼物等）。

因此，可以针对这三类人群将店铺内的商品分成三个大类。如孩子家长需要的毛绒玩具是不掉毛、毛短、体型偏小等类型的商品；女性比较倾向于体积偏大、好打理的商品；年轻人一般倾向于当下流行、体积较大的玩具，商品标题处可以写上“送女友”“送朋友”等字样。

3. 网店风格定位

无论是实体店还是网店，店铺的装修风格（或能否吸引消费者眼球、突出商品特色）在很大程度上会影响店铺的销量。溜溜毛绒玩具网店是一家同时面向三类人群的网店，经分析，“可爱”是毛绒玩具在大众心理的普遍印象，也是这三类人群对商品选择的共同点。我们可以通过本店 VI 系统中的颜色、标志、字体等来体现店铺“可爱”的整体装修风格。同时，也可以通过添加图形元素来烘托主题和增加画面活跃感。溜溜毛绒玩具网店装修效果如图 7-6 所示。

4. 网店整体色彩定位

相较于冷色系，暖色更能传达与体现“可爱”。暖色系中，红色偏性感，粉色偏少女，所以设计者采用了能兼顾三个年龄层次的黄色系作为溜溜毛绒玩具网店的主色调，搭配红色、白色进行点缀，使页面用色丰富，增加层次感。溜溜毛绒玩具网店首页如图 7-7 所示。

图 7-6　溜溜毛绒玩具网店装修效果

图 7-7　溜溜毛绒玩具网店首页

5. 网店的定价定位

一件相同的商品在不同地方可以卖不同价格，当店铺的消费人群已经固定之后，应该确定商品的价格范围。一般，毛绒玩具的价格是比较固定的，只是根据材质和大小来进行价格的调整。同时还要思考店铺的层次定位，是走高端路线还是中低端路线。在毛绒玩具的市场上，走高端路线的店铺很少，所以可以考虑走高端路线。还有一点，一个定价 100 元的毛绒玩具和定价 99 元的毛绒玩具给人的感觉是不一样的，虽然它们只相差 1 元。溜溜毛绒玩具网店的定价定位如图 7-8 所示。

图 7-8　溜溜毛绒玩具网店的定价定位

7-4.2　包罗万象女士皮具网店定位分析[①]

1. 商品定位

包罗万象女士皮具网店是一家卖女式皮包的网店，所以要对"女式皮包"这一类商品做深入了解。搜索和包罗万象女士皮具网店风格相似、价位相近且销量较好的网店，分析其不足：

①店内商品种类繁杂且分类不清晰；

---

① 案例来源于参训学校：成都职业技术学院

②网店首页过长、图片过多。

包罗万象女士皮具网店的店铺首页长度应设置为：PC 端首页在 10 屏以内，移动端首页在 7 屏以内，避免首页过长。在网店装修设计时可使用“图片搭配关键词”的方式展示店铺商品的分类，让商品分类既清晰又美观。同时要抓住消费者关注的焦点。通常购买皮包的消费者最关注的是商品的外观、流行程度、质量及价格。因此，包罗万象女士皮具网店可在商品详情页中放大其商品特色：潮流单品、特殊质感、包身不变形。根据当下的流行趋势，进购流行商品，如当下比较受欢迎的是“果冻包”和“透明包”。包罗万象女士皮具网店商品主图如图 7-9 所示。

图 7-9　包罗万象女士皮具网店商品主图

包罗万象女士皮具网店可考虑切入单一的属性维度，如将商品定位成“城中校”实践教学基地里学生的专供商品。

2. 消费人群定位

包罗万象女士皮具网店面向的是消费水平中等偏高的人群，以 25 至 35 岁的人群为主，可细分为：女性（自用或送人）、男性（送给女生的礼物）。这两类人群对商品选择的共同点是“外观好看”“有质感”，因此商品标题处可以写上“潮流时尚”“有质感”“大气上档次”“送女友”“送朋友”等字样。

3. 网店风格定位

无论是实体店还是网店，店铺的装修风格（或能否吸引消费者眼球、突出商品特色）是至关重要的。包罗万象女士皮具网店面向的主要消费人群是年轻女性，该消费人群倾向简洁干练的风格。该网店的设计风格应避免太多的装饰图形，应采用以突出商品、体现整洁与干练的网页美化风格。包罗万象女士皮具网店主题专场如图 7-10 所示。

图 7-10　包罗万象女士皮具网店主题专场

4. 网店整体色彩定位

体现简洁干练的店铺风格，首选冷色作为店铺的主色调，因为冷色系给人以素净、高雅的感觉。包罗万象女士皮具网店面向的消费人群以女性为主，可用“黄绿色”作为店铺的主色调，既体现了职场女性的干练、冷酷的一面，又给人以和谐、温和、素净的感觉。包罗万象女士皮具网店首页如图 7-11 所示。

5. 网店的定价定位

25 ～ 35 岁的消费人群中以大学生、职场女性为主，该类消费人群在经济上已逐渐独立，甚至完全独立，有一定的消费能力，所以网店上的商品价格可设定在 150 ～ 500 元之间。包罗万象女士皮具网店的定价定位如图 7-12 所示。

图 7-11　包罗万象女士皮具网店首页

图 7-12　包罗万象女士皮具网店定价定位

单元扩展

1. 获取利润的进货技巧

开网店做生意，进货是很重要的一个环节，所以要求网店经营者和参与者都能做到对店铺的经营了如指掌、货比三家、勤进货快销售、积累丰富的商品知识、按不同商品的供求规律进货、注意季节性和进货的数量等，这样便能最大限度地提高销售利润。

2. 清仓物品进货技巧

一是日用品要少进或不进，因为在网上购买加上运费后的价格和超市内购买的价格相差不大；二是高科技商品，如电脑、手机等要谨慎进货，因为这类商品的更新迭代和价格变化都很快；三是有效期限短的商品要慎重，因为像食品类商品的保质期限短，有时还没有卖完就过期了。

3. 防范进货陷阱和骗局的小技巧

网络具有虚拟性，所以网络进货需要谨慎小心，可以通过注意批发商提供的地址、电话号码、网址、汇款途径和网站是否支持上门看货、观察网站的营业资格、发货速度等来降低网络进货的风险。

同步实训

经老师安排，在完成单元 6 实训任务的基础上，结合本单元所学知识，在淘宝网成功开设一个属于自己的网店。任务安排及要求见表 7-1。

表7-1　网店店位、开设与管理同步实训

任务列表	任务要求	任务进度
1. 注册淘宝网店	在淘宝网成功注册	30%
2. 开设淘宝网店	在淘宝网成功开店	80%
3. 任务总结	分析并总结实训过程中的问题	100%

单元 8

网店装修视觉设计

单元教案　　单元课件

网购平台的迅猛发展导致商品同质化、价格透明化，这就意味着商家要想提高客流量和转化率，除了在营销、推广等方面下功夫，网店的装修，即网店的美工设计也成为另一个重要的因素。本单元以实例的形式讲解网店装修中各个模块的设计，包括 PC 端网店首页、店招、导航条、客服区、主图、广告图、商品详情页、移动端首页与详情页。

学习目标

知识目标

- ▶熟悉网店 PC 端、移动端装修设计的基本方法。
- ▶熟悉网店首页设计的内容。
- ▶熟悉网店详情页设计的逻辑。

技能目标

- ▶掌握网店首页和详情页的设计思路与方法。
- ▶能够根据不同的网店主题设计对应广告图。
- ▶掌握网店装修设计的方法。

8-1 PC端网店首页视觉设计

8-1.1 认识 PC 端网店首页

网店首页是顾客访问网店时最先看到的页面，它不仅体现网店的商品定位，还起到对其他商品页面分流和导流的作用。网店美工要根据顾客的浏览习惯和网店的销售需求，进行合理布局与视觉设计，从而提升用户体验和顾客的忠诚度。PC 端网店首页模块案例如图 8-1 所示，溜溜毛绒玩具网店首页案例如图 8-2 所示，包罗万象女士皮具网店首页案例如图 8-3 所示。

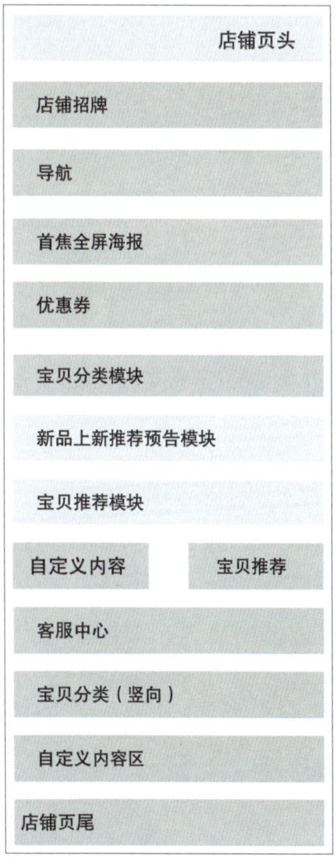

图 8-1 PC 端网店首页模块案例[①]

图 8-2 溜溜毛绒玩具网店首页案例[②]

图 8-3 包罗万象女士皮具网店首页案例[③]

1. PC 端网店首页基础模块认知

进行网店首页模块布局前应先了解网店装修的基础模块，除了店招、导航与页面背景，常用的基础模块还包括以下 10 项。

①②③ 图片来源：成都职业技术学院

宝贝推荐模块：宝贝推荐模块就像是网店的横幅，使用宝贝推荐模块可以自动添加网店中销售最好的商品，或手动添加想要打造的爆款。

宝贝排行模块：可以起到流行向导的作用，是网店营销及打造爆款必备的模块，商家的推荐方式可以选择自动推荐或者手工推荐。

默认分类模块：将网店的宝贝进行归类放置，可添加默认分类模块，并在类目中将宝贝按销量、收藏、价格、新品进行排列，便于引导顾客按类别选择需要的宝贝。

个性分类模块：商家根据网店的特色，用一些个性化的文字或图像来设计商品的分类标签，可以在引导顾客消费的同时，加深顾客对网店的印象。

自定义区模块：由于没有固定尺寸的限制，该模块可以用来展示特色的宝贝或网店的活动，是网店装修常用的模块。在自定义区模块可以利用码工助手制作全屏宽图或全屏轮播图。

图片轮播模块：该模块用于放置单品或新品的促销广告，从而吸引顾客的眼球，是促销活动时的必备模块。

全屏宽图与全屏轮播模块：该模块可设置宽度为1920像素的全屏海报与全屏轮播图，其显示的区域越大，越能给人震撼性的视觉效果，也是促销活动时常用的模块，但需要支付费用才能开通。

宝贝搜索：设置搜索的关键词和价格区间，以便顾客单击和搜索整个网店宝贝。

客服中心模块：在页头、页中及页尾处一般都需要添加网店的客服中心模块，其目的在于能让顾客很快找到并咨询宝贝的相关信息。

收藏模块：收藏模块能够增强顾客体验，增加顾客黏性，促进顾客的二次购买。

2. PC端网店首页模块布局要点

网店首页模块布局并非是将所有装修模块直接排放到网店中，而应根据网店的风格、促销活动，以及顾客的浏览模式、需求和行为来合理组合与布局模块。总之，合理布局网店首页模块需要注意以下要点：

①网店风格一定程度上影响着网店的布局方式，因此选择合适的网店风格是网店布局的前提，而网店风格则受品牌化、商品信息、目标顾客、市场环境和季节等因素影响，在选择网店风格时必须考虑这些因素，才能使风格和商品相统一。

②网店的活动和优惠信息模块，要放在非常重要的位置，如海报、轮播图、导航条、活动推广图中的内容设计要清晰、一目了然，并且具有较强的可读性。

③在宝贝推荐模块中推荐的爆款或新款不宜过多，可通过宝贝排行模块或宝贝搜索模块将顾客流量引至相应的分类页面中。

④收藏和客服中心等互动性模块是商家与顾客互动的销售利器，可以提升顾客的忠诚度，提高二次购买率，因此是必不可少的模块。

⑤使用宝贝搜索或默认分类模块时，需要将商品分门别类，详细地列举出商品类目，将有助于顾客进行搜索，并快速找到喜欢的类目与商品。

⑥模块结构和商品系列要清晰明了，模块布局要错落有致，可采用列表方式或图文搭

配方式，减少顾客的视觉疲劳。

3. PC 端网店首页修改基本原则

网店首页制作完成后就涉及网店首页的修改了。在对网店首页进行修改时，要遵循以下三条基本原则：

①体现网店的形象。首页是网店的门面，一定要让顾客感受到网店的特色，从而形成认知上的划分和对品牌的初步好感，为提高网店的转化率奠定基础。

②突出重点。是选择促销还是推广新品，需要在首页最突出的位置进行展示，以吸引顾客的浏览并促使其下单。

③简单、清爽的商品分类。顾客从某一款商品页面进入首页时，意味着对其他商品有需求，那么网店首页就要有清晰明了的商品搜索和分类导航功能，帮助顾客快速找到所需的商品，避免复杂的操作让顾客产生抵触情绪，导致顾客的流失。

8–1.2　PC 端网店首页设计详解

1. 店招、导航条

1）店招

（1）关于店招

店招是网店的招牌，如同实体店的招牌一样重要。对于网店而言，店招就是网店的一张脸，不管顾客通过何种途径进入网店，第一眼看到的就是店招。店招主要包括网店广告语、收藏按钮、关注按钮、促销商品、优惠券、活动信息、搜索框、网店广告、网址、第二导航条、联系方式等。

店招设计是网店装修设计的第一步。为了吸引顾客，商家有必要合理地利用这个区域，让店招具有吸引性和独特性。在店招区域内，可以加上网店所售物品或服务项目、网店的经营理念及品牌优势、网店的特价活动及促销方式等一切想要展示的内容。展示形式可以是静态的，也可以是动态的，动态店招以 GIF 格式为主。

（2）店招的设计要点

优秀的店招是整个网店主题风格的风向标，最能给顾客留下深刻的印象。为了便于网店商品的推广，使店招便于记忆，除了在设计上需要具有新颖别致、易于传播的特点，还应遵循两个基本原则：品牌形象和商品定位。除此以外，店招设计还包含以下几点。

①店招风格：店招的风格决定着网店的风格，而网店的风格在很大程度上由经营的商品决定。一个完整的网店首页需要店招、商品、网店的风格具有统一性。店招应该根据网店销售的商品、网店风格进行设计，比如卖衣服和卖包的网店店招就会有所不同。如果不是商品特色要求，店招的色彩不要太单一，可以根据需要或者在不同的季节使用不一样的色彩，避免给人视觉单调乏味的错觉。

②店招类型规格：店招有统一的大小要求，一般分为常规店招和通栏店招。常规店招尺寸为950像素 ×150像素，通栏店招则为1920像素 ×150像素，后者包括页头背景、导航条等，这两类店招的格式可为JPG（JPEG）、PNG、GIF。其中，页头背景在常规店招的两侧，可用纯色或图片填充。

③店招主要组成元素的制作技巧。

• 店名设计。店名设计不是取网店名称，而是设计店名的视觉样式。店名宜采用简洁风格的字体或富有变化的装饰字体。从店名设计上就能看出该网店的消费群体及所售商品的风格特色，因此店名应置于店招最显眼的位置。通常情况下，店名设计要与网店装修设计的风格特色相吻合。

• 网店 Logo 设计。Logo 也称作标志，是网店综合信息传递的一个媒介。为了不影响美观，在使用 Logo 宣传网店时，Logo 通常放置在主图的左上角。

在设计 Logo 时要注意以下三个方面的事宜：

尺寸　不同网购平台对网店 Logo 的尺寸要求有所不同。淘宝官网规定，淘宝网店 Logo 的尺寸在 230 像素 ×70 像素以内，图片格式为 JPG、JPGE、PNG，一般不支持 GIF 和 BMP 格式，图片的大小应控制在 30KB 内。

外观　外观要求简洁明了、有感染力，既要简洁容易引人注目，还要易于识别、理解和记忆。

应用　网店 Logo 在一定时间内要保持稳定性和一贯性。切忌经常更换网店 Logo，随意更换网店名称的颜色、字体等，以免给顾客带来不严谨和低诚信的印象。

• 背景图片设计。店招风格取决于背景图的设计。色泽艳丽的背景图会让人眼前一亮，古朴大气的背景图会让人感觉简洁、富有质感，简单明快的背景图会让人感觉清新、愉悦。富有视觉冲击力的店招设计，会引起顾客的兴趣与重视。店招基本要素包含背景图的形象和主色调、动态图的颜色变换、图的大小和位置、字体的样式和风格等。注意：一定要保持背景图颜色的整体性，切忌使用多种颜色而给顾客造成视觉疲劳，使顾客对网店的关注度下降。

④其他文字设计。通常，网店名称以外的文字，如网店标语、活动信息等，其文字的形式、位置、大小都需根据实际情况进行设计。放在店招位置的文字切忌过长、过花哨，应使顾客顺利获取有用信息。

⑤其他。如果有主推商品等信息，要注意随着季节变化或者活动期限加以调整。

⑥店招的三大类型。

• 以品牌宣传为主的类型。这类网店的特点是商品优势特征明显、网店实力雄厚、有品牌思维和价值追求。设计这类网店的店招时要重点突出商品的品牌形象。因此，首先要考虑网店名称、网店商标、网店标语等着重品牌宣传的基本内容；其次要考虑关注按钮、关注人数、网店资质、收藏按钮等侧面反映网店实力的部分；最后还要辅以搜索框、第二导航条等方便用户体验的部分。不建议在店招中设置促销、网店活动等打折信息，这会影响网店的形象。以品牌宣传为主的店招案例如图 8-4 所示。

图 8-4　以品牌宣传为主的店招案例

• 以活动促销为主的类型。这类店招的特点是能体现出网店的活动信息，以销量为主要诉求点，以薄利多销为主推经营策略。在设计店招时，首先要考虑的是活动信息、促销时间、优惠券等促销信息；其次是搜索框、旺旺、第二导航条等方便用户体验的内容；最后是网店名称、网店商标、网店标语等内容。这种类型的店招，无论是在氛围设计还是在内容展现上，都要突出活动信息，否则容易使顾客降低对网店的关注。以活动促销为主的店招案例如图 8-5 所示。

图 8-5　以活动促销为主的店招案例

• 以商品推广为主的类型。这种类型的店招以推广商品为目的，商品可以是一款或几款，以达到提高主推商品销量的目的。在设计店招时，以主推商品、促销信息、优惠券、活动信息等为主，网店名称、网店商标、网店标语等品牌宣传的内容次之，搜索框、第二导航条等方便用户体验的内容再次之的顺序设计，实现引导顾客购买网店的主推商品。以商品推广为主的店招案例如图 8-6 所示。

图 8-6　以商品推广为主的店招案例

2）导航条

导航条是网店装修中不可缺少的模块，是顾客浏览网店时从一个页面转到另一个页面的快速通道，可使网店的层次结构清晰地展示给顾客，并引导顾客轻松地找到需要的商品信息。为了让网店信息可以有效地传递给顾客，导航条的设计一定要简洁、直观、明确。

在网店的装修设计中，对导航条的尺寸有一定的限制。一般，导航条的尺寸都比较小，比如淘宝网的导航条为 950 像素 ×50 像素。在导航条中，除了能对文字和颜色进行编排设计以外，很难进行更深层次创作。在设计导航条的时候要注意和网店的整体颜色、字体风格相对应。导航条和店招密不可分，所以特别要注意导航条和店招的搭配。

分类导航是为了方便顾客搜索商品而设置的，有隐形导航、半隐形导航和显形导航三种类型。隐形导航一般设置小类的标题，当鼠标移动到上面时才会显示所有类目，所占位置小。半隐形导航一般设置大类的标题，当鼠标移动到上面时会显示细分类目，具有提示性和导购性。显形导航一般出现在首页底部区域，向顾客展示全面的商品类目，具有分流和引导流量的作用。导航栏的设计需清晰明了，包含首页单击功能在内，栏目设置不超过 8 个。

3）店招、导航条学生设计作品展示

作品一：溜溜毛绒玩具网店店招、导航条[①]

效果展示如图 8-7 所示。

图 8-7　溜溜毛绒玩具网店的店招、导航条

制作步骤：

①使用矩形工具和圆角矩形工具创建一个矩形和两个圆角矩形，并拖入网店 Logo，如图 8-8 所示。

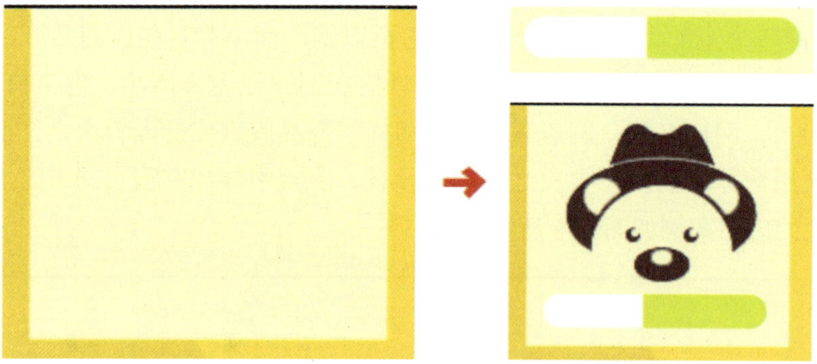

图 8-8　创建矩形并拖入网店 Logo

②使用文字工具在圆角矩形内输入文字，导入一个小图标并在右侧输入网店名称，如图 8-9 所示。

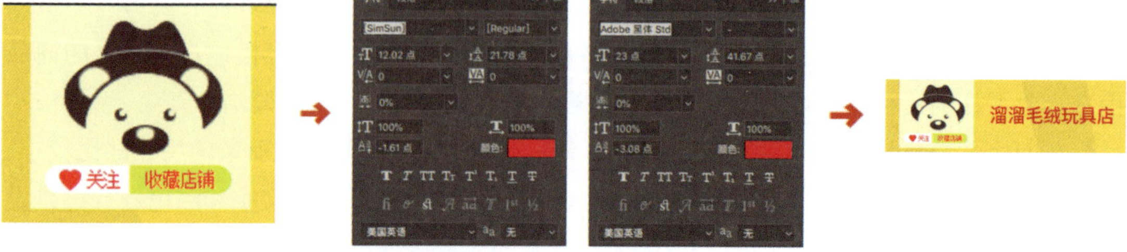

图 8-9　在矩形内输入文字

① 图片来源：成都职业技术学院

③创建一个矩形、圆角矩形并填充颜色，如图 8-10 所示。

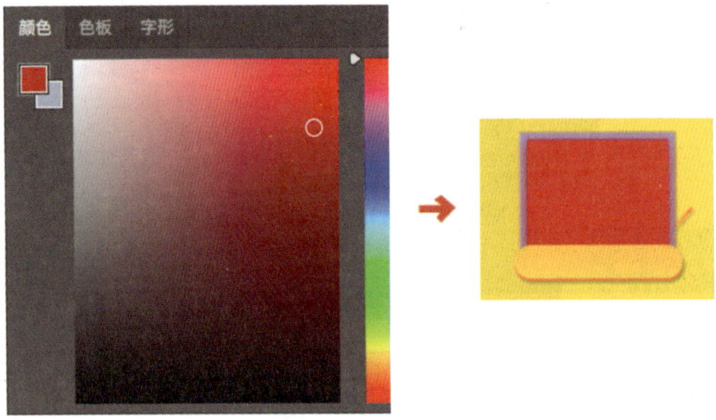

图 8-10　创建矩形和圆角矩形并填充颜色

④在矩形内输入文字并复制三份，分别修改文字内容，如图 8-11 所示。

图 8-11　复制图形并修改文字

⑤创建一个矩形并填充颜色，在矩形内使用文字工具输入文字，如图 8-12 所示。

图 8-12　创建矩形、填充颜色和输入文字

作品二：包罗万象女士皮具网店店招、导航条 ①

效果展示如图 8-13 所示。

图 8-13　包罗万象女士皮具网店店招、导航条

制作步骤：

① 图片来源：成都职业技术学院

①使用矩形工具创建一个矩形并拖入网店 Logo，如图 8-14 所示。

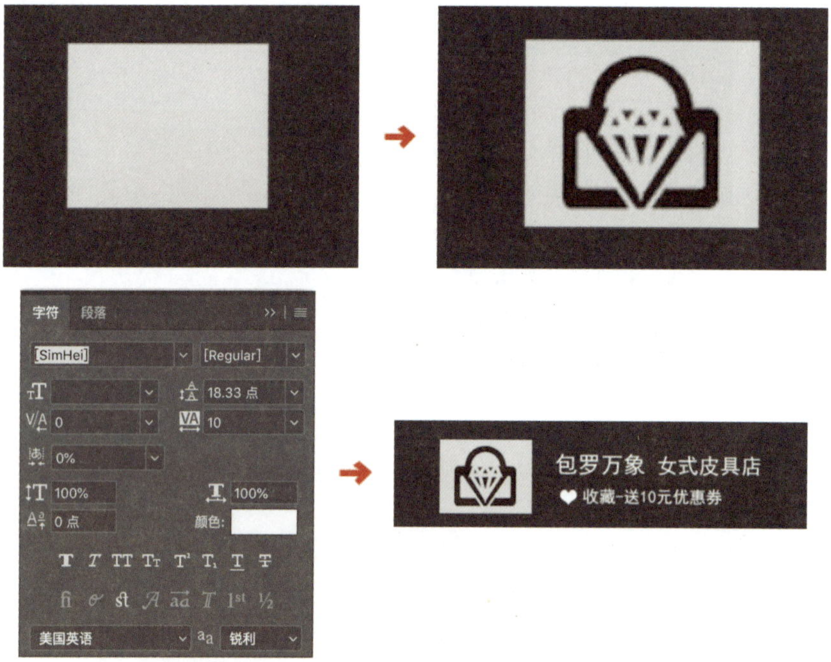

图 8-14　创建矩形并拖入网店 Logo

②使用文字工具输入文字，导入一个小图标并在右侧输入网店名称，如图 8-15 所示。

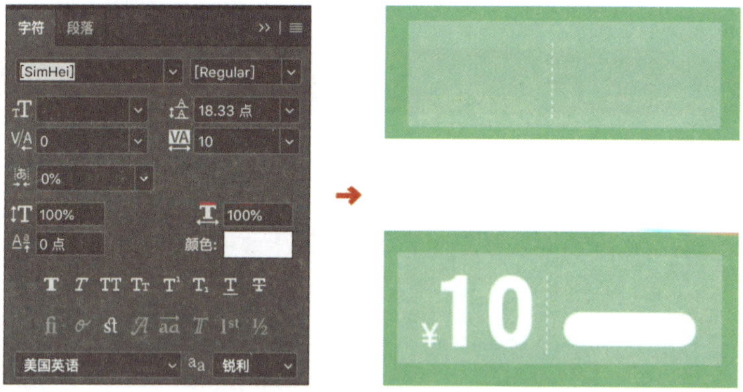

图 8-15　导入小图标并输入网店名称

③创建一个矩形、圆角矩形并填充颜色，在矩形内输入文字并复制一份，分别修改文字内容，如图 8-16 所示。

图 8-16　创建矩形、圆角矩形并输入文字和复制

2. 欢迎模块

欢迎模块位于店招、导航条的下方，是顾客进入网店首页时首个展示的模块，是网店新品、促销活动、重大公告等信息展示的重要区域，它的版面比店招和导航条都要大，所以是网店美工设计活动海报后首选的展示位置，以此吸引顾客的关注。溜溜毛绒玩具网店和包罗万象女士皮具网店的欢迎模块，如图 8-17 所示。

图 8-17　溜溜毛绒玩具网店和包罗万象女士皮具网店的欢迎模块

1）不同轮播图的尺寸

轮播图片的尺寸与网店的布局紧密相关，商家可以根据需要选择常规轮播图或全屏轮播图。

全屏轮播图：全屏轮播图的宽度为 1920 像素，高度一般以 400 像素～ 800 像素为最佳。但该类轮播图需要付费开通或利用自定义模块来进行装修。

常规轮播图：使用淘宝中的“轮播图”模块可以制作常规轮播图，其高度要求在 100 像素～ 600 像素以内，且小于 300KB。按宽度可细分为通栏轮播图（950 像素）、右侧轮播图（750 像素）、左侧轮播图（190 像素）。

2）平台活动介绍与实例展示

首页焦点海报是网店重要的销售宣传手段，海报的内容主要是依据网购平台的大型活动和节假日、纪念日等销售宣传进行单独设计。一般，网购平台的大型活动有“阿里年货节”“618 年中大促”“双十一购物狂欢节”“双十二购物狂欢节”“年末大促”等，节假日有“情人节”“母亲节”“父亲节”“七夕节”“重阳节”“国庆节”“圣诞节”等，纪念日主要有“网店开业”“庆店日”“会员日”等。在设计活动海报时，要分析活动的中心主题，再根据不同的节日选择与活动主题相关的文字、颜色和素材。

（1）网购平台的大型活动广告图

当今是网络经济快速发展的时代，网上购物对现代人来说早已不陌生。为了吸引更多顾客，各大电商平台也开展了花样繁多的优惠、让利、促销活动，产生了众多的电商购物节。

①阿里年货节。

随着农村电商战略的深入，通过年货节，阿里想要让农村顾客能够买到来自城市、海外的年货商品，同时实现各地特色农产品年货也可送到更多城市顾客手中的目标。广告图的设计特点一般以红色为主色调，加上“年货”等字样，突出新年的喜庆氛围。阿里年货节广告图如图 8-18 所示。

图 8-18　阿里年货节广告图[①]

② 618 年中大促销。

亮点一：不止 618。

618 最初的含义是京东店庆日，在店庆月京东会推出一系列的大型促销活动，以“火红六月”为宣传点，6 月 18 日当天是促销力度最大的一天。随着天猫、苏宁易购等网购平台的介入，618 逐渐演变成了网购狂欢日。

亮点二：不止五折，让利百亿。

过去每逢大促销活动，网购平台都喜欢喊出“全场五折起”“不止五折”，比价的火药味十足。而天猫在 618 网购狂欢节期间，非常实在地喊出“让利百亿”，用实打实的让利金额打动顾客。618 期间天猫的促销包括“0 点价格直降”“12 期免息支付”等。

亮点三：不止促销，更是体验的全方位升级。

618 网购狂欢节是一场为顾客设计、帮助他们打造理想生活的狂欢节。从供给端发力，天猫联合了各垂直行业的优秀品牌一起发声，多品牌独家亮相天猫，呈现最优质的商品和最实惠的价格，最得利的其实还是顾客。618 年中大促销广告图如图 8-19 所示。

① 图片来源：成都职业技术学院

图 8-19　6.18 年中大促销广告图[①]

③双十一购物狂欢节：11 月 11 日。

近年来“双十一”已成为国内网购平台的年度盛事，并且逐渐影响到国际电子商务行业。自天猫 2009 年首创“双十一购物狂欢节”以来，每年的这一天已成为名副其实的网上全民购物盛宴。在当前经济下行压力加大的背景下，双十一购物狂欢节的汹涌客流和极为庞大的单日成交量显示了老百姓较强的消费意愿和较高的消费能力，这对拉动内需无疑是个积极信号。有关专家认为，电子商务需求的逆势“井喷”，透露出我国网上消费的巨大潜力。天猫双十一购物狂欢节广告图如图 8-20 所示。

④双十二购物狂欢节：12 月 12 日。

双十二，顾名思义，指的是每年的 12 月 12 日。继“双十一购物狂欢节”大获成功之后，天猫又推出 12 月 12 日作为“全民疯抢”之网购盛宴的延续，即“双十二购物狂欢节”，简称“双十二”。

“双十二”是一次引导买卖双方向 C2B（Consumer to Business，即顾客到企业）转型的尝试。商家在“双十二”的实际备战过程中，由单线程的商品准备过程，正在变成更合理、达成率更高的买卖方式。天猫双十二购物狂欢节广告图如图 8-21 所示。

图 8-20　天猫“双十一购物狂欢节”广告图[②]

①②　图片来源：成都职业技术学院

图 8-21　天猫“双十二购物狂欢节”广告图[①]

（2）网购平台的日常活动广告图

①母亲节：5 月的第二个星期日。

母亲节（Mother’s Day），是一个感谢母亲的节日，母亲们在这一天通常会收到子女们精心准备的礼物。康乃馨被视为献给母亲的花，而中国的母亲花是萱草花，又叫忘忧草。该节日期间的女性用品销量显著提高。“母亲节”广告图如图 8–22 所示。

②父亲节：6 月的第三个星期日。

父亲节（Father’s Day），顾名思义，是感恩父亲的节日。最广泛的日期在每年 6 月的第三个星期日，世界上有 52 个国家和地区是在这一天过父亲节。“父亲节”广告图如图 8–23 所示。

图 8–22　“母亲节”广告节图[②]

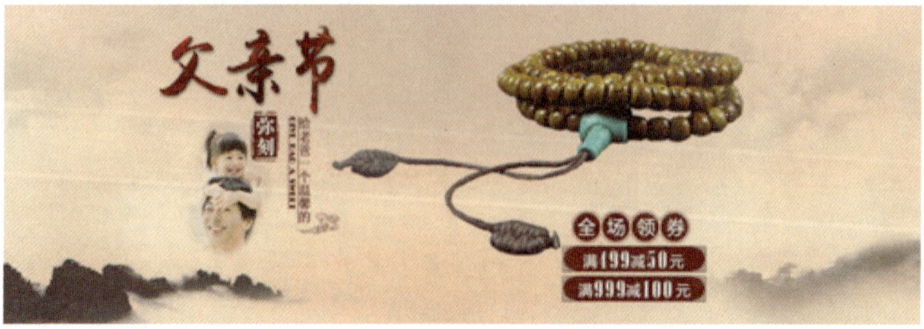

图 8–23　“父亲节”广告图[③]

① 图片来源：成都职业技术学院

② 图片来源：四川省成都市礼仪职业中学

③ 图片来源：四川省蒲江县职业中专学校

③国庆节：10 月 1 日～ 10 月 7 日。

“国庆”一词，本指国家喜庆之事，最早见于西晋。西晋的文学家陆机在《五等诸侯论》一文中曾有“国庆独飨其利，主忧莫与其害”的记载。我国封建时期，国家喜庆的大事，莫大过于帝王的登基、诞辰等。因而我国古代把皇帝即位、诞辰称为“国庆”。今天称国家建立的纪念日为“国庆节”。“国庆节”广告图如图 8–24 所示。

④七夕节：农历七月初七。

农历七月初七是七夕节，又名“七巧节”。相传农历七月七日夜或七月六日夜妇女在庭院向织女星乞求智巧，故称为“乞巧”。其起源于人们对自然的崇拜及妇女穿针乞巧，后被赋予了牛郎织女的传说使其成为象征爱情的节日。七夕节广告图如图 8–25 所示。

图 8–24　“国庆节”广告图[①]

图 8–25　“七夕节”广告图[②]

⑤圣诞节：12 月 25 日。

圣诞节（Christmas）是西方传统节日，起源于基督教，时间是每年 12 月 25 日。“圣诞节”广告图如图 8–26 所示。

① 图片来源：四川省蒲江县职业中专学校

② 图片来源：四川省成都市礼仪职业中学

图 8-26 “圣诞节”广告图[①]

（3）欢迎模块学生设计作品展示

作品一：溜溜毛绒玩具网店活动广告图

①儿童节：6 月 1 日。

国际儿童节（又称儿童节，International Children’s Day）定于每年的 6 月 1 日，为了悼念 1942 年 6 月 10 日的利迪策惨案和全世界所有在战争中死难的儿童，反对虐杀和毒害儿童，以及保障儿童权利。“6.1 儿童节”广告图如图 8-27 所示。

图 8-27 “6.1 儿童节”广告图[②]

制作步骤：

a. 制作海报背景，如图 8-28 所示。

b. 设计活动促销文案，如图 8-29 所示。

图 8-28 制作海报背景

① 图片来源：成都市洞子口职业高级中学校

② 图片来源：成都职业技术学院

图 8-29　设计活动促销文案

c. 拖入精修后的商品图片，如图 8-30 所示。

d. 加入小元素，进行整体调整，如图 8-31 所示。

图 8-30　拖入商品图片

图 8-31　加入小元素并调整

②情人节：2 月 14 日。

情人节又叫圣瓦伦丁节，是西方国家的传统节日之一，起源于基督教。这是一个关于爱、浪漫及花、巧克力、贺卡的节日，男女在这一天互送礼物用以表达爱意或友好。“2.14 情人节”广告图如图 8-32 所示。

③年末大促销。

在临近过新年的时候（过年前），大部分网店都会举行促销活动，目的是将网店中的货物清仓，以便在来年购进新货。溜溜毛绒玩具网店年末大促销广告如图 8-33 所示。

图 8-32 “2.14 情人节”广告图①

图 8-33 溜溜毛绒玩具网店年末大促销广告图②

作品二：包罗万象女士皮具网店活动广告图

①女生节：3 月 7 日。

女生节，起源于 20 世纪 80 年代末，一般定义在 3 月 7 日这一天，三八妇女节前一天。是一个关爱女生、展现高校女生风采的节日，通常开展高品位、高格调的人文活动，是高校校园趣味文化的代表之一。“3.7 女生节”广告图如图 8-34 所示。

图 8-34 “3.7 女生节”广告图③

①②③ 图片来源：成都职业技术学院

②网络情人节：5 月 20 日—5 月 21 日。

网络情人节是信息时代的爱情节日，定于每年的 5 月 20 日至 5 月 21 日。后来，“521”也逐渐被情侣们赋予了“我愿意、我爱你”的意思。“网络情人节”又被称为“结婚吉日”“表白日”“撒娇日”“求爱节”等。“520 网络情人节”广告图如图 8-35 所示。

图 8-35 “520 网络情人节”广告图[①]

③年末大促销。

包罗万象女士皮具网店年末大促销广告图如图 8-36 所示。

图 8-36 包罗万象女士皮具网店年末大促广告图[②]

3. 商品分类模块

网店的商品陈列主要是通过文字、图片、模块等进行展示和推销。在视觉设计上，除了通过改变文字的大小、颜色、字体等方式来突出卖点，有针对性地向顾客推荐网店主推商品，还可针对新老顾客对商品的不同需求进行商品陈列方式和商品分类的调整。

通常，新顾客比较关心商品的热销程度，所以在针对此类顾客时要凸显商品的成交数量。老顾客对网店较为信任，更为关心折扣力度，针对此类顾客应凸显优惠信息。若推荐的商品想要同时兼顾新老顾客，在视觉设计上就需同时强化销量和折扣信息。一般，网店主推商品需放置在最醒目的位置，其他商品按照用途不同或风格不同进行归纳分类。包罗万象女士皮具网店分类模块如图 8-37 所示，溜溜毛绒玩具网店商品分类模块如图 8-38 所示。

①② 图片来源：成都职业技术学院

图 8-37　包罗万象女士皮具网店商品分类模块[②]

图 8-38　溜溜毛绒玩具网店商品分类模块[③]

商品分类模块包括宝贝上新预告和宝贝推荐。在对促销活动进行设计时，需要思考“促销理由是什么”“优惠力度有多大”“活动时效有多长”“如何引导消费”等问题。促销活动设计中商品占主导地位，商品名称和价格等作为补充信息可适当地出现在画面中，从而达到吸引顾客眼球的目的。为发挥最大效益，需要科学地使用推荐位，一般需注意 4 个方面：

①宝贝名称定义要全面、准确，不能过于简单或复杂。

②宝贝推荐位和下架时间相吻合，宝贝推荐位并不一定放置最漂亮的宝贝，也可以放置即将下架的宝贝。当宝贝下架后需要及时补充，避免出现空位。

③有足够的宝贝数量支持上架和推荐。

④在进行宝贝推荐时，宝贝的价格不宜过高，但也要控制成本。

4. 网店页尾模块

网店页尾模块位于网店首页的最后，它的作用是使网店页面结构更加完整，所以该模块的设计也必须与首页其他模块的风格、配色等保持一致。优秀的页尾可以帮助网店增加吸引力和提高收藏率。当顾客浏览到首页底部时，增加返回页面顶部的按钮，可以让整个首页形成“环形浏览”的状态，这样可以在一定程度上避免视觉盲区，形成二次过滤分流，为网店争取更多的转化机会。页尾的组成很灵活，一般是用简单的文字和简明的图标来传达信息，通常有温馨提示、客服联系方式、关于快递、关于退货、手机网店二维码、收藏网店、分享网店等内容。网店页尾案例如图 8-39 所示。

一款具有代表性的页尾设计一般包含以下 5 点内容。

网店底部导航：包括商品的分类，便于顾客再次浏览网页。

图 8-39　网店页尾案例

返回顶部的文字或按钮：当网店首页过长时，添加返回顶部的文字或按钮可快速跳转到页面顶部，从而方便用户反复浏览网页、选择合适的商品。

收藏、分享网店：在页尾添加收藏与分享网店的链接，可以方便用户快速收藏或分享网店。

旺旺客服：便于顾客存在疑虑时快速咨询客服。

温馨提示：如发货须知、关于退换货、关于快递和购物流程等信息，以便于帮助顾客快速解决购物过程中的问题，从而减少顾客对客服的咨询量，减轻客服的工作负担。

5. 其他模块：优惠券与收藏区[①]

在网店页面中，除了店招、导航条、欢迎模块、商品分类等模块和页尾模块，还包含关于网店优惠信息的优惠券和收藏内容的收藏区，它们的设计较为丰富，大小也不固定，会根据页面整体设计而发生相应的变化。设计优惠券和收藏区时，有时还可以根据网店装修风格将它们与促销广告、导航条等其他模块组合起来，让顾客在浏览页面时，更方便地领取网店中提供的优惠券或者将喜欢的商品、网店添加至个人收藏夹。溜溜毛绒玩具网店的优惠券与收藏区设计如图 8-40 所示，包罗万象女士皮具网店的优惠券与收藏区设计如图 8-41 所示。

图 8-40　溜溜毛绒玩具网店的优惠券与收藏区设计　图 8-41　包罗万象女士皮具网店的优惠券与收藏区设计

① 图片来源：成都职业技术学院

优惠券的使用范围：明确使用的网店，以及使用的方式，即是全店通用、店内新品或在某个系列的商品上使用，以限定消费对象和引导消费走向等。

优惠券的使用时间：一般情况下，网店短期推广应限定优惠券的使用日期。限制使用时间能让顾客产生过期浪费的心理，以提高顾客对优惠券的使用率。

使用张数限制：如“每笔订单限用一张消费券”，以限制折上折的情况。

8-1.3 PC 端网店首页与学生设计作品展示

作品一：溜溜毛绒玩具网店首页[①]

1）网店首页分析

网店首页及分析如图 8-42 所示。

（1）欢迎模块

在欢迎模块中使用大量的卡通图案，包括小汽车、城堡、小熊、气球、摩天轮、小鸭子等体现童真的元素点缀画面，以猫咪、小猪的毛绒玩具形象和“带我们回家”的文字作为画面的主要设计元素，结合大面积的黄色表现出活泼、童趣的效果。

（2）优惠专区和热卖推荐

选用灰色、白色为背景主色，便于凸显五颜六色的玩具商品图片，从而从视觉感官上便于顾客对商品的了解。星星、蘑菇、长颈鹿等卡通元素作为点缀，让灰色背景既简单明了，同时又多了一份活泼的氛围。优惠专区的商品白底图与热卖推荐模块的环境背景商品图形成对比，同时做到有效区分两个模块的不同功能。

（3）页尾模块

页尾模块展示出了保障服务等消费者关心的内容，使得网店首页的页面结构更加完整。

图 8-42　溜溜毛绒玩具网店首页及分析

2）首页色调分析

该作品的首页背景以黄色、灰色、白色为主色，较高的明度和纯度凸显年轻、活泼、活力的消费人群气质，也与毛绒玩具的商品特质相符。红色、粉色、橙色等暖色结合小面积的绿色、蓝色作为辅助配色，丰富首页的颜色搭配，描绘出多彩的童真世界。

①设计元素的配色方案高明度、高纯度的黄色搭配灰色、白色，如图 8-43 所示。

图 8-43　设计元素的配色方案

②辅助配色中高明度、高纯度的暖色系搭配少量蓝色、绿色，如图 8-44 所示。

① 项目案例来源：成都职业技术学院

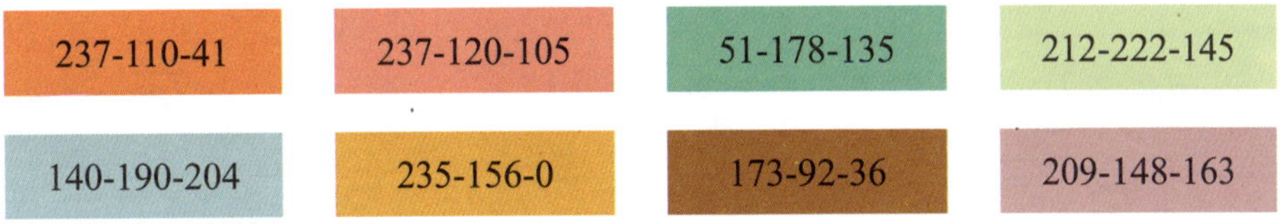

图 8-44　辅助配色方案

3）设计流程

①制作店招，如图 8-45 所示。

②制作网店海报，如图 8-46 所示。

③制作网店背景，如图 8-47 所示。

图 8-45　制作店招

图 8-46　制作网店海报

图 8-47　制作网店背景

④制作优惠专区，如图 8-48 所示。

⑤制作热卖推荐，如图 8-49 所示。

⑥制作网店页尾，如图 8-50 所示。

图 8-48　制作优惠专区

图 8-49　制作热卖推荐

图 8-50　制作网店页尾

案例二：包罗万象女士皮具网店首页[①]

1）网店首页分析

网店首页及分析如图 8-51 所示。

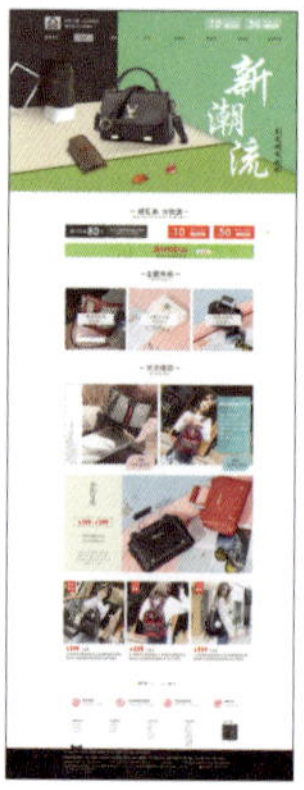

（1）欢迎模块

该模块中使用色块的叠放视觉效果，营造出空间感，搭配特色的商品图，凸显该网店商品类目是箱包。排版设计采用左图右文的方式。

（2）主题专场和热卖爆款

根据网格系统，使用规则的形状进行排版，给人一种简单整洁的感觉，将主推商品的版面放大，凸显出店铺主推商品，提高消费者对商品的了解欲望。

（3）页尾模块

页尾模块展示了保障服务等消费者关心的内容，使得网店首页的页面结构更加完整。

图 8-51　包罗万象女士皮具网店首页及分析

2）首页色调分析

采用明亮的颜色，符合网店的定位；背景不只是一种纯色，还有小元素的搭配，使背

① 项目案例来源：成都职业技术学院

景显得饱满；网店首页的整体色彩统一，使用了比较简洁的色彩，符合网店的定位和商品特性，以吸引顾客购买。

①设计元素的配色方案：明快的绿色和灰色，如图 8–52 所示。

66-201-112	41-41-41

图 8–52　设计元素的配色方案

②辅助配色方案：纯度较低的色彩，如图 8–53 所示。

135-184-61	235-222-191	235-222-191	199-84-105
117-82-66	205-191-199	168-204-224	110-161-194

图 8–53　辅助配色方案

3）设计流程

①制作店招，如图 8–54 所示。

②制作网店海报，如图 8–55 所示。

③制作优惠券，如图 8–56 所示。

图 8–54　制作店招

图 8–55　制作网店海报

图 8–56　制作优惠券

④制作优惠专区，如图 8–57 所示。

⑤制作热卖推荐，如图 8–58 所示。

⑥制作网店页尾，如图 8–59 所示。

图 8-57　制作优惠专区

图 8-58　制作热卖推荐

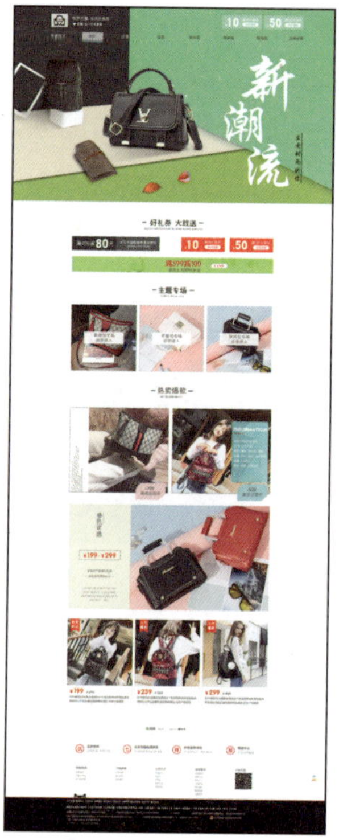

图 8-59　制作网店页尾

4）淘宝网店装修指南

（1）淘宝首页

步骤一：登录淘宝网站进入商家中心，单击“网店装修”，如图 8-60 所示。

图 8-60　淘宝网站的商家中心页面

步骤二：选择手机端或 PC 端进行装修（这里以 PC 端首页为例）。进入素材中心，将网店装修所需要的素材分类上传到素材中心。单击“网店装修”，选择页面进行装修，系统提供页面模板以进行页面布局，也可以自行设计模板布局。左边功能区可设置模块布局 、页面色调和页面宽度大小等。设置好布局后可在右边浏览布局效果，或者单击页面右上角“预览”按钮进行预览。

步骤三：布局设置完成后单击右边内容区域选择相应的模块进行编辑、删除、增加等操作，如图 8-61 所示。

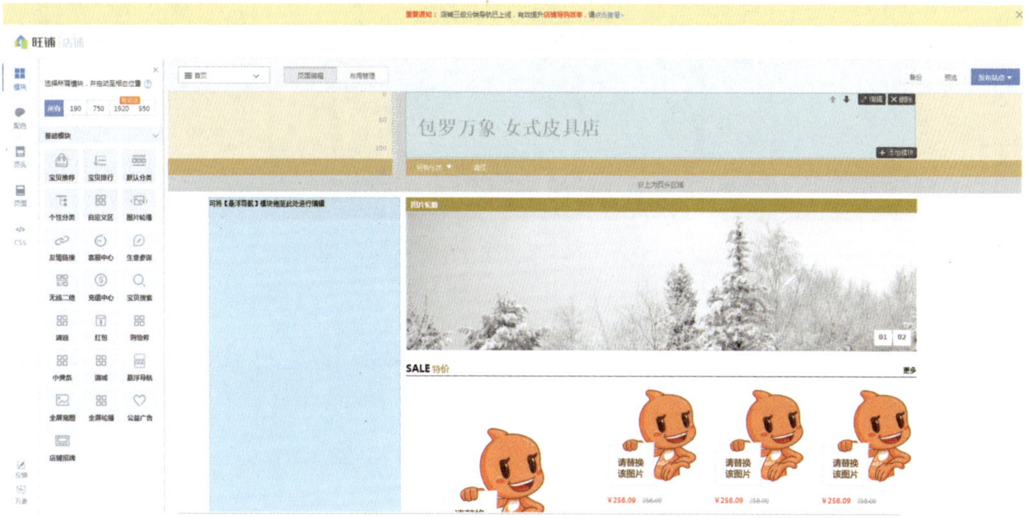

图 8-61　内容区域

（2）网店招牌和导航条设计

步骤一：打开 Photoshop，新建一个 1920 像素 ×150 像素文件，设计好店招 + 导航条图片。设计好之后，保存一个全屏 1920×150.jpg 文件和一个 950×150.jpg 文件，以作备用。打开 Dreamweaver，新建一个空白 HTML 文档，单击菜单栏“插入”→“图像”，找到刚刚保存的 950×150.jpg 文件，选择好图片后设置图片的高度并保存。

步骤二：打开 Dreamweaver，新建一个空白 HTML 文档，单击菜单栏“插入”→“图像”，找到刚刚保存的 950×150.jpg 文件，单击“确定”按钮，单击设计栏，再单击图片，在下方属性中能看见箭头和矩形图形。

单击矩形，在要添加链接的图片上绘制矩形。单击该矩形，在链接的地方粘贴单击跳转的网络地址。

链接都添加完成后，复制一份代码（去淘宝后台装修）。

把刚刚复制的代码粘贴到相应位置（淘宝→商家中心→网店装修→店招右上角编辑按钮→ <>）。把制作好的 950×150.jpg 图片上传到淘宝图片空间，复制链接，替换图 8-62 中选中的部分。

图 8-62 图片上传与替换

步骤三：编写页面程序。

```
<img src="file: ///D|/新建文件夹/head_02.jpg" alt="" width="946" heigh、
t="148" usemap="#Map"/>
<map name="Map">
<area shape="rect" coords="115, 92, 195, 121" href="#">
<area shape=" rect" coords=" 242, 94, 320, 122" href=" #" >
<area shape=" rect" coords=" 356, 96, 454, 121" href=" #" >
<area shape=" rect" coords=" 504, 97, 570, 123" href=" #" >
<area shape=" rect" coords=" 629, 92, 689, 121" href=" #" >
<area shape=" rect" coords=" 761, 94, 816, 124" href=" #" >
<area shape=" rect" coords=" 885, 93, 949, 124" href=" #" >
</map>
```

如图 8-63 所示，打开网店招牌编辑按钮，选择自定义招牌，选择源码，粘贴已复制的代码，修改 src 地址和 a 标签地址，保存。

（3）网店全屏图片

步骤一：单击左边模块区，添加自定义模块，单击“编辑”按钮，选择编辑源代码。

```
<div class="tb-module">
<div class="tanchudiv" style="height: 1000px;">
<div class="footer-more-trigger mui-display-none" style="z-index:
99;border-bottom: 0px;border-left: 0px;padding-bottom: 0px;padding-
```

```
left: 0px;width: 1920px;padding-right: 0px;height: 130px;visibility:
visible;border-top: 0px;top: auto;border-right: 0px;padding-top: 0px;left:
50%;">
   <div class="footer-more-trigger mui-display-none" style="z-index:
99;border-bottom: 0px;border-left: 0px;padding-bottom: 0px;padding-
left: 0px;width: 1920px;padding-right: 0px;height: 130px;visibility:
visible;border-top: 0px;top: auto;border-right: 0px;padding-top: 0px;left:
-50%;"><div class="footer-more-trigger mui-display-none" style="border-
bottom: 0px;border-left: 0px;padding-bottom: 0px;padding-left: 0px;width:
1920px;padding-right: 0px;height: 130px;visibility: visible;border-
top: 0px;top: 0px;border-right: 0px;padding-top: 0px;left: -100px;"><div
style="margin: 0px auto;width: 950px;"> </div> </div></div></div></
div></div>
```

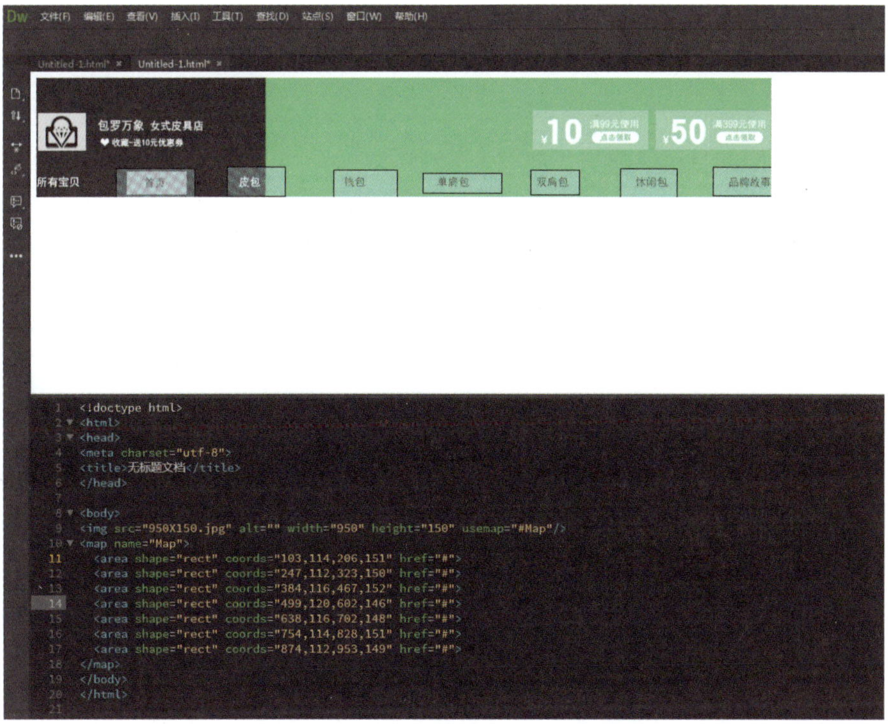

图 8-63　招牌编辑

步骤二：设置 div 的高度，与需要展示图片的高度一致，单击“确定”按钮。单击左边功能区，选择页面；设置页面背景，将所需要展示的全屏图片设置为背景图片。设置参数为“不平铺”“居中”。参数设置后的效果如图 8-64 所示。

图 8-64　设置参数后的效果

（4）宝贝展示模块

步骤一：在左边功能区插入宝贝展示模块并拖至右边，单击“编辑”按钮，进入设置中心。

步骤二：选择展示布局个数，打开 Photoshop，截取每个宝贝的图片，上传到对应模块即可。

（5）网店页脚

步骤一：单击添加自定义模块，如图 8-65 所示。

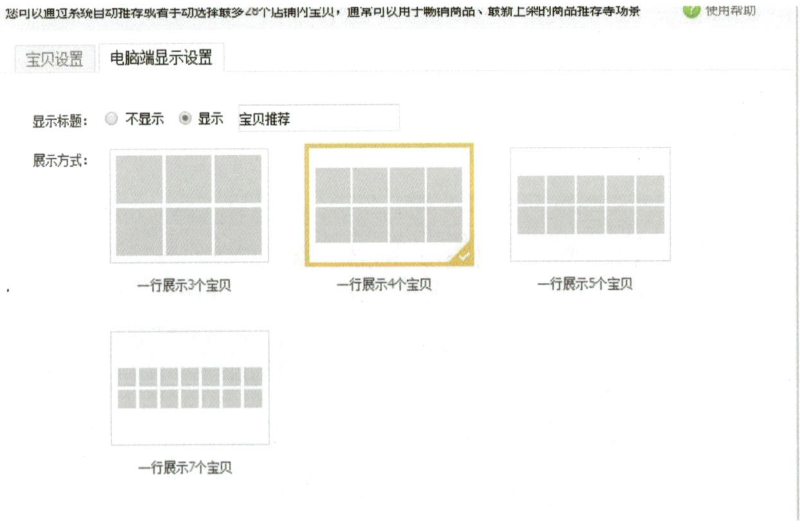

图 8-65　添加自定义模块

步骤二：打开 Photoshop，将页脚部分的图片上传到素材中心，利用 Dreamweaver 编辑器，采用和导航条一致的做法为页脚图片添加链接（复制代码），单击页脚自定义模块，选择源代码，编辑、粘贴已复制的代码，如图 8-66 所示。

图 8-66　为页脚图片添加链接

8-2　PC端商品详情页视觉设计

8-2.1　认识 PC 端商品详情页

详情页就像是一个网店的导购员，它把商品的信息一一介绍给顾客，给顾客最直观的视觉感受。文案和图片是详情页必不可少的组成部分，一张优秀的详情页就有可能促成交易。PC 端网店详情页模块如图 8-67 所示，溜溜毛绒玩具网店详情页如图 8-68 所示，包罗万象女士皮具网店详情页如图 8-69 所示。

1. PC 端详情页的信息

在网购平台上，顾客需要通过详情页来了解商品信息。详情页就像导购，可详细地向顾客介绍商品，并主动回答顾客的问题。详情页应包含如下几个方面的信息。

①商品基本信息。主要针对“商品的详细用途和功能”“商品卖点”“是否适合自己”“商品附件清单”等进行回答。包含商品名称、材质、功能等信息，通过高清的图片和合适的文字描述对商品进行定性，确保该商品是顾客需要的商品。

②网店活动。网店活动包括营造促销氛围、渲染网店特色、展示促销活动的通告、主推商品海报等。还可以加入关联营销，即为顾客提供更多的商品选择，比如热卖推荐、搭配套餐、相关商品等。

③商品图、细节图、颜色展示。主要展示方式是“商品各角度的清晰图片”，图片要求画面清晰、有美感、符合商品特质，并附上相关文字介绍。

④商品对比。通过与同类目网店的商品进行优劣对比，强化和巩固本网店商品的优势。

⑤品牌实力展示。通过提供证明企业规模的照片、资质证书、设计手稿、工作车间环境的照片等，提高网店的品牌感、专业感、可信度，让顾客放心购买。

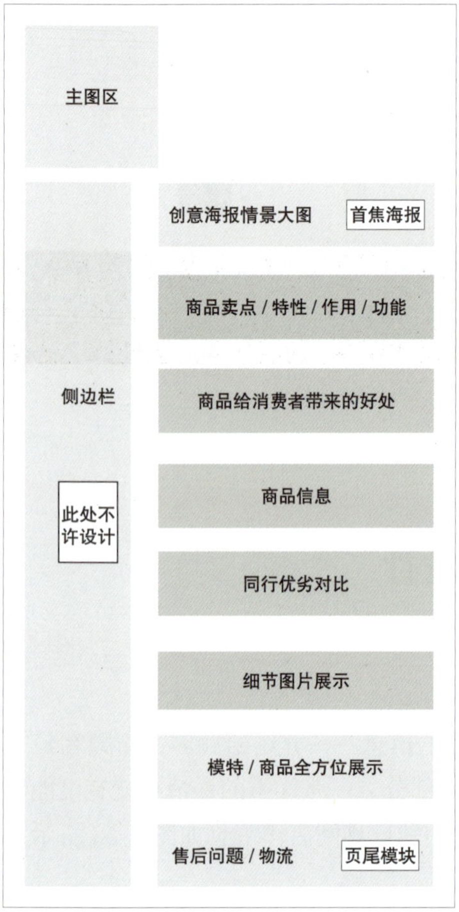

图 8-67　PC 端网店详情页模块

图 8-68　溜溜毛绒玩具网店详情页①

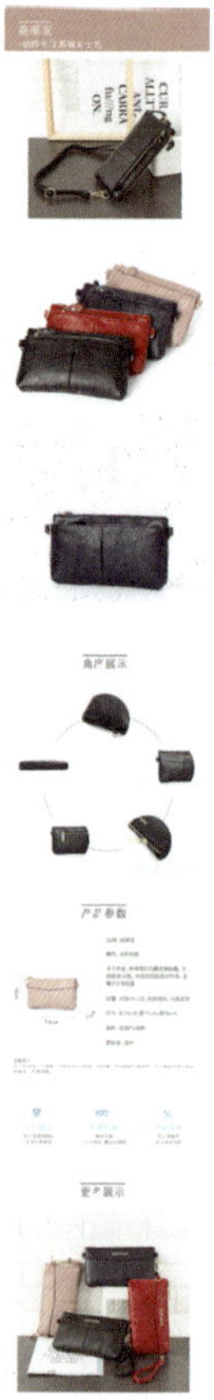

图 8-69　包罗万象女士皮具网店详情页②

⑥品牌与售后保障信息。主要是顾客对“产品制造商信息”“产品质量认证文件”“商品标志认证”等方面的疑问，增强顾客对商品的信赖感，一般应包含售后说明、品牌规模、生产情况等信息。顾客需要查看的信息如图 8-70 所示。

⑦服务展示。主要是快递说明、购买须知、退换货说明、售后保障、支付方式等服务信息。将顾客顾忌的问题一一回答在商品介绍内容的页尾，免去顾客的后顾之忧，促成交易。

2. PC 端商品详情页的设计原则

不同类目商品的详情页的设计是不一样的，但需要遵循的设计原则是相同的。

①图文并茂。绝大多数顾客是从淘宝搜索、单击宝贝进入网店，也就是说这些顾客第一眼看到的其实是商品的详情页。详情页的风格将直接影响顾客对网店的直觉判断，因此，

①② 图片来源：成都职业技术学院

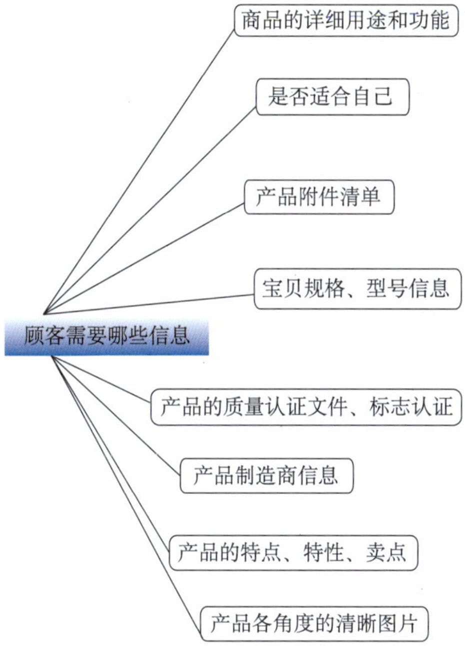

图8-70　顾客需要查看的信息

网店美工应在详情页的设计上体现网店的实力和品牌文化。图文并茂的详情页不仅美观大方、生动形象，而且更容易吸引顾客的目光。

②页面简洁清晰。详情页的页面一定要干净整洁、轮廓清晰、主次分明，让顾客能够在一个轻松愉悦的情境中了解商品的信息。因此，商家需要在有限的版面中，将图片、文字，包括背景颜色、区分线、字体、标题、折扣信息等设计内容，统一风格。

③风格明确。一个网店必须要有且只能有一个基调和风格。统一整齐的规划和明确的色彩视觉表现，能让进店的顾客第一时间就明确知道网店的商品定位和销售对象，从而选择是离开还是继续深入了解。

④页面布局合理。要想让顾客愿意花费更多的时间停留在网店内浏览商品，那么就需要有良好的用户体验，而良好的用户体验在详情页中就体现在要有一个合理的页面布局。网店的所有信息，包括网店活动、模特图片、实物图片、细节图片、尺寸描述、品牌展示等，要将这么多的信息容纳在一个页面中，就要根据顾客的购买心理逻辑，对信息进行合理的选择与排序。

8-2.2　PC 端商品详情页设计详解

1. 主图

主图的作用就是以最简单、直白、醒目的方式把商品卖点展示给顾客，并引导顾客单击进店、促成成交，它对网店的推广运营起到决定性作用。主图一般出现在宝贝搜索模块、网店首页和商品详情页的顶端。

1）主图的尺寸

很多顾客看到宝贝主图后就会决定是否购买，通过主图浏览详情页是为了进一步地增加购买信心。在淘宝网上，宝贝主图部分可以放5张商品图片（部分类目可以放6张），主图的高宽应一致，这样确保在展示时不会变形。如果制作主图时尺寸不是方形的，那么在展示时，淘宝网平台就会自动将它处理成方形，导致主图变形。宝贝主图尺寸最小为310像素 ×310像素，建议使用800像素 ×800像素的主图，这样能实现放大镜功能效果。主图的大小不能超过500KB。

2）主图的制作思路

①研究同类目网店的宝贝主图，提炼出不同的卖点。把网店首页中的关键词宝贝的主图整理出来，进行细节对比，找出不同卖点。

②跨类目借鉴，确保自己的商品、顾客人群的特征心理与主图风格相符。

满足以上两点制作出来的宝贝主图肯定不会差，小而美才是中小商家最为核心的生存之道，它能够大幅提升网店的转化率。

3）主图的制作

（1）避免“牛皮癣”图片

如果主图中覆盖了大量的文字，使得商品变得很难识别，而且整幅图看起来杂乱不堪，就像墙上贴满了小广告。如果说小广告为城市的“牛皮癣”，那么这类的主图形式就被称之为主图的“牛皮癣”。

具有“牛皮癣”的主图会影响顾客对商品的了解，进而影响点击率和转化率，还会影响商品在网购平台的搜索排名结果，甚至可能被下架。所以，网店美工在设计时要严格控制主图上的营销词字数，做到用语简洁，直击要点，确保不会影响主图效果的同时起到宣传推广的作用。

（2）高质量主图

①文字易识别　合理选用与商品、目标人群定位相符的字体。

②色彩搭配合理　合理使用冷暖色、互补色、对比色、邻近色、同类色。

③摆拍到位　拍摄时要选择合理的方式来摆放商品。

（3）5张主图的要求与特性

①描述以顾客为中心的文案或者使用效果。

②对商品的主要卖点进行说明和展示。

③简单展示资质说明。

④商品的促销信息在主图中传达到位，多项优惠可通过阶梯式的促销方式让顾客购买。

⑤在主图中说明顾客的顾虑及解决方法，有利于促进成交。

（4）影响主图点击因素

①价格。

关注价格的人往往比关注品质的人多，所以制定并标注合理的价格十分重要。

②销量。

短时间内判断商品好坏的方法就是看商品的销量，新店前期的流量少，但是要想办法成交，多考虑转化，少考虑利润。不要贸然引流，转化要跟上流量，转化稳步提升的时候，流量也会慢慢地提升。

③信息传达。

站在顾客的角度思考，有效地介绍商品属性、作用 、与顾客相关的益处等信息。

④精准匹配。

主图展示效果要以关键词为基础进行设计，两者须具有高度重合性。

4）宝贝主图排版技巧

第一张主图是网店商品点击率、转化率最直接的体现，是淘宝 PC 端搜索时展现的图片。作为网站美工应综合考虑需要设计的内容，突出重点。第二张主图是天猫 PC 搜索时展示的图片，按照淘宝集市店的要求，展示第一张主图以外的次要信息即可。第三张、第四张主图可以是偏向商品细节展示的图。第五张主图建议是突出场景的图片。5 张主图组合起来基本上相当于一个简洁版的宝贝详情页。

5）宝贝主图设计范例

（1）范例一

①效果展示，如图 8-71 所示。

②制作步骤，如图 8-72 所示。

图 8-71　干净易识别的主图

（a）制作背景　　（b）导入商品图片　　（c）添加店铺 Logo

图 8-72　主图制作步骤

（2）范例二

①效果展示，如图 8-73 所示。

②制作步骤，如图 8-74 所示。

图 8-73　带文字信息的主图

（a）制作背景　（b）导入商品图片　（c）添加文案

图 8-74　主图制作步骤

2. 详情页焦点图

商品价值 + 消费信任 = 下单。从功能上看，详情页前半部分述说商品价值，后半部分意在增强顾客的消费信任度。对于消费信任度，不只是通过放置商品的各种证书、品牌认证等图片信息来树立，使用正确的颜色、字体、排版结构对赢得消费信任也有重要作用。创意海报情景大图多在第一屏（一屏指的是一个屏幕高度看到的内容，也就是电脑显示器能够显示的高度）展示，也就是详情页最开头部分的展示，这是顾客的视觉焦点所在，所以通常会放置一些主推商品大图或促销活动海报。通常，顾客在浏览商品详情页时，对前三屏的注意力是比较集中的，所以详情页的设计应以抓住顾客眼球为重点，背景应多采用展示品牌基调及商品特色的意境大图，在第一时间吸引顾客的注意力。溜溜毛绒玩具焦点图如图 8-75 所示。

图 8-75　溜溜毛绒玩具焦点图

3. 宝贝详情描述信息

该模块主要是对商品的品质、材质、特点、使用场合等进行说明，卖点和特性作为吸引顾客注意力的信息，往往被放在详情页的第二屏。根据销售的 FAB 法则，按照属性、作用、好处（Benefit）的顺序来设计相应内容，达到说服消费者的目的。宝贝详情描述信息案例如图 8-76 所示。

图 8-76　宝贝详情描述信息案例

属性：柔软面料、优质 PP 棉、安全无毒。

作用：良好的舒适性，能抚慰情绪，鼓励孩子用感官去接触世界，练就宝宝健康阳光的性情，是送礼的最佳选择。

好处：朋友喜欢，孩子开心。

1）商品参数 / 信息

可采用实物与商品参数对比的方式，让顾客切身体验的商品实际尺寸，最大限度地缩减实物与顾客心理预期的误差。商品参数案例如图 8-77 所示。

2）同行商品优劣对比

通过与同类目网店的商品进行优劣对比，强化商品卖点。

3）商品细节图片展示

细节图片要清晰、富有质感，并且附带相关的文案介绍。商品细节图片展示案例如图 8-78 所示。

图 8-77　商品参数案例

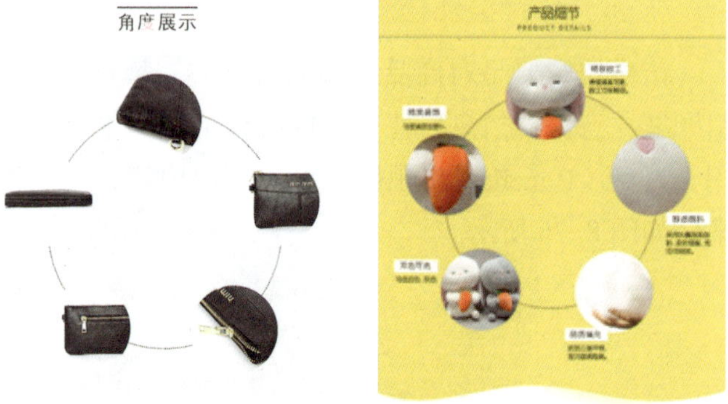

图 8-78　商品细节图片展示案例

4）商品全方位展示

多种颜色的商品，展示以主推颜色为主、其他颜色为辅。除了展示模特图，还可以展示高质量的实物图，让顾客对商品有更直观的了解。商品全方位展示案例如图 8-79 所示。

图 8-79　商品全方位展示案例

5）售后保障、物流问题

通过对是否支持 7 天无理由退换货、发什么快递、快递的派送周期、商品的退换货等问题的解答，能减少顾客对网络购物的不信任感，增加转化率，同时还能体现网店营销的专业化程度。售后保障、物流问题案例如图 8-80 所示。

图 8-80　售后保障、物流问题案例

8-2.3　PC 端商品详情页学生设计作品展示

案例一：溜溜毛绒玩具网店详情页①

1）总分析

总分析详细见图 8-81。

① 项目案例来源：成都职业技术学院

分析 1：

整体采用黄色为主色调，在第一屏的商品海报就以亮眼的黄色作为底色，十分抢眼。没有过多的说明性文字，只是简洁的文字和商品正面图，在第一屏就让消费者了解到这个商品是什么。

分析 2：

首先介绍商品的特性，然后介绍商品的作用（为什么要买，什么人买），最后说商品（给消费者带来）的好处，按照这样说服性的结构来介绍，让消费者相信商品是最好的。

分析 3：

页面布局设计上的版式较为灵活，呈现出错落有致的视觉效果。

①商品海报
②颜色展示
③商品细节
④商品参数

图 8-81　溜溜毛绒玩具网店详情页总分析

2）色调分析

本案例页面背景整体色调统一，在用色上使用了明亮的黄色，使网店整体风格变得活泼生动，符合商品的特性。黄色作为底色，橙色作为点缀色，使画面整体为暖色调，营造出温暖的气氛，与网店的商品——毛绒玩具相契合。

①设计元素的配色方案：温暖的黄色和红色，如图 8-82 所示。

242-214-33　　235-156-0

图 8-82　设计元素的配色方案

②辅助配色方案：近似色，如图 8-83 所示。

237-110-41　　237-120-105　　51-178-135　　212-222-145

图 8-83　辅助配色方案

3）设计流程

（1）设计步骤

设计步骤如图 8-84 所示。

（2）步骤详解

步骤一：新建一个 790 像素 ×4857 像素的白色画布，并设置参考线。

步骤二：使用矩形工具绘制一个矩形，选择颜色进行填充；再使用钢笔工具绘制图形，将图片素材拖入；使用文字工具，选择字体，输入标题内容，如图 8-85 所示。

步骤三：新建图层，使用圆角矩形工具（U）绘制一个圆角矩形，再使用椭圆工具绘制一个圆形，在网络中寻找一个小图标，将 PNG 图片拖入图层；使用文字工具输入内容；复制圆角矩形、圆形和小图标，修改文字，调整版式，如图 8-86 所示。

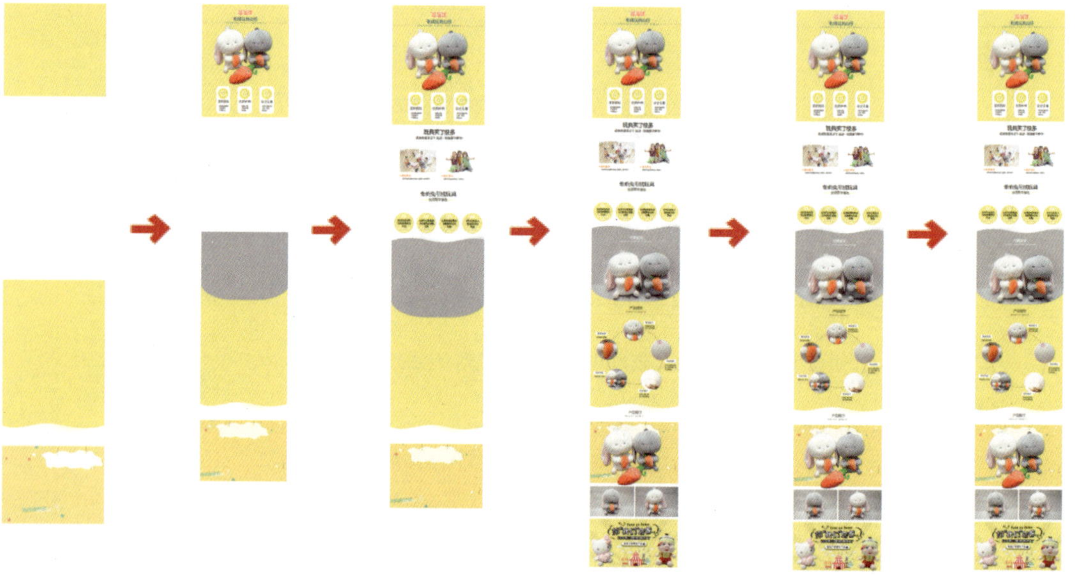

（a）制作背景　（b）制作店铺海报　（c）制作商品特性　（d）制作颜色展示　（e）制作商品细节　（f）制作页尾

图 8-84　溜溜毛绒玩具网店详情页设计步骤

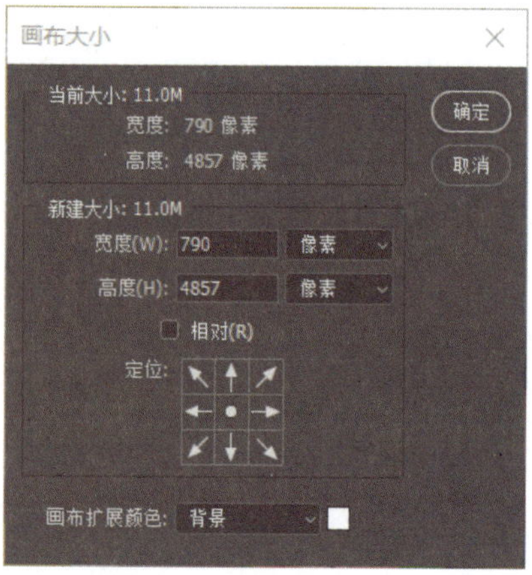

（a）

（b）

图 8-85　制作标题

图 8-86　制作宝贝详情描述信息一

步骤四：新建两个矩形，在属性位置单击矢量蒙版；将图片拖入矢量蒙版，调整图层位置，如图 8-87 所示。

图 8-87　制作宝贝详情描述信息二

步骤五：创建一个圆形图层，使用文字工具输入文字；使用钢笔工具绘制图形，添加文字，如图 8-88 所示。

图 8-88　制作宝贝详情描述信息三

步骤六：使用钢笔工具绘制图形，添加文字，如图 8-89 所示。

图 8-89　制作宝贝展示

案例二：包罗万象女士皮具网店详情页[1]

1）总分析

详细总分析如图 8-90 所示。

分析 1：

整体采用粉色为主色调，将在第一屏商品海报中出现的粉色画卷延伸出来成为后面部分的背景画面，富有新意。第一屏的海报与后面内容契合度较高。无过多的说明性文字，只是采用简洁的文字和商品造型图，在第一屏就能很好地吸引消费者。

分析 2：

首先展示不同色系的商品，体现商品的多样性；接下来展示商品的细节部分，让消费者更好地了解商品。

分析 3：

最后放上商品的相关参数，让消费者从材质等方面更加全面地了解商品。

①商品海报

②颜色展示

③商品细节

④商品参数

图 8-90　包罗万象女士皮具网店详情页总分析

2）色调分析

本案例页面采用粉色为主色调、米白色为辅色调，整体色调纯净大方，背景色调简洁，和详情页的要求相符，同时也符合商品特征。

①设计元素的配色方案：粉色和米白色，如图 8-91 所示。

179-128-115　　235-222-191

图 8-91　设计元素的配色方案

②辅助配色方案：近似色，如图 8-92 所示。

67-70-69　　74-60-52　　110-161-194　　250-191-199

图 8-92　辅助配色方案

3）设计流程

（1）设计步骤

设计步骤如图 8-93 所示。

（2）步骤详解

步骤一：新建一个 750 像素 ×4915 像素的画布并填充颜色和设置参考线，如图 8-94 所示。

步骤二：直接将图片素材导入，如图 8-95 所示。

① 项目案例来源：成都职业技术学院

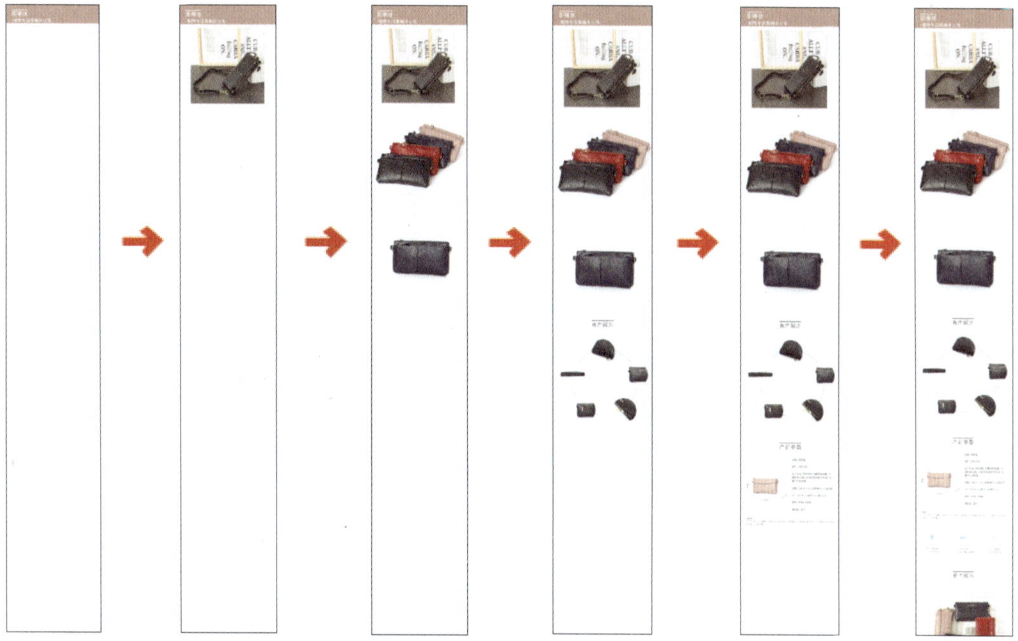

（a）制作背景　（b）制作店铺海报　（c）制作商品特性　（d）制作颜色展示　（e）制作商品细节　（f）制作页尾

图 8-93　包罗万象女士皮具网店详情页设计步骤

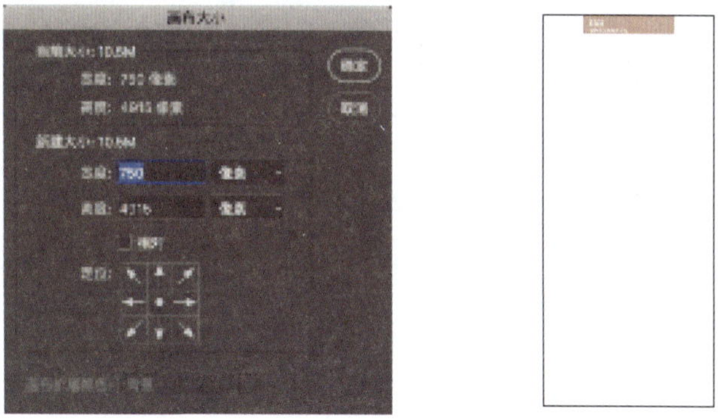

图 8-94　新建画布并填充颜色和设置参考线

图 8-95　导入图片素材

步骤三：绘制矩形，在属性面板中将矩形设置为矢量蒙版，拖入图片，如图 8-96 所示。

图 8-96　由矩形创建矢量蒙版并拖入图片

步骤四：绘制 5 个椭圆，在属性面板中将椭圆形设置为矢量蒙版，拖入图片，如图 8-97 所示。

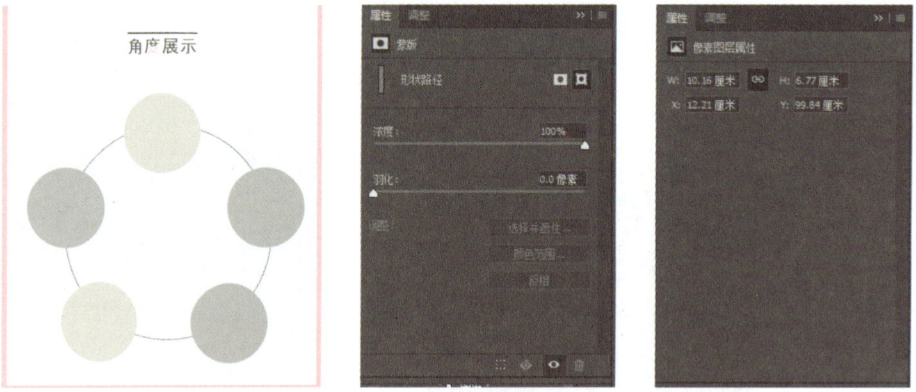

图 8-97　由椭圆创建矢量蒙版并拖入图片

步骤五：依次导入图片，并在图片上添加文字，如图 8-98 所示。

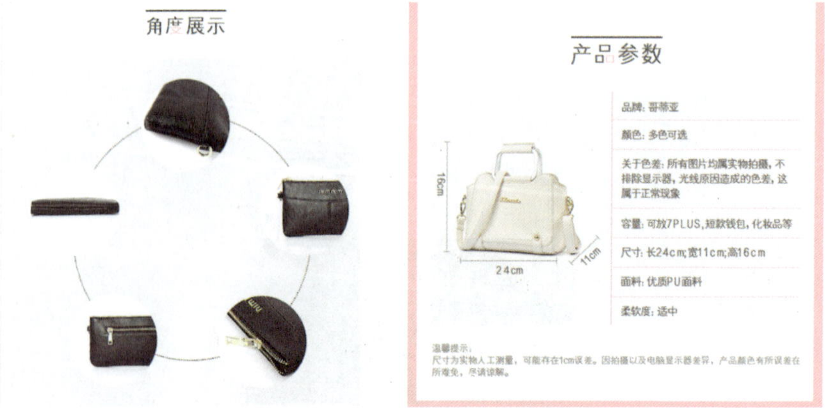

图 8-98　导入图片并添加文字

4）网店详情页装修指南

（1）淘宝首页

步骤一：单击“网店装修”栏，选择“自定义页”，单击“新建页面”按钮（见图 8-99），确定名称，将光标移至右侧新建好的页面栏目上，单击“装修页面”。单击添加自定义模块，移除不需要的模块。打开 Photoshop，将详情页面的图片裁剪后上传到素材中心，将光标移至图片并复制图片代码。

图 8-99　网店装修——新建页面

步骤二：打开 Dreamweaver 软件，新建 html 页面，粘贴代码在 <body></body> 标签之间，复制所有详情页的图片代码。单击“拆分”按钮，单击上部分图片，右击并在弹出的快捷菜单选择“属性”命令，图片属性界面如图 8-100 所示，找到矩形热点工具。选择图片，在需要添加链接的地方绘制矩形。依次在需要添加链接的地方绘制矩形，然后分别单击矩形后在链接栏设置需要链接到的地址，目标选择“_blank”。

图 8-100　图片属性界面

步骤三：新建一个 html 页面，如图 8-101 所示，其代码如图 8-102 所示。

```
    <div style="height: 4915px;"> <div class="footer-more-trigger" style="left: 25%;top: auto;border: none;padding: 0;"> <div class="footer-more-trigger" style="left: -960px;top: auto;padding: 0;">  </div> <!-- 内容区 --> <!-- 内容区 end--> </div> </div> </div>
```

步骤四：如图 8-103 所示，复制代码到 <body> 标签之间，将已经制作好链接的代码复制到内容区；然后打开之前创建的宝贝详情页面，双击创建好的自定义模块，选择不显示标题，选择编辑源代码后将复制好的代码粘贴到文本框中；单击“确定”按钮后保存。

图 8-101 新建一个 html 页面

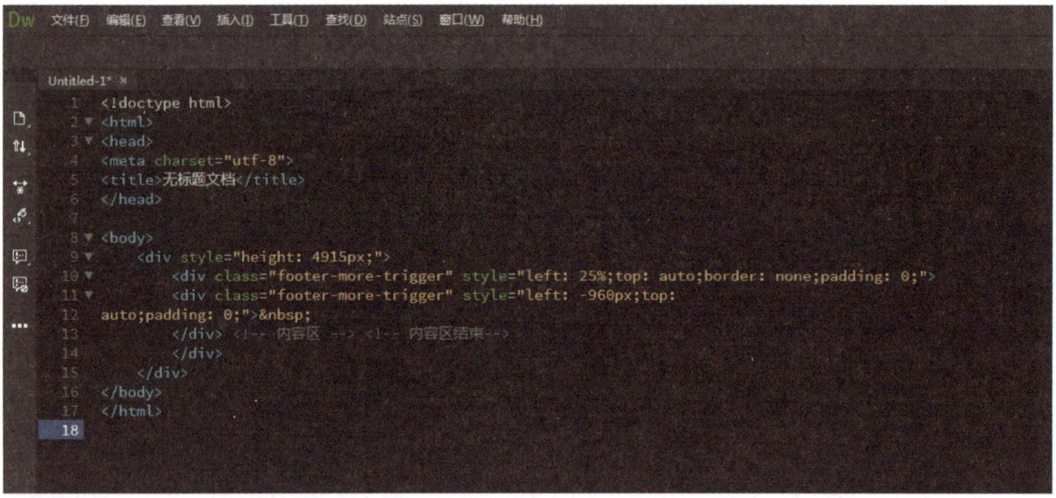

图 8-102 新建一个 html 页面的代码

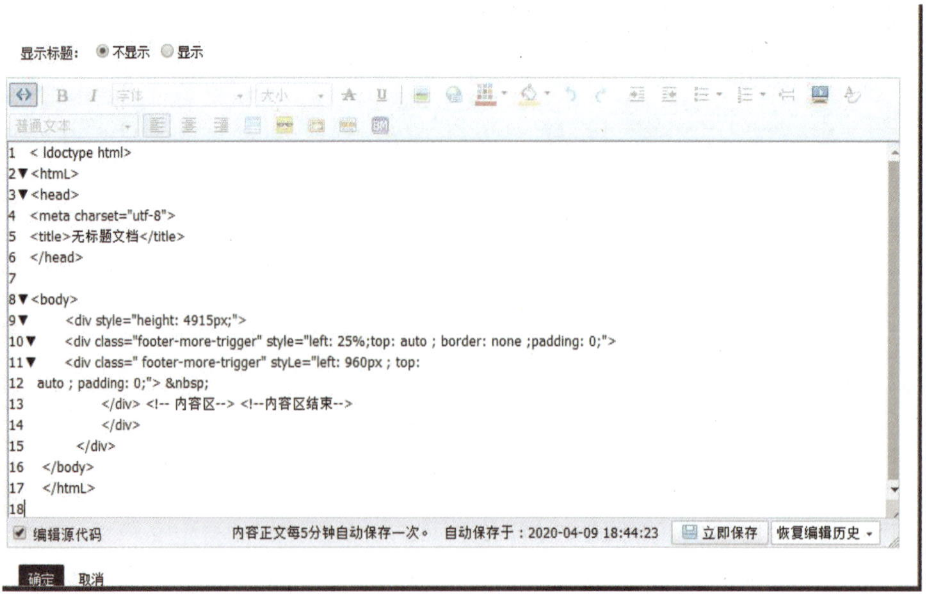

图 8-103 复制代码

8-3 移动端装修视觉设计

8-3.1 认识手淘

手机淘宝客户端（手机淘宝简称手淘），是淘宝网官推出的手机应用软件。目前，大多数顾客都习惯使用手机端上网，手机端已成为稳固的浏览渠道之一，手机端的购买率也远超过了 PC 端。在 2018 年“双十一购物狂欢节”的 2135 亿元成交额中，手机端的消费额占比超过 98%。因此，网店首页和详情页的排版技巧开始从横屏思维向竖屏思维转换。手淘首页模块如图 8-104 所示，溜溜毛绒玩具网店手淘首页如图 8-105 所示，包罗万象女士皮具网店手淘首页如图 8-106 所示。

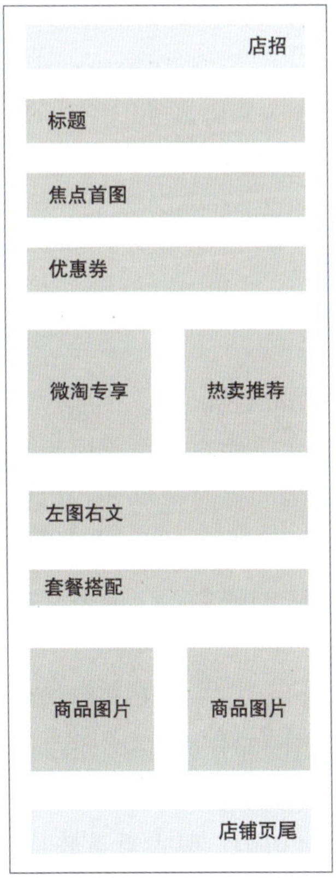

图 8-104　手淘首页模块

图 8-105　溜溜毛绒玩具网店手淘首页

图 8-106　包罗万象女士皮具网店手淘首页

手淘装修设计注意事项包括以下几点。

1）内容精简明了

手机屏幕不同于电脑，电脑上显示得很清晰、很有震撼力的图片放到手机上，都不一定能看全，更不要说能不能达到同等震撼效果了，这都是手机屏幕较小的缘故。如果将电脑端的内容完全照搬到手机上，如此多的内容必定会让手机显示屏数增多，这很容易让顾客产生抵触心理。因此，在进行移动端装修设计时，内容要尽量精简明了，以商品核心内容为主，主推一个卖点，其他的都可以适当地删减。

2）合理布局

手机屏幕只有 5 ～ 6 英寸，文字相对来说都比较小，所以手淘首页要尽量做到多图少字。也正因为如此，顾客浏览的速度会加快。因此，对于手淘，图片要颜色分明，页面布局要有层次感，以给顾客带来视觉冲击。

3）简单装修

手机的屏幕比电脑的屏幕小，所以在设计时不要装修设计得过于复杂，如果过于复杂会让顾客“懒得看”，所以装修简单、方便购物就好。

4）风格统一

同电脑端首页设计一样，图片的规格、风格、页面都要整洁统一。

5）细节展示

受限于手机屏幕狭小的特点，图片和文字都会比较小，所以顾客看到感兴趣的图片时，会放大局部细节。如果图片的细节做得很有质感，比较有吸引力，那么这种局部的放大就会造成视觉冲击力，给顾客眼前一亮的感觉。

1. 手淘首页视觉设计

1）手淘首页视觉设计要点

店招：手机端的店招大小为 640 像素 ×200 像素，文件大小在 100KB 以内，一般包含网店名称、Logo、收藏与分享按钮、营销亮点、网店活动、背景图片等内容，由于位于页面的顶端、显示的比例比电脑端大，因此更为抢眼，一般要求主题鲜明、颜色亮丽，以便能在吸引顾客眼球的同时宣传网店。在设计店招时，可从行业地位、活动主题出发。

网店标题模块：主要用于区分商品类别，展示网店的优势、品牌的理念等，最多支持 12 个中文字符。

焦点图模块：图片大小为 608 像素 ×304 像素，文件大小在 100KB 以内，一般用于网店活动宣传、网店商品宣传、网店形象宣传等。在制作轮播焦点图时，轮播图部分最多可以添加 4 张图片。

优惠券模块：图片大小为 248 像素 ×146 像素，文件大小在 50KB 以内，要求重点醒目、清晰、互动性强、具有分隔空间与活跃页面的效果，可以使用多图、左文右图等模块进行制作。

左文右图模块：图片大小为 608 像素 ×160 像素，文件大小在 100KB 以内，一般用于网店活动宣传、网店王牌宝贝展示、网店文化介绍等。制作时，要求清晰准确，在其中设置一些引导按钮以引导用户单击。

套餐搭配模块：告知顾客网店搭配的套餐，以提高成交量。

文本模块：最多支持 50 个中文字符，作为商品与商品之间的分割，是对商品的特别说明。

商品图片：用于对网店的商品进行展示，在注意布局的同时还应尽量将主营的宝贝全部覆盖；展示时，应将王牌宝贝、热销宝贝进行重点和突出展示，可通过色相对比吸引用户眼球，或添加相应元素引导顾客。

底部自定义导航模块：引导分类宝贝，有效促进顾客分流。

微淘：微淘是阿里巴巴集团的重要商品展示平台，在移动互联时代，微淘是移动消费的重要入口。商家在微淘上可以更好地开展经营活动，跟顾客保持更好地沟通。

2）手淘首页装修注意事项

由于大多数的流量及订单都来于手机端，因此商家要重视手机端的运营，尤其是网店首页的优化。在设计网店首页时，通常应注意以下 4 个方面。

①注重感官的习惯性与舒适性：从顾客的购物习惯出发，图片的清晰度和大小都要适应手机的尺度，以大图为主，分类清晰明确；搭配舒适的网店颜色；商品的细节清晰、美观，给人零距离、舒适的体验。

②合理控制页面的长度：由于手机屏幕狭长，用户在浏览时一般是从上而下，要求信息不必太多，一般以 6 屏幕以内为最佳。

③页面整体内容的把握：网店的主营宝贝与定位理念突出，要充分考虑互动性、趣味性、专业性与基调定位，能够精准定位顾客，并快速吸引眼球。

④与电脑端的视觉统一：手机端的内容与电脑端的内容相互呼应，具有相通的视觉符号，提高网店品牌的关联性。

3）手淘网店的各个图片尺寸

店招规格：建议选择 642 像素 ×200 像素的图片，类型为 JPG、PNG。

新客老客规格：建议选择 608 像素 ×336 像素的图片，类型为 JPG、PNG。

图文类单列图片模块：建议选择 608 像素 ×336 像素的图片，类型为 JPG、PNG。

图文类双列图片模块：建议选择 296 像素 ×160 像素的图片，类型为 JPG、PNG。

图文类多图模块：建议选 248 像素 ×146 像素的图片，类型为 JPG、PNG。

图文类焦点模块：建议选择 608 像素 ×304 像素的图片，类型为 JPG、PNG。

图文类左文右图模块：建议选择 608 像素 ×160 像素的图片，类型为 JPG、PNG。

活动头图片模块：建议选择 640 像素 ×304 像素的图片，类型为 JPG、PNG。

4）主图中的“白底图”

白底图就是白色背景的宝贝展示图，手淘为什么要使用白底图呢？因为白底图能够突出宝贝，而且能与手淘首页白色背景相融合，达到整体美感，干净清爽；最重要的是，白底图可以增加手淘首页的曝光机会。

随着手淘的改版，所有手淘的个性化透出入口，首焦个性化、有好货、爱逛街、必买清单、我爱我家、新选大赏、天天特价等模块均需要白底图，所以需要全部店家将宝贝的第 5 张主图设置成纯白底图，无白底图的商品很难在手淘各入口中展示。需要特别注意的是，以前白底图的要求是四周要留白，现在的要求是四周不留白。

手淘首页上大部分商品会针对不同的用户需求推荐不同的宝贝入口图，根据顾客平时喜欢的风格进行推荐，大家看到的商品都不同。例如：顾客对男士数码商品比较感兴趣，那么在手淘首页中就会尽量展现相关品类商品的入口图，同时为了保证所见所得，在单击各个商品进入详细页面后，入口宝贝都会在首屏有对应的推荐位。主图中的白底图如图 8-107 所示。

图 8-107　主图中的白底图

手淘首页推广白底图的要求：想要让自己网店宝贝白底图能够在手淘首页上推广，制作白底图时必须遵守以下基础要求和 12 条手淘首页制图基本规范。

基础要求：禁止出现违禁商品图、政治和宗教敏感图、丧葬用品图。

5）12 条手淘首页制图基本规范

①图片要求为正方形，图片尺寸必须为 800 像素 ×800 像素。

②图片格式为 JPG 格式，大小则要求大于 38KB 且小于 300KB。

③背景必须是纯白底，需要对素材进行抠图，边缘处理干净、无阴影，不能有多余的背景、线条等未处理干净的元素。

④无 Logo、无水印、无文字、无拼接、无“牛皮癣”。

⑤不可用模特拍摄，不能出现人体任何部位，如手、脚、腿、头等部分。

⑥必须是平铺或者挂拍，不可出现衣架（包括衣架挂钩）、假模、商品吊牌等物体。

⑦商品需要正面展现，不要侧面或背面展现，主体不要左右倾斜。

⑧图片美观度高，品质感强，商品展现尽量平整，不要褶皱。

⑨构图明快简洁，商品主体清晰、明确、突出，要居中放置。

⑩每张图片中只能出现一个主体，不可出现多个相同主体。

⑪为保证商品在手机端展现得更加清晰，商品在保持美观的情况下，尽量减少留白。

⑫图片中商品主体必须展示完整，展现比例不要过小，商品主体尺寸要大于 300 像素×300 像素。

2. 手淘商品详情页视觉设计

1）手淘商品详情页的特征

详情页决定了网店流量的转化率，由于越来越多的人选择手机购物，因此手机端的详情页的装修也势在必行。与电脑端的详情页相比，手机端的详情页具有以下 5 个特征。

①尺寸更小：手机端的尺寸往往比较小，宽度一般为 620 像素，一屏高度不超过 960 像素，为了能在一屏内展示相关的内容和信息，就需要考虑页面的长度。

②卖点应该更加精炼：手机端详情页可以参照电脑端，但是手机端更加注重在最短的时间内把顾客的购买遗忘放大到最大，因此手机端详情页的卖点应该更加精炼。

③场景更加丰富：由于手机端用户可以在多种场景内进行购物，如车上、床上、步行中。因此，在手机详情页面添加多种场景可以更加贴近生活，增加顾客对商品的了解。

④面切换不便：电脑端可以很方便地通过文字或按钮切换页面，而手机端的页面切换就不是很方便，因此手机端的图片及图片上的引导文字一定要清晰并且具有吸引力，能够快速打动顾客。

⑤页面文件的容量更小：在电脑端浏览 Web 页面平均需要 9MB 流量，若直接将电脑端详情页转化为手机端详情页，将导致页面加载缓慢，耗费顾客更多的流量，因此手机端详情页的页面文件应更小。

2）手淘详情页设计的要点

基于无线网店详情页的特征，在设计详情页时需要注意以下 3 点。

①图片设计要点：图片的体积不能太大，否则容易出现加载缓慢的情况，影响顾客用户购物体验，此时应在保证图片清晰度的同时压缩图片。细节图不能太小，尽量保证清晰度，让顾客能够看见细节详情，产生购买欲。

②文字设计要点：图片文字、宝贝信息和宝贝描述文字都不能太小，否则容易造成诉求不清楚。

③宝贝重点的设计：宝贝重点需要突出，这就要求合理控制页面展示的信息量，省略一些无关紧要的内容，提高购物体验。

目前，各个网站或者成交渠道都拥有自己的图库池，当店家们把第 5 张主图替换成白底图，图片呈现合乎基本规范，商品就会被 MaxCompute 所识别，进入池子备选推荐。但是有一个前提，就是店家本身已经在这个池子中。比如，一个店家本身就已经在“爱逛街”池子里，当商品图片更换为白底图后，就有了首页曝光的机会，不然只能等顾客进入爱逛街渠道，才有可能翻阅到该宝贝。

把商品主图的第 5 张换成白底图，并不是强制性的，但是如果有些店家因为觉得每件宝贝都要替换图片，工作量比较大而不去做这项工作，就相当于完全放弃了手淘首页个性化曝光的机会。

3. 轻视觉方法论

用最快、最短、最迅速的方式传递想表达的信息，让顾客一秒就能看懂页面并被吸引，这就是轻视觉。要理解轻视觉，可通过以下几个理论来分析。

1）一屏论

顾名思义，即一屏一个卖点。因为手机屏幕比较小，所以一屏只能表达一个主题，才能让顾客一眼就看到卖点。一屏论案例如图 8-108 所示。

图 8-108　一屏论案例 ①

2）分离论

分离论是指图片和文字一定要分离，图是图，文字是文字，不能图文混排，这样才能确保页面的干净、纯粹。如果网店卖点比较多，就一屏图片、一屏文字。但应注意，文字与图片之间一定要留白，有留白才能凸显卖点。分离论案例如图 8-109 所示。

3）切割论

简单来说就是构图逻辑，就是对每个页面进行布局。轻视觉一般有以下几种构图逻辑。

① A+B=5∶5 图文切割逻辑，如图 8-110 所示。

① 图片来源：四川省金堂县职业高级中学

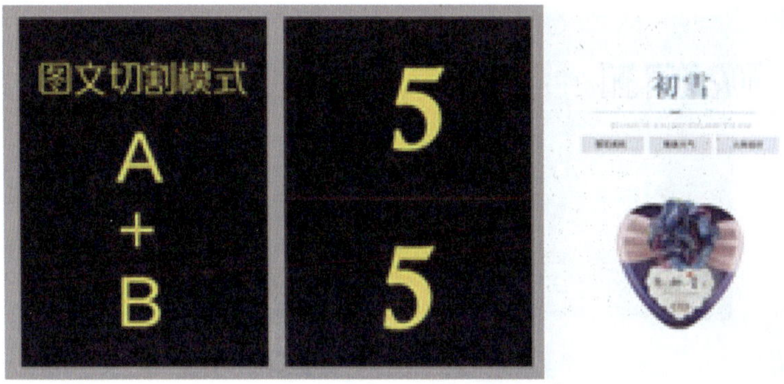

图 8-109　分离论案例[①]

图 8-110　5：5 图文切割逻辑[②]

②7：3 或 3：7，大 A+ 小 B 图文切割逻辑，如图 8-111 所示。

图 8-111　3：7 图文切割逻辑[③]

③2：6：2，小 A+ 大 B+ 小 C 图文切割逻辑，如图 8-112 所示。

④6：（2+2），A+（B+C）图文切割逻辑，如图 8-113 所示。

①②③　图片来源：四川省蒲江县职业中专学校

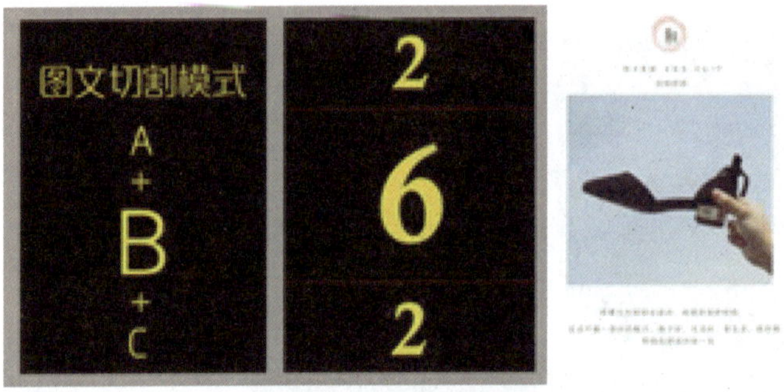

图 8-112　2：6 ：2 图文切割逻辑①

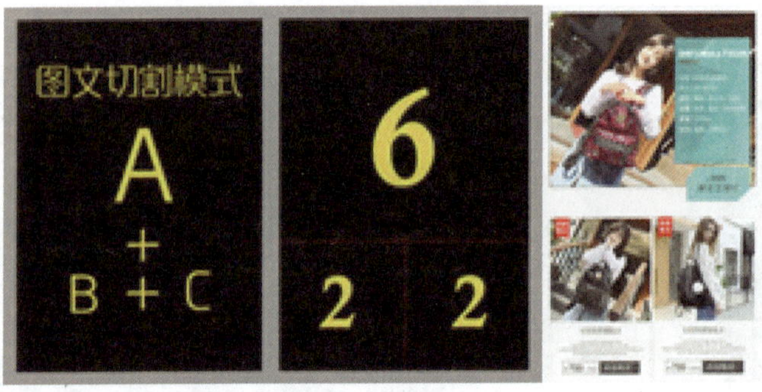

图 8-113　6：（2+2）图文切割逻辑②

4）钉子论

一张白纸上若有一个黑点，这个黑点哪怕再小，也能够轻而易举地被发现。页面留白，再小的点都能突出重点，所以钉子论最大的特点就是要学会留白。留白不仅会让顾客的视线聚焦在卖点上，同时还让构图显得有档次、有格调。钉子论案例如图 8-114 所示。

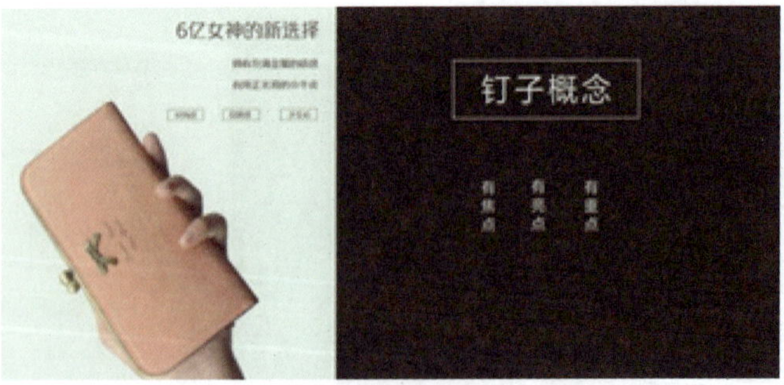

图 8-114　钉子论案例③

5）微观论

微观论就是要突出细节，以特写的形式展示细节，质感就会不一样，会让顾客觉得这是

① 图片来源：成都市洞子口职业高级中学校
②③ 图片来源：四川省成都市礼仪职业中学

一个很有品牌、很上档次的商品。同时，细节要足够充分，要敢于暴露细节，这样与同行商品一对比，会让顾客有安全感，更容易获得顾客的信赖。注意：突出细节不是把某一部分扣出来放大，而是换一种方式凸显细节，给视觉造成冲击力。微观论案例如图 8-115 所示。

图 8-115　微观论案例①

只有模块化才能让网店的页面轻视觉、轻逻辑。具体如何布局，需根据网店商品和需要突出的重点来决定。

8-3.2　手淘首页设计范例展示

案例一：溜溜毛绒玩具网店手淘首页①

1）总分析

总分析如图 8-116 所示。

（1）欢迎模块

在欢迎模块中使用卡通城堡形象及可爱的小物件，可以吸引消费者的注意力，搭配上主推商品图片和文字，表现出一种活泼、别致的页面效果。区别于 PC 端，将横图调整为竖图，在素材摆放、结构方面进行了相应的调整。

（2）优惠专区

使用不规则形状的底板，分割出不同的小区域，不同的小区域对商品展示的方式不同，使得重点推广的商品更引人注目，提高消费者的购买欲望。

（3）热卖推荐

在末尾特别展示本店的热卖推荐，版式统一，有秩序感。

图 8-116　溜溜毛绒玩具网店手淘首页总分析

2）色调分析

本案例页面背景整体色调统一，在用色上使用了明亮的黄色，使网店整体风格变得活

① 项目案例来源：成都职业技术学院

泼生动，符合商品的特性。黄色作为底色，红色作为点缀色，使画面整体为暖色调，营造出温暖的气氛，与网店的商品毛绒玩具相契合，第一时间吸引顾客。

①设计元素的配色方案：温暖的黄色和红色，如图 8–117 所示。

图 8–117　设计元素的配色方案

②辅助配色方案：近似色，如图 8–118 所示。

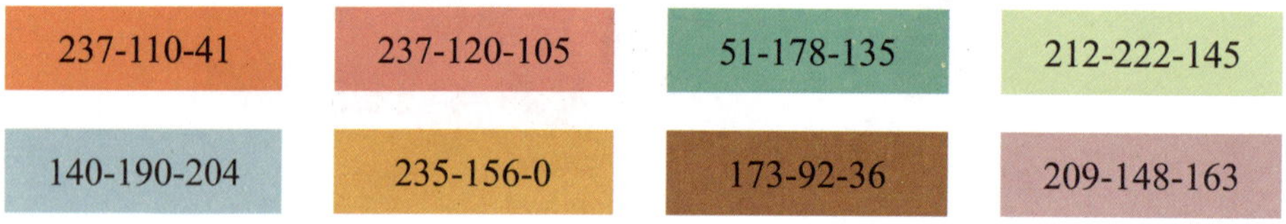

图 8–118　辅助配色方案

3）设计流程

设计流程如图 8–119 所示。

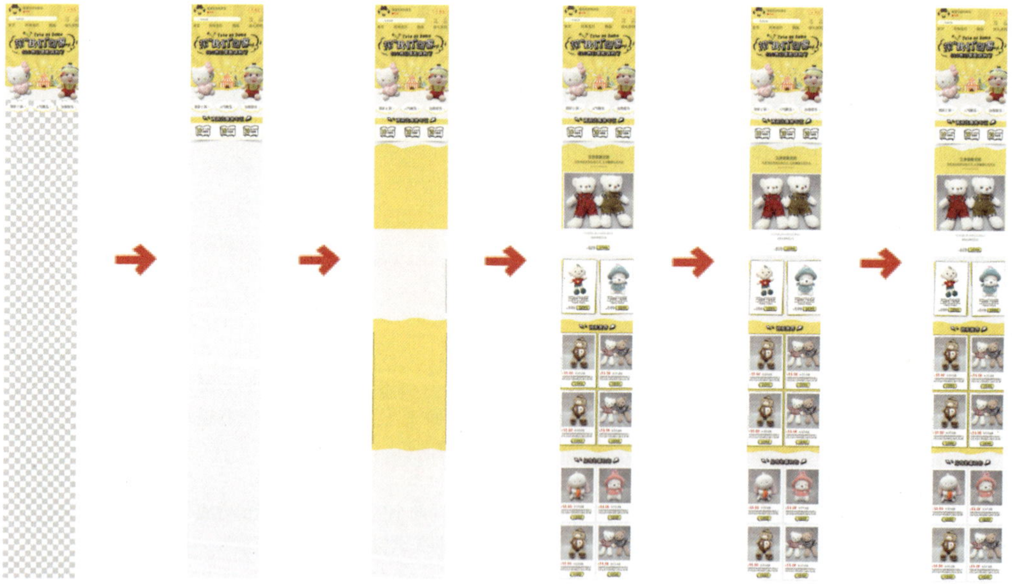

（a）制作欢迎界面　（b）制作优惠专区　（c）制作主题专场　（d）制作商品特点　（e）制作活动促销　（f）制作热卖推荐

图 8–119　溜溜毛绒玩具网店手淘首页设计流程

案例二：包罗万象女士皮具网店手淘首页[①]

1）总分析

总分析如图 8–120 所示。

① 项目案例来源：成都职业技术学院

（1）欢迎模块

在欢迎模块中使用色块将画面分割成几个部分，营造出立体空间效果，在画面焦点位置放上店铺主推包款，再添加两片花瓣点缀出店铺售卖的是女士包。将横图改为竖图，在大体上不变的情况下改变文字的排版。

（2）主题专场

划分出不同的主题专场，并使用规则的形状进行排版，底板使用白色，给人一种简单整洁的感觉，体现店铺的高端感。

（3）热卖爆款

将主推商品的版面放大，凸显出店铺主推商品，使用规则、有棱角的形状来展示商品，增强秩序感。

图 8-120　包罗万象女士皮具网店手淘首页总分析

2）色调分析

采用明快的绿色，符合网店的定位；背景不只是一个纯色，还有小元素的搭配，使背景显得饱满；网店首页的整体色彩很统一，在用色上使用了比较简洁的色彩，符合网店定位和商品特性，吸引顾客购买。

①设计元素的配色方案：明快的绿色和灰色，如图 8-121 所示。

图 8-121　设计元素的配色方案

②辅助配色方案：纯度较低的色彩，如图 8-122 所示。

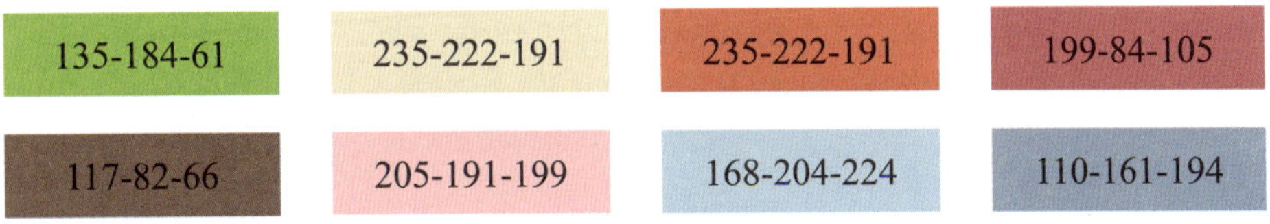

图 8-122　辅助配色方案

3）设计流程

设计流程如图 8-123 所示。

8-3.3　手淘商品详情页设计范例展示

案例一：溜溜毛绒玩具网店手淘详情页 ①

1）总分析

总分析如图 8-124 所示。

① 项目案例来源：成都职业技术学院

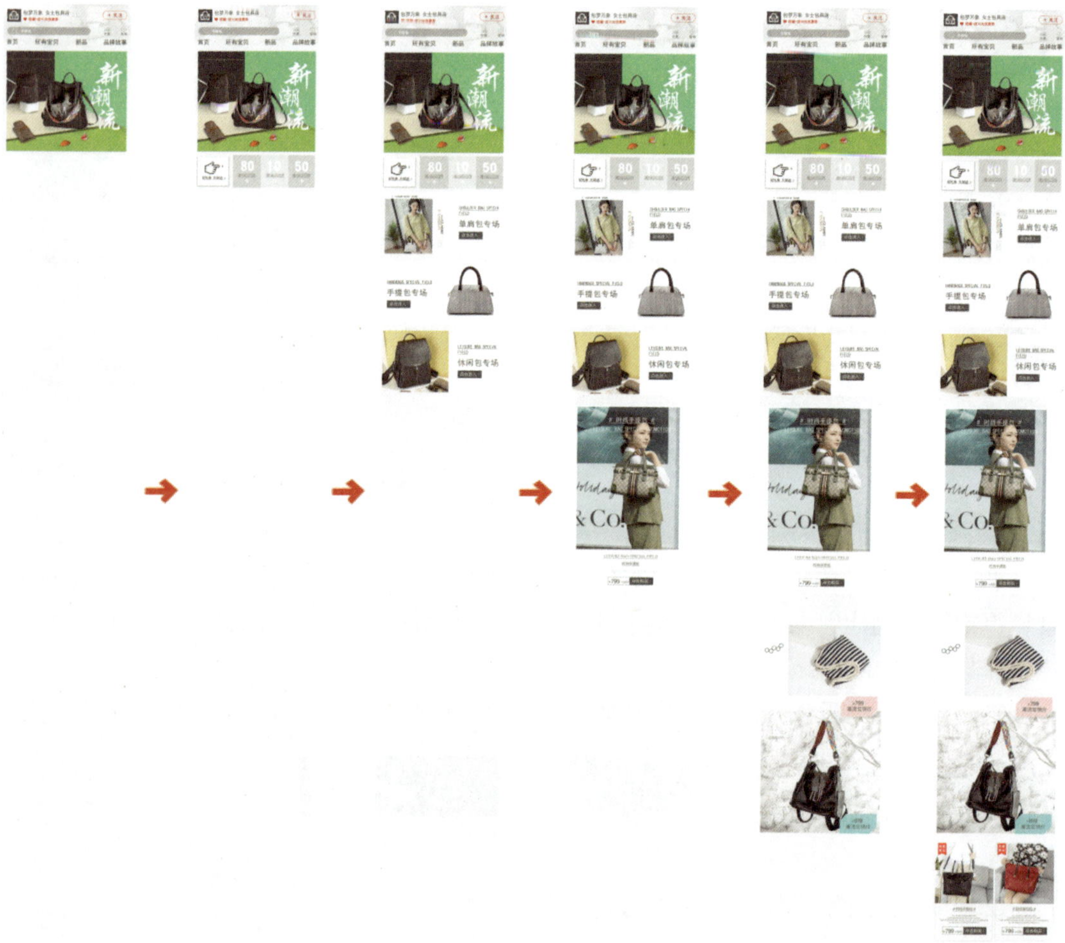

（a）制作欢迎界面　（b）制作优惠专区　（c）制作店铺背景　（d）制作活动促销　（e）制作热卖推荐　（f）制作页尾

图 8-123　包罗万象女士皮具网店手淘首页设计流程

分析 1：

整体采用蓝色为主色调，商品海报以干净的蓝色作为底色，十分简洁，没有过多的说明性文字，只是简洁的文字和商品正面图，在第一屏就让消费者了解到这个商品是什么。

分析 2：

首先介绍商品的特性，然后介绍商品的作用（为什么要买，什么人买），最后说明商品（给消费者带来）的好处，按照这样说服性的结构来介绍，让消费者相信商品是最好的。

分析 3：

页面布局设计上版式较为灵活，呈现出错落有致的视觉效果。

①商品海报

②颜色展示

③商品细节

④商品参数

图 8-124　溜溜毛绒玩具网店手淘详情页总分析

2）色调分析

本案例页面采用粉色为主色调，蓝色为辅色调，整体色调纯净大方，背景色调简洁，和详情页的要求相符，同时也符合商品特征，吸引顾客购买。

①设计元素的配色方案：粉色和蓝色，如图 8–125 所示。

图 8–125　设计元素的配色方案

②辅助配色方案：近似色，如图 8–126 所示。

图 8–126　辅助配色方案

3）设计流程

设计流程如图 8–127 所示

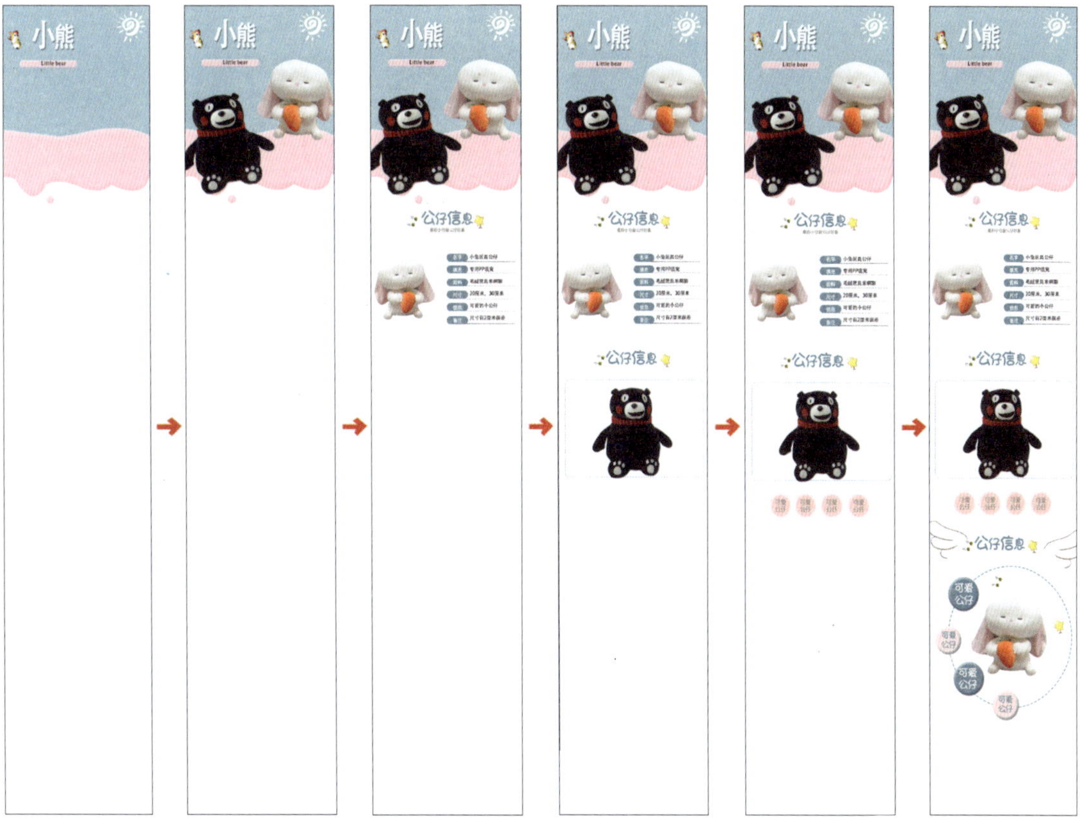

（a）制作背景　（b）制作店铺海报　（c）制作商品参数　（d）制作商品细节　（e）制作商品信息　（f）制作商品特性

图 8–127　溜溜毛绒玩具网店手淘详情页设计流程

案例二：包罗万象女士皮具网店手淘详情页[①]

1）总分析

总分析如图 8-128 所示。

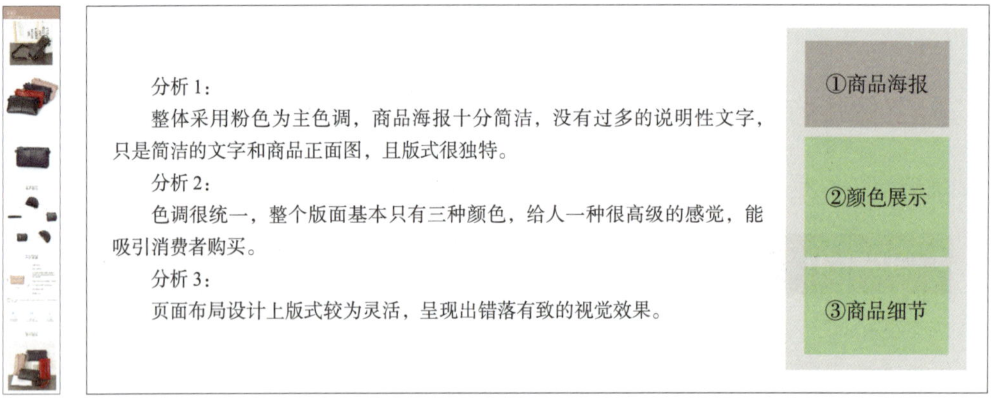

图 8-128　包罗万象女士皮具网店手淘详情页总分析

2）色调分析

本案例页面采用粉色为主色调，灰色为辅色调，整体色调纯净大方，背景色调简洁，色调简洁大方，给人一种高级感，符合时代的流行趋势。

①设计元素的配色方案：粉色和灰色，如图 8-129 所示。

图 8-129　设计元素的配色方案

②辅助配色方案：近似色，如图 8-130 所示。

图 8-130　辅助配色方案

3）设计流程

设计流程如图 8-131 所示。

4）手淘网店装修指南

（1）手淘首页

步骤一：进入淘宝网站商家中心（见图 8-132），单击“网店装修”，选择“手机端”。选择手机淘宝网店首页装修页面，从上往下装修。

① 项目案例来源：成都职业技术学院

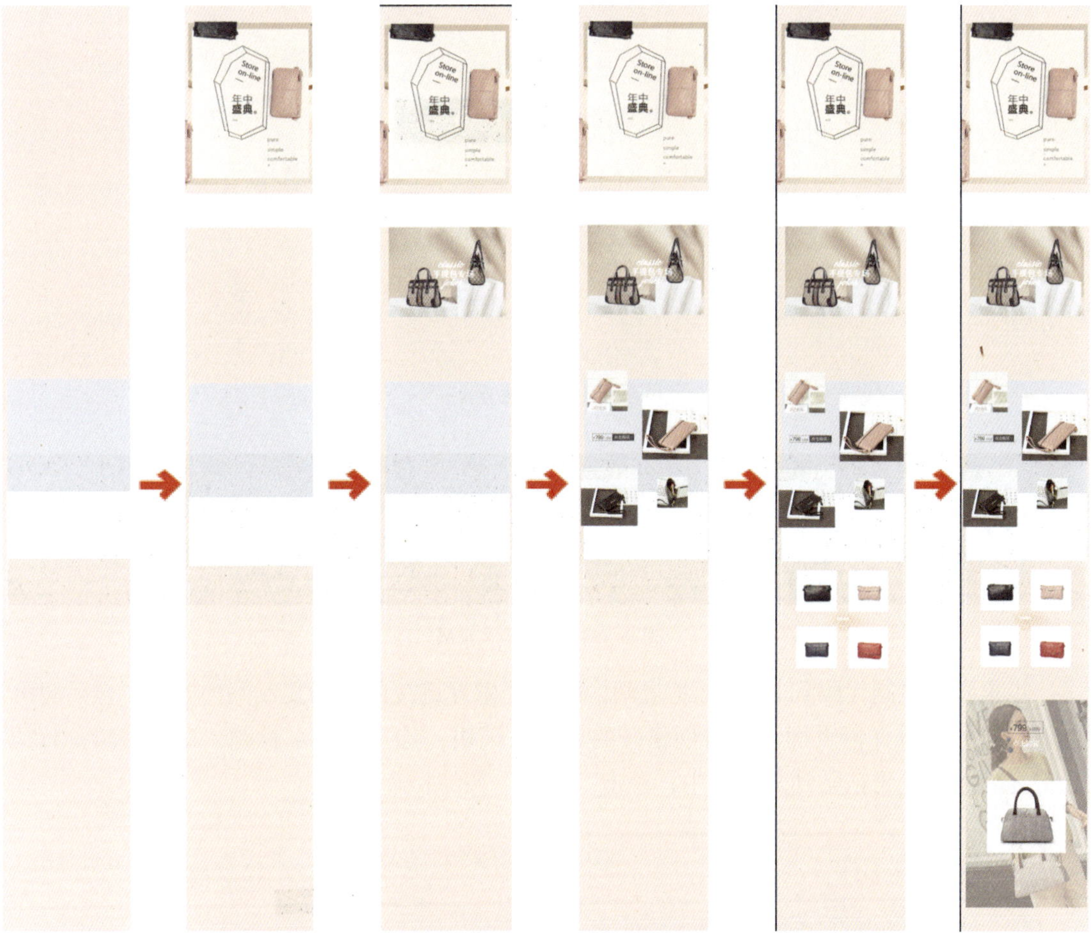

（a）制作背景　（b）制作店铺海报　（c）制作宝贝推荐　（d）制作商品细节　（e）制作颜色展示　（f）制作页尾

图 8-131　包罗万象女式皮具网店手淘详情页设计流程

图 8-132　淘宝网店商家中心

步骤二：单击搜索框，设置搜索。单击右侧添加，设置需要被搜索的关键字，单击“保存”按钮即可，如图 8-133 所示。

步骤三：将需要设置为店招背景的图片上传到素材中心，单击店招模块，选择上传店，单击“确定”按钮即可。添加单列宝贝：单击左边功能区，拖动单列宝贝模块到右侧，出现列表设置，添加宝贝数量。

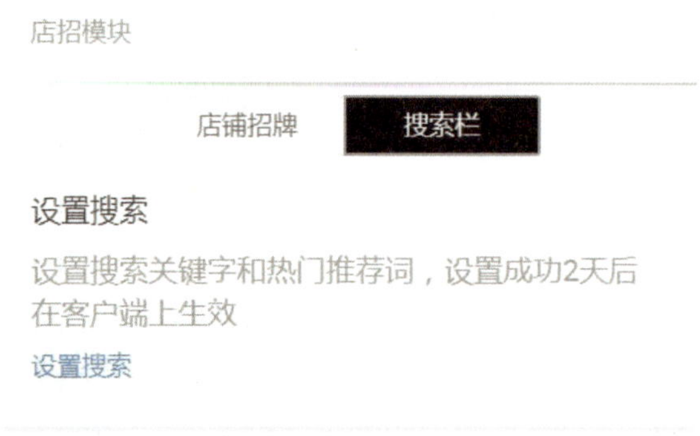

图 8-133　设置搜索

图 8-134　图的正文说明

步骤四：复制代码到 body 标签之间，将已经做好链接的代码复制到内容区；然后打开之前创建的宝贝详情页面，双击创建好的自定义模块，选择不显示标题，选择编辑源代码后将复制好的代码粘贴到文本框中；单击“确定”按钮保存。

图 8-135　图的正文说明

步骤五：添加双列宝贝，单击左侧功能区，选择双列宝贝模块，拖动到右侧，单击双列宝贝模块，设置宝贝参数（设置可参考单列宝贝设置）。单击功能区添加视频模块，设置标题名称，单击“+”添加视频。

图 8-136　图的正文说明

步骤六：导入视频，用尺度条插入宝贝图片和链接显示宝贝，单击完成编辑完成。网店标志：利用 Photoshop 将网店 Logo 裁剪好，尺寸大小为 120 像素 ×120 像素，上传到素材中心，单击网店标志上传 Logo。

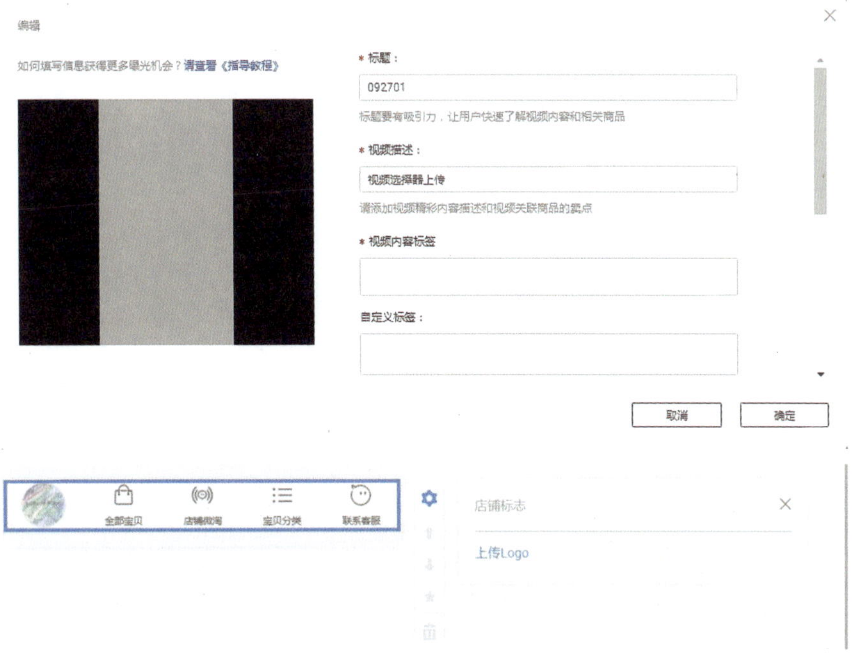

图 8-137　图的正文说明

（2）手淘详情页

步骤一：利用 Photoshop 将宝贝详情页面裁剪图片上传到素材中心。单击详情装修，关闭模板选择，单击详情编辑或进入 xiangqing.taobao.com 页面，单击操作中心宝贝管理，选择插入图片。

图 8-138　图的正文说明

步骤二：设置链接，有几个链接就将图片切成几个部分，分别设置不同链接保存；可以利用文本框设置宝贝标题和背景颜色等。在左侧模板将模块拖入。替换相应图片和链接。单击顶部功能区，可替换不同属性的宝贝展示；可在右侧栏目更换地址或者图片背景颜色等。单击右上角“保存”“发布”，利用手机淘宝扫描二维码预览装修好的网店。

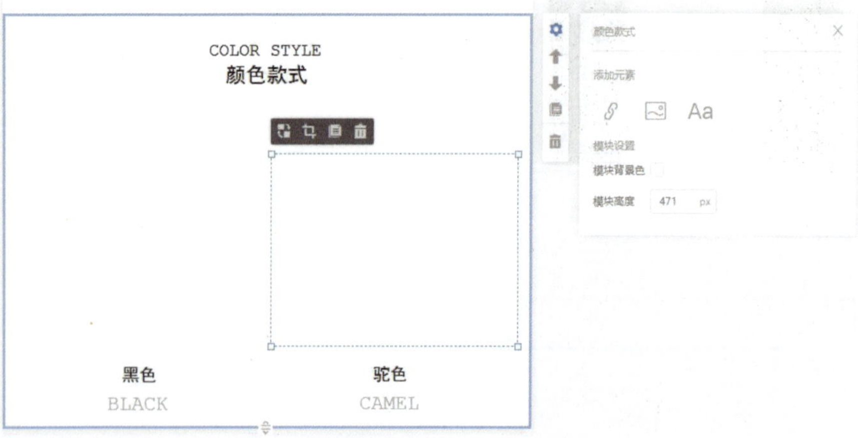

图 8-139　图的正文说明

8-4 网店视觉优化与维护

8-4.1 认识网店视觉优化

网店的优化简单来说就是按照搜索引擎和人们的搜索习惯来调整网店内的所有信息，让网店更容易被顾客搜索到。一般，网店视觉优化的设计主要包括两部分内容：网店的首页设计、商品详情页设计。

1. 网店装修的步骤

①分析网店的消费群体、竞争对手，从而确定网店风格；
②做好清晰的信息传达结构分析；
③收集设计元素；
④设计商品的分类导航与主题；
⑤商品的拍摄及图片的优化处理；
⑥商品展示区域设计。

网店购物流程如图 8-140 所示。

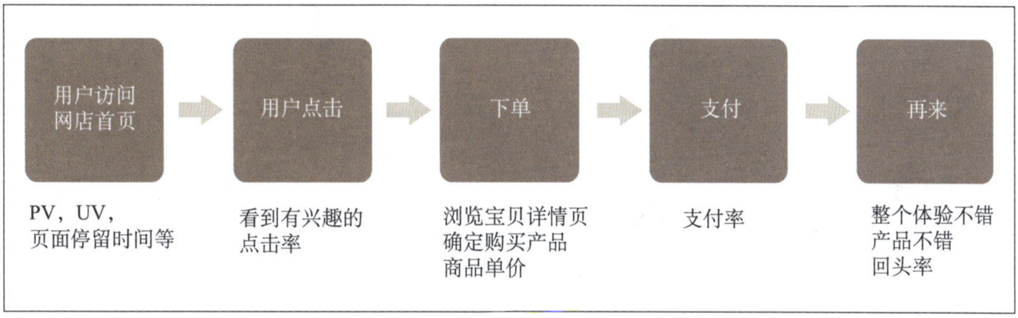

图 8-140 网店购物流程

2. 实现网店装修的途径

缺乏设计能力的网店商家，建议购买网购平台模板进行装修设计。在模板市场中，可以选择购买 PC 端网店模板、移动端网店模板，结合行业、商品风格、价格来选择适合自己网店的模板。选择好模板后，在自己的网店中进行应用，商品、海报优惠券需要商家自己上传和更换。

网店模板购买的操作步骤：网店管理→网店装修→模板→装修模板市场→选择适合的模板并付费。

8-4.2 网店首页优化案例

网店首页是体现网店形象的门面，带给顾客第一印象。如果缺乏商品定位、商品信息杂乱无序，会给顾客带来山寨感，得不到信任与认同。首页需要具有合理清晰的信息结构，引导消费的行为，把最想表达的信息精准地传递给顾客，同时还能让顾客快速找到感兴趣的信息。网店首页是流量的入口，只有吸引住顾客，引导单击进入商品详情页，才能获得流量。流量越高，下单的概率才会变大，产生最终购买。

1. 网店首页优化前分析

案例问题（见图 8-141）推荐商品区域存在的：

①主推商品不够明确，商品图片拍摄不一致，图片展现形式不统一，有的图片上有文字；

②价格不够突出，红色的文字放在深灰底上，颜色灰度相近，不够明显。

案例首页腰部（见图 8-142）存在的问题：

①楼层视觉元素展现过多；

②字体类型太多；

③商品图片拍摄的角度各异，造成展现杂乱；

④标签与图片展示缺乏规范。

图 8-141[1] 网店首页优化前分析案例一

图 8-142 网店首页优化前分析案例二[2]

2. 网店首页优化后分析

优化方案（这次优化以 SUPPERT 主题为主，首页是主题相关内容，见图 8-143）：

①首先根据信息的结构，做好原型图设计，敲定首页需要展现的内容框架。

②网店首屏内容应控制在 600 像素内，三块 BANNER，轮播形式。

③商品图片拍摄角度一致，统一淡灰底处理，强化商品的体现。

首页腰部优化（见图 8-144）：

①在主题活动下增加活动公告，让用户直接了解现阶段网店活动。

②关联营销，如爆款推荐、新品发布，淡色底商品展现形式，名称和价格形式统一，

① 图片来源：四川省成都市礼仪职业中学、四川省蒲江县职业中专学校、成都市华阳职业中学

② 图片来源：四川省成都市礼仪职业中学、成都市华阳职业中学

价格加粗，凸显价格数字。

图 8-143　网店首页优化后分析案例一[①]

图 8-144　网店首页优化后分析案例二[②]

通过优化前后的对比（如图 8-145 所示）可明显看出，优化后网店首页浏览量得到提升。

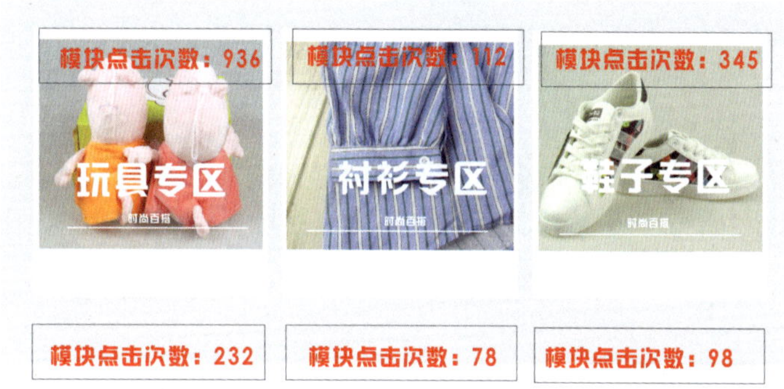

日期	浏览量（pv）	访客数（uv）
2017-4-27	12352	11264
2017-4-26	23614	22753
2017-4-25	32456	32121
2017-4-24	24673	21467
2017-4-23	43233	42334
2017-4-22	32111	31576
2017-4-21	2276	2145
2017-4-20	2377	2132
2017-4-19	1124	1088

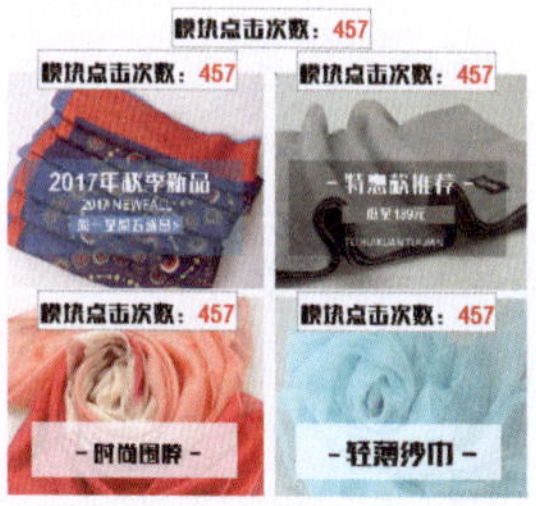

图 8-145　优化前后对比[③]

8-4.3　如何查看页面数据

商家通过网店后台进入“生意参谋”，单击“经营分析”，再单击“装修分析”，就可以看到 PC 端和手机端两方面的装修分析数据，也可以看到二级页面。还可以自己添加其他页

① 图片来源：四川省成都市礼仪职业中学、成都市华阳职业中学

② 图片来源：都江堰职业中学

③ 图片来源：四川省成都市礼仪职业中学、四川省蒲江县职业中专学校

面，所加页面延迟一天便可以看到了，即今天可以看到昨天发布的页面。

1. 结合页面位置、数据优化图片

数据不佳的模块，首先要做优化，模块的数据是否优化，就需要看模块周围的点击量。如果某个模块上方的点击量很大，下方也很大，但中间一般，就说明此处存在问题，图片需优化。

由于首页的页面很长，容易出现上面的点击量大，下面的点击量少的现象，因为这跟顾客的浏览习惯有关。浏览网店其他部分时同样会出现类似问题，点击第一屏图片的可能性往往较大。所以在优化页面时，可以把重要卖点放在页面靠前的位置。

大多数页面左边的点击量大，这与操作习惯有关。很多人在手淘浏览网店时，习惯都是从左到右，手指也是从左到右点击页面，所以一般来说，页面左侧的点击量会大一点。这就说明，在做页面优化时，重要商品可以优先放在页面左侧。因为点击量大在一定程度上也说明是访客比较感兴趣，所以要做强化。

页面数据除了点击人数、点击率，还包括页面平均停留时间、支付转化率、访问数、跳失率等。另外，结合 30 天的数据趋势对比观察有没有提升，通常有提升说明页面整体不错。

2. 优化测试

优化测试的方法通常是，一个页面上线，要持续观测三天数据，且每天进行对比分析。如果三天的数据较之前有明显提升，或连续三天数据持平，就说明优化比较合理。如果发现数据有下降的趋势，说明还需继续优化。

8-4.4　网店维护

网店后期维护是一项重要工作，通常，具体的网店维护该怎么进行呢？

1. 网店装修更新

网店装修更新可以提高网店浏览转化率，具体有以下方法。

1）刷新网店排名

刷新网店排名可以让网店在所属频道的排名更加排前。目前，像淘宝、京东等大型电商平台都有搜索排名并拥有自己的算法，只有符合这些算法的网店关键词才会获得更好的排名。

2）更新网店数据

更新网店数据需保持信息更新，同时也是提高搜索效果的有效途径。其目的就是维持单品的流量和销量，所以要找到影响商品流量和销量的因素并进行分析，围绕这两点来做好相关的优化工作。

2. 流量方面

一款商品的主要流量来源基本上是付费流量、搜索流量和自主访问，付费流量比较好控制。搜索流量涉及的点比较多，关键词的搜索排名、点击率、收藏加购等数据都会影响

到单品的搜索流量，所以对于网店的主推款式最好创一个表格来跟踪数据，这样就能及时发现哪一项数据有异常，并及时做出相应的调整。

还有一个提升单品流量的点就是手淘资源，通过分析无线端的流量来源，发展一些无线端的资源，如微淘、达人、淘宝活动、频道流量等，通过积累的方式也是可行的。

3. 销量方面

与销量有关的因素包含详情和关联。比如详情是网店的 A 商品，做好 A 商品销售的同时关联到 B 商品，甚至产生 C 和 D 商品的相互关联，这样总销量就容易获得增长。

4. 提高网店点击率

流量是一个网店是否能成为旺铺的关键要素，而点击率又直接影响到流量，因此提高网店的点击率就尤为重要。

1）关键词

不同的关键词，其点击率是不同的。因此，第一步需筛选关键词。

首先，推广时段不同、关注重点不同，关键词筛选就不同。筛选一般分为三个阶段，测试阶段主要是看点击率数据，所以一定要选择相关性好、点击率高的关键词。初步投放阶段主要是培养账户权重，所以要根据商品自身的属性和当前的搜索趋势选取搜索指数不错的二级、三级长尾词。到了数据稳定阶段，重点是需要更多的流量，因此要选择流量词、一级词，以获取更多的优质访客。

其次，投放位置不同、展现量不一样，关键词选择也就不一样。要想拥有高点击率，自然是将宝贝放在高位才行，但首页的高位需要大量资金，对于一些小型网店来说会有一定实现难度，这时就需要关键词去提升展现量，从而提升点击率。一般可从商品标题、定价、促销活动等多方面去决定关键词。

2）推广图

顾客浏览网店网页通常较快速，都是通过推广图的快速浏览后单击进入详情页做进一步了解。因此，推广图的好坏直接影响商品的点击率。

好的推广图一定是在对商品的特性有深入的了解，对目标消费人群的需求进行多角度分析之后设计出来的。第一是需突出商品卖点。商品的优势是什么、与目标人群的需求是否吻合、与同行商品最大的区别是什么。第二是推广图的文案。同样的卖点，不同的文案表达会体现出不一样的效果。目标人群不一样，文案风格也就不尽相同。第三是图片的色彩搭配。图片的风格和气质是吸引顾客的第一要素，通常色彩搭配要跟商品的特性相吻合，比如顾客对电器的要求是安全、环保，那推广图在色彩搭配上最好以白、绿这种比较轻快、引发健康联想的颜色为主。

3）时间折扣

在网店捕获流量的方法中，有一种叫时间折扣的概念。以淘宝直通车为例，直通车的时间折扣，能够根据顾客的购买行为、购买习惯来控制不同时段流量的大小。获得流量的大小，又取决于分时折扣的高低。比如凌晨和早上这段时间，可以稍高的时间折扣去投放，这时能够提升关键词的展现率和曝光度，容易获取一个较好的排名。晚上 7 点至 11 点是流量高峰期，如果账户流量比较缺乏，那么就可以把平常时段的时间折扣以稍低一些的折扣方式去投放以获取流量。

4）搜索人群

搜索人群是淘宝直通车的又一强大功能。顾客浏览页面时，会根据浏览记录筛选商家进行千人千面展示，直通车就是在千人千面的关键词展示下，针对不同顾客搜索的关键词进行议价权重排列，权重越高的商品展示的位置就更靠前，让网店商品更容易在精准人群中获得展示，从而提高点击率和流量。

搜索人群通过人群定位、关键词议价来引入流量，即采用关键词低出价、搜索人群高议价的方法，从而提高商品的精准点击率。特别是一些浏览、收藏、购买过网店商品的顾客，其投放会非常精准，转化率也会相对较高。

5）快速提升点击率

随着淘宝千人千面的影响、流量的碎片化，那么需要研究的不仅仅是推广位置卡位、同行竞争等，从用户体验、顾客角度出发很重要。类目差异、顾客心理不同，构图方式也不同。如年轻女装，无文字靠款式吸引（在女性对服饰的购买心理中样式占首位），那么研究顾客心理很重要；其次应考虑创意定向、顾客心理、人群定位、类目印象、商品感觉、点击欲望、创意文案等。

6）提升点击率的技巧

技巧一：商品

商品永远是第一竞争力。不管是商品价格，还是商品推广图，或是商品销量，都是影响点击率的主要因素。其次商品价格也不是越低越好，现在的顾客已开始趋于理性购物，深信“一分钱一分货”的道理，因此更看重的是性价比，只要质量好、性价比高，价格高一些也是可以被接受的。另外，推广图是给顾客的第一印象，其推广图的优劣，将直接决定顾客是否愿意点击进入网店。商品销量其实是抓住顾客普遍存在的一种“从众心理”，因为顾客在众多商品面前进行选择是有时间成本的，而多数人的选择会减少这一成本，因此高的销量可进一步又促进销售。

技巧二：促销活动

促销活动对点击率没有太大影响，尤其是对于那些浏览、收藏、购买过商品的老顾客来说，促销活动只是提升其转化率的有效方式。

技巧三：信誉保证

顾客网络购物最担心的就是质量问题，若网店有信誉保证，那么顾客就会产生信赖感，购买的概率就会大大增加。同样的商品，具有品牌企业淘宝网店、金牌商家、七天无理由退换货、质量证书等保障的网店就比没有这类保障的网店更有优势，即便后者价格更便宜，也很难吸引顾客购买。

技巧四：关键词的精准性

关键词越精准，在搜索引擎的展现率越高，对目标消费人群的吸引力就越强，自然点击率就越高。关键词有长尾词优化和高流量词优化两种。长尾词就是精准流量，但相对搜索量会比较小。高流量词要注意表达商品时由此的关联性，通常采用相对精准的关键词。

5. 维护主推款数据

第一步：标题优化

标题中往往包含关键词，是吸引顾客点击的因素。主推款也是一样，要想吸引顾客，就要保持对标题的更新，一般一周优化一次，以提高主推款商品在搜索引擎中的展现率。当流量达到一定时，就要对标题进行删减优化，尤其是下架后，最好是控制在 5 个字以内的优化。

第二步：商品精进

一个网店一定有自己的主推款商品，主推款商品也可以更换。网店创建初期，主推款一般根据整个行业的销量数据进行分析，包含对目标人群的分析。随着流量的增加，根据数据再对商品的主图和详情页进行实时修改，并有可能进行价格的调整。

第三步：爆发后的维护

随着标题优化和商品精进，商品的点击率提高，流量增多，此时就需要对商品进行后期维护。比如说直搜卡排，在 14 天周期内对主推关键词排名，这样在直通车上的主推词有了排名的同时加大转化，主推的商品数据就会进入爆发期。

通过这三方面进行操作就可以做出网店的主推款，不仅是主推款，在数据优质趋势爆发的情况下还可以做出市场中的爆品。

对网店的视觉优化与维护，不仅需要通过网店美工对网店进行优化，而且还需要通过后期运营维护、查漏补缺，根据数据来决定页面的改动，让网店的转化率变高，通过运营提升网店人气。

单元扩展

1. 寻找条件对等的网店做友情链接

一般可选择一些与自己销售的宝贝相关联的网店做友情链接，以此提高网店的点击率和转化率。在添加友情链接应提前与对方网店的老板沟通好。对于链接的网店，应选择网店的等级、流量和销量等条件与自己网店相同的，避开同行商家，特别是竞争对手的网店。

2. 手淘活动页

由于手机的屏幕比较小，分辨率高，在文字与排版上都要注重浏览者的体验。手机上展现的商品和活动信息毕竟有限，通过活动页可以增加商品展现机会。目前，淘宝上的活动页大致分为以下 3 类。

单品推广活动页：该页面主要用于打造热销单品。由于是强调单品，因此制作该类型的页面时要突出商品的卖点，信息传达一致，突出商品的唯一性。

活动推广活动页：该页面适用于追求整体活动感觉的专题活动，如中秋活动页、国庆活动页等；此外该页面还适用于促销，如消仓甩卖页、低折扣页等。

商品搭配推荐活动页：该页面可以将商品按顾客的需要进行组合搭配，提高网店的转化率。需要注意的是，该页面中的搭配需以顾客的需求为中心，并不是为了搭配而搭配。使用商品搭配推荐活动页时，可以适当考虑优惠满减的使用，以进一步促成订单的达成。

同步实训

经老师的安排，在完成单元 1 至单元 7 的实训任务的基础上，结合本单元所学知识，对网店首页进行装修，装修内容至少包括店招、导航条、收藏区、欢迎模块、滚动海报、促销模块、商品主图、尾页等模块。保存首页整图 1 张，8 个模块单独保存成图片格式，图片命名为“网店名字 + 模块名称”，文件命名为“姓名 + 网店名称”。任务安排及要求见表 8-1。

表8-1　网店装修视觉设计同步实训

任务列表	任务要求	任务进度
1. 认识网店首页	明确网店首页的风格及色彩	10%
2. 网店首页制作	首页包括店招、导航条、收藏区、欢迎模块、滚动海报、促销模块、商品主图、尾页等模块	65%
3. 网店首页装修	切图并装修网店	80%
4. 任务总结	分析并总结实训过程中的问题	100%

单元 9

网店美工威客任务实践

单元教案　单元课件

通过对前面所有单元的学习，掌握了网店的构成及各个部分的设计制作方法后，进入本书最后一个单元——网店美工威客任务实践的学习。

学习目标

知识目标

- ▶熟悉各类威客服务平台。
- ▶熟悉网店美工服务任务的领取流程。

技能目标

- ▶掌握在各类威客服务平台中寻找任务的方法。
- ▶掌握网店美工在威客服务平台中领取和实施任务的方法。

9-1 威客服务平台认知

9-1.1 什么是威客服务平台

威客是英文 Witkey 的音译。威客是指在网络时代凭借自己的能力（智慧和创意），在互联网上出售自己富裕的工作时间和劳动成果而获得相应报酬的人。通俗地讲，威客就是在网络平台上出售自己无形资产、劳动成果的工作者群体。威客平台是基于电子商务概念而发展起来的关于开发文化创意类商品的中国创新型服务平台。互联网上的知识和经验是一种特殊的商品，信息共享是促进互联网蓬勃发展的重要因素，但知识产生的本身是要花费大量的时间和经济成本的，完全免费的知识共享不符合经济学的规律和人类理性的假设，随着互联网支付手段的逐步完善，从免费共享的时代开始跨入知识价值化时代。知识、智慧、能力、经验具备商业价值的理念逐步被网民们所接受，也愿意通过互联网将其作为商品进行交易。实现知识的价值化可以是全民的互动问答，也可以通过平台交易方式提供高质量的知识商品或技术服务。

威客平台提供了一种灵活就业的方式，打破了时间、地域、空间、工作方式的限制，通过互联网把世界各地的工作聚合在同一平台中，交换更多自由工作时间、创意、设计和想法。通过威客平台，用户可以利用自己的知识、技能、智慧、经验获取相对应的经济利益，为企业和雇主提供低成本高质量的服务，并激励用户提供更有价值的知识。

威客服务平台主要是进行智力成果的线上交易，所以其运营成本将大大低于传统实物电子商务网站。

9-1.2 威客的核心价值

1. 连接的价值

威客服务平台连接买卖双方，连接的背后存在太多人的需求和梦想，这是平台最基础、最本质的特点。

2. 基础设施的价值

基础设施的价值也就是匹配的价值，它是提升项目价值的关键。威客平台建立一系列的基础设施工具，使得整个平台运转效率明显提高。

3. 数据的价值

威客服务平台汇聚着各种数据，例如猪八戒网就积累了中国几百万中小微企业的各种数据。此外，平台也是人才数据的海洋和设计作品数据的海洋。在沉淀了大规模的交易之后，这些数据的价值不可估量。

4. 社会价值

社会价值实际上是平台最重要的价值。例如在猪八戒网上创业，成本低、订单多，新创企业易存活，是天然的创业孵化器。同时，猪八戒网的交易逻辑决定了必须要把平台的订单散布给尽可能多的卖家才可能得到解决，一定程度上实现了解决就业的问题。

9-2　威客的主要任务实践服务平台

9-2.1　猪八戒网

1. 猪八戒网概述

猪八戒网是国内较为领先的在线威客服务平台，作为中国早期专业技能的分享经济平台，猪八戒网聚集了超过千万数量的专业技能人才和威客（机构）。与传统电商产业标准商品售卖方式不同，猪八戒网通过大数据应用将专业技能人才与服务需求方式匹配在一起，方便为企业寻找到专业人才，以为企业提供所需的专业技能等服务。

猪八戒网是服务众包平台，服务交易品类涵盖创意设计、网站建设、网络营销、文案策划、生活服务等多种行业。猪八戒网有千万服务商为企业、公共机构和个人提供定制化的解决方案，将创意、智慧、技能转化为商业价值和社会价值。猪八戒网除了是线上商场，它还是一个超级孵化器，个人和专业机构可以在猪八戒网上开店创业，解决个人和机构在线下创业基金不足的劣势。猪八戒网页面如图 9-1 所示。

图 9-1　猪八戒网页面

2. 服务内容

猪八戒威客服务平台的服务内容可分为三大类。

1）自营服务类

包括知识产权、财税服务、八戒金融、科技服务。

2）按行业找人才类

包括餐饮行业、休闲娱乐、食品饮料、全域旅游。

3）按专业找人才类

包括品牌设计、营销推广、网站建设、电商服务、游戏开发、软件开发、动漫影视、装修服务、工业智造、工程设计。

猪八戒网服务内容如图 9-2 所示。

图 9-2　猪八戒网服务内容

3. 如何报名、注册、领任务

报名步骤如下。

第一步：进入猪八戒官网首页，在首页顶部的左上角单击“免费注册”，进行注册即可如图 9-3 所示。

图 9-3　用户注册

第二步：如图 9-4 所示，进入我的账号中心，设置、完善其他相应资料后，即可在猪八戒网开店或寻找服务商。

图 9-4　我的账号中心

第三步：成功注册后，跟着指引完成新手任务，获得店铺经营权，如图 9-5 所示。

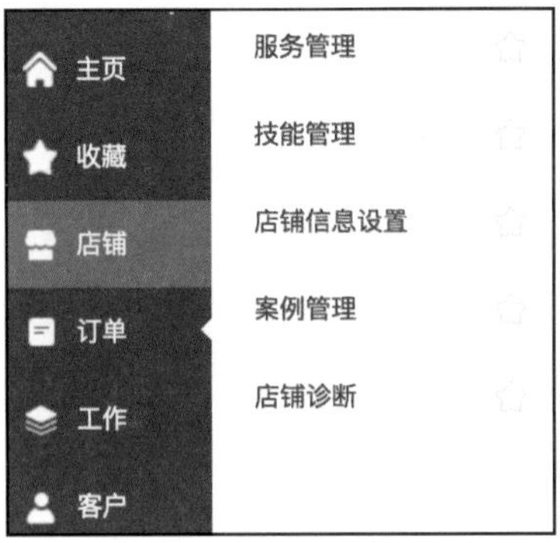

图 9-5　获得店铺经营权

第四步：进入猪八戒官网首页，鼠标指向“我是服务商”，在下拉列表中选择“投标”，如图 9-6 所示。

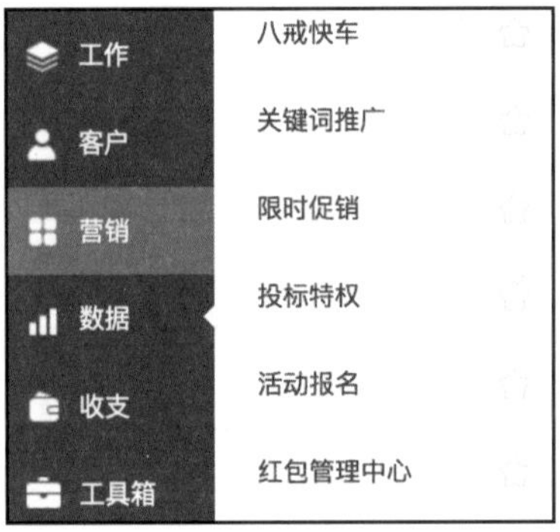

图 9-6　投标页面

第五步：进入需求市场，选择自己可以做的任务，单击进入详情页，如图 9-7 所示。

图 9-7　进入市场需求详情页

第六步：领取任务，完成后在“我要交稿”对话框中按照要求提交任务，提交等待审核，审核通过就能结算薪资。收支页面如图 9-8 所示。

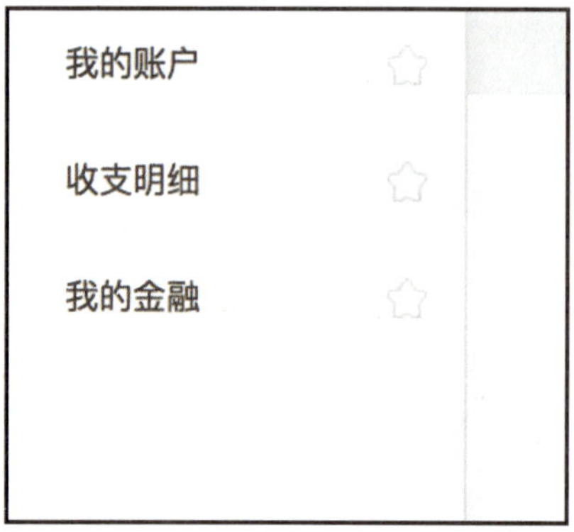

图 9-8　收支页面

4. 注意事项

身份认证时需要本人手持证件，保证证件上的内容清晰明确，证件照片和本人一致。

9-2.2　一品威客服务平台

1. 一品威客网概述

一品威客网（简称一品威客）成立于 2010 年 7 月 1 日，总部位于福建厦门，是专业的创意商品和服务交易电子商务平台，通过互联网解决科学、技术、生活、学习问题的交流平台，是中国新兴的威客模式的创意商品买卖平台，也是国内新型威客网站领先品牌。它所提供的悬赏项目包括 LOGO 设计、Flash 制作、网站建设、程序设计、起名服务、广告语、翻译、方案策划、劳务服务等 10 多种门类超 100 种的创意商品。

作为中国新生代威客网站的代表，一品威客网拥有分布在世界各地的 40 多万威客注册会员，通过一品威客平台将自己的知识、智慧、创意、经验等服务于发布创意任务的雇主方，各取所需。“网站全免费，服务不打折”这是一品威客一直以来持之以恒的口号和目标。一品威客网将打破专业创意及服务类公司未能进驻威客平台的空白，新辟“公司商铺”，组建营销团队，致力于将一品“公司商铺”打造成“中国中小创意服务企业电子商务解决方案提供商”，利用公司商铺的增值“打包服务”，开辟新的赢利模式。一品威客 LOGO 如图 9-9 所示。

图 9-9　一品威客 LOGO

2. 服务对象和内容

威客们主要服务的对象为国内各种机构、企业组织、社会团体及个人；主要提供的商品为创意商品和劳务服务。服务品类包含 LOGO 设计、平面设计、网站建设、网络服务交易等。

一品威客的威客年龄一般在 18 ～ 35 岁之间，以 80 后年龄段人居多，主要群体为在校大学生和在职专业人员，工作方式多为兼职。当今威客模式成为一种新的赚钱模式，不必受“朝九晚五”的约束，自我价值也更容易得到体现。对企业而言，也相当于是一种便捷的项目外包行为，即节省了项目成本，又获取更多的创意解决方案。这是一种更便捷、灵活互利的交易方式。一品威客服务内容如图 9-10 所示。

图 9-10　一品威客服务内容

3. 如何报名、注册、领任务

报名步骤如下。

第一步：打开网页，搜索一品威客，进入一品威客官网首页，如图 9-11 所示。

第二步：在首页上注册账号后，进入我的账号中心，设置、完善其他相应资料，如图 9-12 所示。

图 9-11　一品威客首页

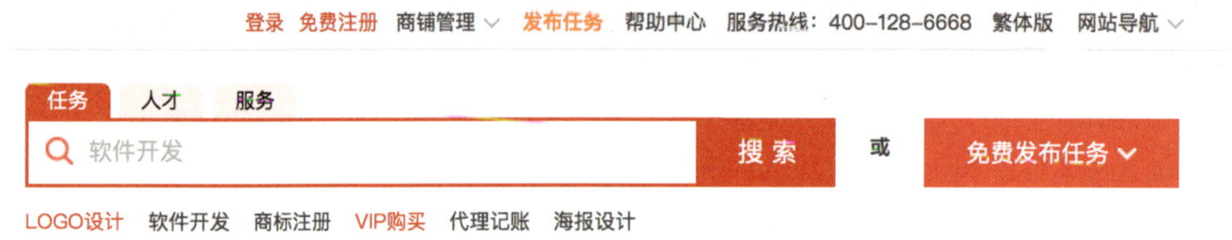

图 9-12 注册并完善账号

第三步：在主标题栏单击“接任务”，根据自己的实际情况选择任务。

第四步：一般建议新手先从小任务做起，积攒经验。

第五步：选做任务时建议最好选择新任务，比较充裕的任务时间，可以确保任务完成度的提高。

第六步：选好想做的任务后，单击蓝色字体的任务，进入页面，单击“我要报名”。报名后，仔细阅读任务的要求，按着要求步骤去完成任务。

第七步：当在规定时间内完成任务时，单击“我要交稿”，把内容输入到文本框内后提交稿件，如果有图片可以通过添加附件完成提交稿件。如果任务要求截图，可以通过截图工具，把完成任务的过程进行截图，便可提高任务合格率。

第八步：当上交的稿子被雇主选中后，雇主会把酬金打到个人的一品威客账户上。一般来说，稿子上交后，几天内便可知晓稿子是否选中。

4. 注意事项

①在提交稿件前，一定要仔细研究任务的步骤和要求，避免因缺少某些环节，使稿件被评为不合格的情况出现。

②交稿时，附件不能超过五个。

③为确保成功提交稿件，附件的容量不宜过大。

9-2.3 时间财富网

1. 时间财富网概述

时间财富网原名为威客中国网，是国内威客网站的代表之一，是国内威客行业领先的众包服务平台，其服务类型包含知识产权、商标注册、LOGO设计、平面设计等，是一个通过互联网解决科学、技术、生活、学习问题的交流平台。在该平台上，威客们也可以将自己的智慧、知识、能力、经验转换成实际收益。对于企业而言，相当于把企业项目外包，从而节约了企业的成本。时间财富网没有门槛，只要自己凭能力就能拿到悬赏金，让知识和智慧充分体现价值。时间财富网 LOGO 如图 9-13 所示。

680 时间财富 .com

图 9-13 时间财富网 LOGO

2. 服务内容

时间财富网的威客用户大多是在校大学生和在职工作人员，工作方式大多为兼职，打破了时间、空间、地域的限制。

时间财富服务类型包括六大类：企业服务、创意设计、开发服务、装修设计、工业 / 商品、营销 / 文案。企业服务包括商标注册、版权登记、企业文案、品牌建设与宣传等；创意设计包括企业 LOGO 设计、宣传册设计、包装设计、动漫设计等；开发服务包括软件开发、移动 APP 开发、UI 交互设计等；装修设计包括室内装修、软件设计、建筑设计等；工业 / 商品包括工业设计、电路设计、工艺品造型等；营销 / 文案包括文案撰写、SEO 优化、微信和公众号营销等。

在时间财富网上，如果威客拥有创新创意能力，那么威客还可以前往悬赏大厅，寻找自己感兴趣的项目，在项目期限结束前递交自己的方案，如果递交的方案被雇佣者采纳，威客将获得该项目的奖金。

3. 如何报名、注册、领任务

报名步骤如下。

第一步：进入时间财富网官网，用手机号注册或者用其他社交软件注册，获取验证码，设置密码，如图 9-14 所示。

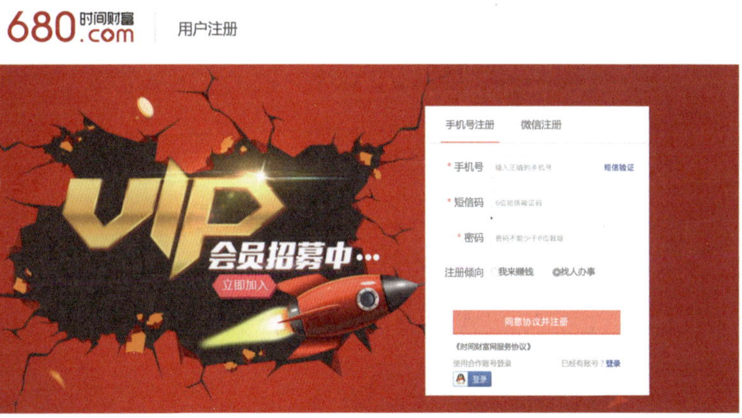

图 9-14 时间财富网注册页面

第二步：《时间财富网服务协议》具有合同效力，请认真阅读该协议，审阅并接受或不接受本协议（未成年人应在法定监护人陪同下审阅）。

第三步：进入大厅搜索或者寻找想要做的任务并领取，如图 9-15 所示。

图 9-15 搜索任务

第四步：在任务结束前的规定时间内按照雇主或企业要求步骤完成并提交任务。

第五步：当任务中标后将会有相应的悬赏金打入账户，当作完成任务酬劳。

4. 注意事项

在选择任务时一定要根据自身实际能力做出选择，如果盲目选择影响任务完成，威客用户的信誉度就会被降低。

9–2.4 任务中国网

1. 任务中国网概述

任务中国网从创办至今均采用实名注册制，致力于帮助雇主们（中小企业和个人）将主营业务以外的项目找到适合的工作者合理地完成，给社会上的其他有能力者创造工作机会。自成立以来，任务中国网以“诚信至上”为准则，面对越来越多的威客用户和企业用户，将用更多资源去持续发展国内未开辟的巨大威客市场。任务中国网 LOGO 如图 9–16 所示。

图 9–16 任务中国网 LOGO

2. 服务内容

任务中国网将任务主要划分为订金和全款悬赏两类。对雇主而言，如果希望：托管订金发布任务招标；选择最佳投标人独家承接；对任务结果满意再付款；一次或分期付款。那么可以通过发布订金招标任务来解决以上需要，如大型网站建设、大型程序 / 软件开发等，就可以托管定金后发布任务。

如果希望：托管全额任务款发布任务；多位威客用户同时完成发布的任务需求，提供多个最终结果供雇主选择，对比多个最终结果，雇主选择最满意的任务者中标。那么可以选择发布全款悬赏任务来解决以上需求，适合发布全款悬赏任务的任务类型大致有标志 /LOGO 设计、广告 / 包装设计、网页设计、企业成套 VI 设计、活动策划、翻译、标语 / 起名等。

3. 如何报名、注册、领取任务

报名步骤如下。

第一步：进入官网，单击注册，选择注册方式，如图 9–17 所示。

第二步：进入大厅，选择所需要承接的任务或项目，如图 9–18 所示。

第三步：雇主发布全款悬赏任务（原威客任务）后，等待其他威客来参加该全款悬赏任务。任务发布的信息示例如图 9–19 所示。任务中国威客可以通过搜索查看到该全款悬赏任务，并依据雇主的需求，提交作品。雇主查看最合适、最优秀的作品后，即可将此威客设置为中标者，待为其发放任务赏金后，全款悬赏任务成功结束。

第四步：威客中标后，账户将会收到悬赏金，也就是完成任务（项目）所得的报酬。

图 9-17　任务中国网注册页面

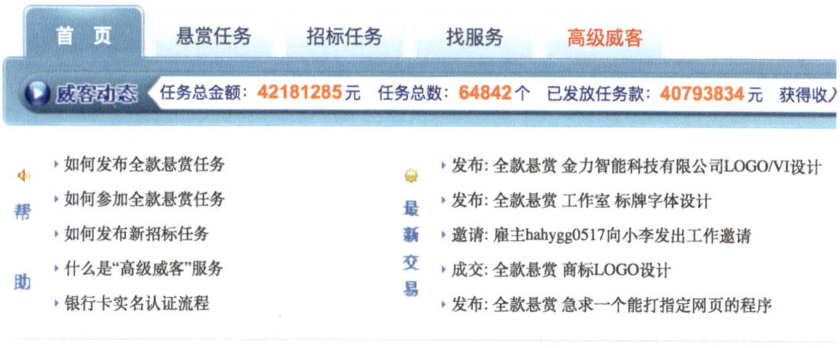

图 9-18　选择任务

图 9-19　任务发布的信息示例

4. 注意事项

邮箱认证是最基础的认证制度。确认邮箱认证的邮件在系统发出 3 天后工作者还未单击邮件内的验证链接，此链接将会失效。所以当工作者提交了邮箱认证的申请后，需尽快完成验证程序。如果链接地址失效，工作者需登录任务中国网，在用户后台再次提交邮箱认证申请。

单元扩展

1. 威客的类型：根据参与方式的不同，威客可分为 A 型威客、B 型威客、C 型威客、M 型威客。

A 型威客：指“askwitkey”知道型威客，就是知识问答型威客；

B 型威客：指“bidwitkey”悬赏型威客，通过对某个项目进行投标，并争取中标从而获得项目开发机会，最终产生价值；

C 型威客：指“c2cwitkey”点对点威客，通过对自身能力进行展示，证明具有良好能力，将能力转化为能力商品，与需求者之间建立 C2C 的买卖交易关系；

D 型威客：指“witkey map”威客地图，威客地图的定义是通过互联网将人的地理位置、专业特长或兴趣、联系方式、威客空间这四个最重要的属性（不排除其他次要的属性如年龄、职业、性别等）聚合在一起从而形成的关于人的搜索引擎。

2. 选择威客平台的技巧。

（1）选择国内知名的威客网站；

（2）选择能有一定量任务的威客网；

（3）选择团队分工明确的威客网；

（4）选择以公司运营的威客网；

（5）做自己专业范围的任务；

（6）时常关注任务结束时间与动态，关注威客参与少而时间快要结束的任务；

（7）做公开交稿的任务，不做隐藏交稿的任务；

（8）关注任务发布者的浏览状态与成果。

同步实训

经老师的安排，结合本单元所学知识，在“猪八戒网”成功注册后，完成领取美工类任务不低于一份。文件命名为“姓名 + 任务名称”。任务安排及要求见表 9-1。

表9-1 网店美工威客任务实践同步实训

任务列表	任务要求	任务进度
1. 猪八戒网注册	在“猪八戒网”成功注册	20%
2. 任务领取	领取不低于一份任务	50%
3. 任务实施	完成领取的任务	100%

附　录

附录A　Photoshop 快捷键的使用

一、工具箱

多种工具共用一个快捷键的可同时按【Shift】加此快捷键选取。

矩形、椭圆选框工具【M】

裁剪工具【C】

移动工具【V】

套索、多边形套索、磁性套索【L】

魔棒工具【W】

喷枪工具【J】

画笔工具【B】

橡皮图章、图案图章【S】

历史记录画笔工具【Y】

橡皮擦工具【E】

铅笔、直线工具【N】

模糊、锐化、涂抹工具【R】

减淡、加深、海绵工具【O】

钢笔、自由钢笔、磁性钢笔【P】

添加锚点工具【+】

删除锚点工具【-】

直接选取工具【A】

文字、文字蒙版、直排文字、直排文字蒙版【T】

度量工具【U】

直线渐变、径向渐变、对称渐变、角度渐变、菱形渐变【G】

油漆桶工具【K】

吸管、颜色取样器【I】

抓手工具【H】

缩放工具【Z】

默认前景色和背景色【D】

切换前景色和背景色【X】

切换标准模式和快速蒙版模式【Q】

标准屏幕模式、带有菜单栏的全屏模式、全屏模式【F】
临时使用移动工具【Ctrl】
临时使用吸色工具【Alt】
临时使用抓手工具【空格】
打开工具选项面板【Enter】
快速输入工具选项（当前工具选项面板中至少有一个可调节数字）【0】至【9】
循环选择画笔【[】或【]】
选择第一个画笔【Shift】+【[】
选择最后一个画笔【Shift】+【]】
建立新渐变（在“渐变编辑器”中）【Ctrl】+【N】

二、文件操作

新建图形文件【Ctrl】+【N】
用默认设置创建新文件【Ctrl】+【Alt】+【N】
打开已有的图像【Ctrl】+【O】
打开为...【Ctrl】+【Alt】+【O】
关闭当前图像【Ctrl】+【W】
保存当前图像【Ctrl】+【S】
另存为...【Ctrl】+【Shift】+【S】
存储副本【Ctrl】+【Alt】+【S】
页面设置【Ctrl】+【Shift】+【P】
打印【Ctrl】+【P】
打开“预置”对话框【Ctrl】+【K】
显示最后一次显示的“预置”对话框【Alt】+【Ctrl】+【K】
设置“常规”选项（在预置对话框中）【Ctrl】+【1】
设置“存储文件”（在预置对话框中）【Ctrl】+【2】
设置“显示和光标”（在预置对话框中）【Ctrl】+【3】
设置“透明区域与色域”（在预置对话框中）【Ctrl】+【4】
设置“单位与标尺”（在预置对话框中）【Ctrl】+【5】
设置“参考线与网格”（在预置对话框中）【Ctrl】+【6】
外发光效果（在“效果”对话框中）【Ctrl】+【3】
内发光效果（在“效果”对话框中）【Ctrl】+【4】
斜面和浮雕效果（在“效果”对话框中）【Ctrl】+【5】
应用当前所选效果并使参数可调（在“效果”对话框中）【A】

三、图层混合模式

循环选择混合模式【shift】+【-】或【+】

正常【Ctrl】+【Alt】+【N】

阈值（位图模式）【Ctrl】+【Alt】+【L】

溶解【Ctrl】+【Alt】+【I】

背后【Ctrl】+【Alt】+【Q】

清除【Ctrl】+【Alt】+【R】

正片叠底【Ctrl】+【Alt】+【M】

屏幕【Ctrl】+【Alt】+【S】

叠加【Ctrl】+【Alt】+【O】

柔光【Ctrl】+【Alt】+【F】

强光【Ctrl】+【Alt】+【H】

颜色减淡【Ctrl】+【Alt】+【D】

颜色加深【Ctrl】+【Alt】+【B】

变暗【Ctrl】+【Alt】+【K】

变亮【Ctrl】+【Alt】+【G】

差值【Ctrl】+【Alt】+【E】

排除【Ctrl】+【Alt】+【X】

色相【Ctrl】+【Alt】+【U】

饱和度【Ctrl】+【Alt】+【T】

颜色【Ctrl】+【Alt】+【C】

光度【Ctrl】+【Alt】+【Y】

去色 海绵工具+【Ctrl】+【Alt】+【J】

加色 海绵工具+【Ctrl】+【Alt】+【A】

暗调 减淡/加深工具+【Ctrl】+【Alt】+【W】

中间调 减淡/加深工具+【Ctrl】+【Alt】+【V】

高光 减淡/加深工具+【Ctrl】+【Alt】+【Z】

四、选择功能

全部选取【Ctrl】+【A】

取消选择【Ctrl】+【D】

重新选择【Ctrl】+【Shift】+【D】

羽化选择【Ctrl】+【Alt】+【D】

反向选择【Ctrl】+【Shift】+【I】

路径变选区 数字键盘的【Enter】

载入选区【Ctrl】+点按图层、路径、通道面板中的缩略图

五、折叠编辑本段滤镜

按上次的参数再做一次上次的滤镜【Ctrl】+【F】

退去上次所做滤镜的效果【Ctrl】+【Shift】+【F】

重复上次所做的滤镜（可调参数）【Ctrl】+【Alt】+【F】

选择工具（在“3D 变化”滤镜中）【V】

立方体工具（在“3D 变化”滤镜中）【M】

球体工具（在“3D 变化”滤镜中）【N】

柱体工具（在“3D 变化”滤镜中）【C】

轨迹球（在“3D 变化”滤镜中）【R】

全景相机工具（在“3D 变化”滤镜中）【E】

六、视图操作

显示彩色通道【Ctrl】+【~】

显示单色通道【Ctrl】+【数字】

显示复合通道【~】

以 CMYK 方式预览（开关）【Ctrl】+【Y】

打开 / 关闭色域警告【Ctrl】+【Shift】+【Y】

放大视图【Ctrl】+【+】

缩小视图【Ctrl】+【−】

满画布显示【Ctrl】+【0】

实际像素显示【Ctrl】+【Alt】+【0】

向上卷动一屏【PageUp】

向下卷动一屏【PageDown】

向左卷动一屏【Ctrl】+【PageUp】

向右卷动一屏【Ctrl】+【PageDown】

向上卷动 10 个单位【Shift】+【PageUp】

向下卷动 10 个单位【Shift】+【PageDown】

向左卷动 10 个单位【Shift】+【Ctrl】+【PageUp】

向右卷动 10 个单位【Shift】+【Ctrl】+【PageDown】

将视图移到左上角【Home】

将视图移到右下角【End】

显示 / 隐藏选择区域【Ctrl】+【H】

显示 / 隐藏路径【Ctrl】+【Shift】+【H】

显示 / 隐藏标尺【Ctrl】+【R】

显示 / 隐藏参考线【Ctrl】+【;】
显示 / 隐藏网格【Ctrl】+【"】
贴紧参考线【Ctrl】+【Shift】+【;】
锁定参考线【Ctrl】+【Alt】+【;】
贴紧网格【Ctrl】+【Shift】+【"】
显示 / 隐藏“画笔”面板【F5】
显示 / 隐藏“颜色”面板【F6】
显示 / 隐藏“图层”面板【F7】
显示 / 隐藏“信息”面板【F8】
显示 / 隐藏“动作”面板【F9】
显示 / 隐藏所有命令面板【TAB】
显示或隐藏工具箱以外的所有调板【Shift】+【TAB】

七、文字处理（在 " 文字工具 " 对话框中）

左对齐或顶对齐【Ctrl】+【Shift】+【L】
中对齐【Ctrl】+【Shift】+【C】
右对齐或底对齐【Ctrl】+【Shift】+【R】
左 / 右选择 1 个字符【Shift】+【←】/【→】
下 / 上选择 1 行【Shift】+【↑】/【↓】
选择所有字符【Ctrl】+【A】
选择从插入点到鼠标点按点的字符【Shift】加点按
左 / 右移动 1 个字符【←】/【→】
下 / 上移动 1 行【↑】/【↓】
左 / 右移动 1 个字【Ctrl】+【←】/【→】
将所选文本的文字大小减小 2 点像素【Ctrl】+【Shift】+【<】
将所选文本的文字大小增大 2 点像素【Ctrl】+【Shift】+【>】
将所选文本的文字大小减小 10 点像素【Ctrl】+【Alt】+【Shift】+【<】
将所选文本的文字大小增大 10 点像素【Ctrl】+【Alt】+【Shift】+【>】
将行距减小 2 点像素【Alt】+【↓】
将行距增大 2 点像素【Alt】+【↑】
将基线位移减小 2 点像素【Shift】+【Alt】+【↓】
将基线位移增加 2 点像素【Shift】+【Alt】+【↑】
将字距微调或字距调整减小 20/1000ems【Alt】+【←】
将字距微调或字距调整增加 20/1000ems【Alt】+【→】
将字距微调或字距调整减小 100/1000ems【Ctrl】+【Alt】+【←】

将字距微调或字距调整增加 100/1000ems【Ctrl】+【Alt】+【→】
设置“增效工具与暂存盘”（在预置对话框中）【Ctrl】+【7】
设置“内存与图像高速缓存”（在预置对话框中）【Ctrl】+【8】

八、编辑操作

还原 / 重做前一步操作【Ctrl】+【Z】
还原两步以上操作【Ctrl】+【Alt】+【Z】
重做两步以上操作【Ctrl】+【Shift】+【Z】
剪切选取的图像或路径【Ctrl】+【X】或【F2】
拷贝选取的图像或路径【Ctrl】+【C】
合并拷贝【Ctrl】+【Shift】+【C】
将剪贴板的内容粘到当前图形中【Ctrl】+【V】或【F4】
将剪贴板的内容粘到选框中【Ctrl】+【Shift】+【V】
自由变换【Ctrl】+【T】
应用自由变换（在自由变换模式下）【Enter】
从中心或对称点开始变换 (在自由变换模式下)【Alt】
限制（在自由变换模式下）【Shift】
扭曲（在自由变换模式下）【Ctrl】
取消变形（在自由变换模式下）【Esc】
自由变换复制的像素数据【Ctrl】+【Shift】+【T】
再次变换复制的像素数据并建立一个副本【Ctrl】+【Shift】+【Alt】+【T】
删除选框中的图案或选取的路径【DEL】
用背景色填充所选区域或整个图层【Ctrl】+【BackSpace】或【Ctrl】+【Del】
用前景色填充所选区域或整个图层【Alt】+【BackSpace】或【Alt】+【Del】
弹出“填充”对话框【Shift】+【BackSpace】
从历史记录中填充【Alt】+【Ctrl】+【Backspace】

九、图像调整

调整色阶【Ctrl】+【L】
自动调整色阶【Ctrl】+【Shift】+【L】
打开曲线调整对话框【Ctrl】+【M】
在所选通道的曲线上添加新的点（‘曲线’对话框中）在图像中【Ctrl】加点按
在复合曲线以外的所有曲线上添加新的点（‘曲线’对话框中）【Ctrl】+【Shift】

十、加点按

移动所选点（‘曲线’对话框中）【↑】/【↓】/【←】/【→】

以 10 点为增幅移动所选点以 10 点为增幅（‘曲线’对话框中）【Shift】+【箭头】
选择多个控制点（‘曲线’对话框中）【Shift】加点按
前移控制点（‘曲线’对话框中）【Ctrl】+【Tab】
后移控制点（‘曲线’对话框中）【Ctrl】+【Shift】+【Tab】
添加新的点（‘曲线’对话框中）点按网格
删除点（‘曲线’对话框中）【Ctrl】加点按点
取消选择所选通道上的所有点（‘曲线’对话框中）【Ctrl】+【D】
使曲线网格更精细或更粗糙（‘曲线’对话框中）【Alt】加点按网格
选择彩色通道（‘曲线’对话框中）【Ctrl】+【~】
选择单色通道（‘曲线’对话框中）【Ctrl】+【数字】
打开“色彩平衡”对话框【Ctrl】+【B】
打开“色相 / 饱和度”对话框【Ctrl】+【U】
全图调整（在“色相 / 饱和度”对话框中）【Ctrl】+【~】
只调整红色（在“色相 / 饱和度”对话框中）【Ctrl】+【1】
只调整黄色（在“色相 / 饱和度”对话框中）【Ctrl】+【2】
只调整绿色（在“色相 / 饱和度”对话框中）【Ctrl】+【3】
只调整青色（在“色相 / 饱和度”对话框中）【Ctrl】+【4】
只调整蓝色（在“色相 / 饱和度”对话框中）【Ctrl】+【5】
只调整洋红（在“色相 / 饱和度”对话框中）【Ctrl】+【6】
去色【Ctrl】+【Shift】+【U】
反相【Ctrl】+【I】

十一、图层操作

从对话框新建一个图层【Ctrl】+【Shift】+【N】
以默认选项建立一个新的图层【Ctrl】+【Alt】+【Shift】+【N】
通过拷贝建立一个图层【Ctrl】+【J】
通过剪切建立一个图层【Ctrl】+【Shift】+【J】
与前一图层编组【Ctrl】+【G】
取消编组【Ctrl】+【Shift】+【G】
向下合并或合并连接图层【Ctrl】+【E】
合并可见图层【Ctrl】+【Shift】+【E】
盖印或盖印连接图层【Ctrl】+【Alt】+【E】
盖印可见图层【Ctrl】+【Alt】+【Shift】+【E】
将当前层下移一层【Ctrl】+【[】
将当前层上移一层【Ctrl】+【]】

将当前层移到最下面【Ctrl】+【Shift】+【[】
将当前层移到最上面【Ctrl】+【Shift】+【]】
激活下一个图层【Alt】+【[】
激活上一个图层【Alt】+【]】
激活底部图层【Shift】+【Alt】+【[】
激活顶部图层【Shift】+【Alt】+【]】
调整当前图层的透明度（当前工具为无数字参数的，如移动工具）【0】至【9】
保留当前图层的透明区域（开关）【/】
投影效果（在“效果”对话框中）【Ctrl】+【1】
内阴影效果（在“效果”对话框中）【Ctrl】+【2】

附录B 店铺装修图片尺寸

图片	尺寸
主图	500像素 ×500像素
店招	950像素 ×150像素
导航	950像素 ×50像素
欢迎模块	宽度950像素以内，高度不限
商品分类	宽度150像素以内，高度不限
旺旺图标	16像素 ×16像素
店标	100像素 ×100像素

图片	尺寸
旺旺自定义照片	宽度750像素以内，高度不限
橱窗照	310像素 ×30像素
商品细节描述—宽版	宽度950像素以内，高度不限
商品细节描述—窄版	宽度710像素以内，高度不限
公告栏	宽度480像素以内，高度不限
左侧模块/收藏模块	宽度200像素以内，高度不限
右侧模块	宽度750像素以内，高度不限

参考文献

1. 王昂、胡敏 . 淘宝天猫网店美工实战教程 (微课版) . 北京：人民邮电出版社 .

2. 创客诚品 . 色彩搭配设计师必备宝典 . 北京：北京希望电子出版社 .

3. ArtTone 视觉研究中心 . 配色设计从入门到精通 . 北京：中国青年出版社 .

4. 华天印象 . 淘宝天猫网店 / 微店装修设计从入门到精通：首页设计 + 主图优化 + 广告海报 + 商品详情页 + 促销设计 . 北京：人民邮电出版社 .

5. 张子杰 . PhotoShop 淘宝天猫网店美工与广告设计实战从入门到精通 . 北京：机械工业出版社 .